2023년도 대비

7급 공채 | 민간경력자채용

메가피셋

잘고른 N제

언어논리

메가피셋전문연구소 지음

mega PSAT

2023년도 대비 7급 공채 | 민간경력자채용

메가피셋
잘고른 N제

언어논리

발 행	2판 1쇄 2022년 11월 17일
펴 낸 곳	메가피셋
연구개발	채승인 서주현 신유경 장호준 남다영 양혜진 길지송 고정현
편집기획	김경희 김나래 변유정 원영재 정경화 정은지 황유정 서수련
판매영업	김행옥 김영호 최득수 강민구 김지원
인쇄제작	메가스터디DES
출판등록	2007년 12월 12일 제322-2007-000308호
주 소	(06657) 서울시 서초구 반포대로 81, 4층 (서초동, 영림빌딩)
문 의	도서 및 강의 1661-7596 | 팩스 02-754-514
홈페이지	www.megapsat.co.kr
I S B N	978-89-6634-646-2(14350)
정 가	15,000원

PREFACE

2020년 모의평가를 비롯하여 2021년과 2022년에 7급 공채 1차 시험에 PSAT이 도입되었습니다. 7급 공채 PSAT 문항은 시행처가 인사혁신처로 동일한 민간경력자채용, 5급 공채 시험의 PSAT에서 나타난 문제 풀이 방법을 크게 벗어나지 않았습니다. 따라서 7급 공채 PSAT뿐만 아니라 다양한 시험의 기출문항의 풀이를 통한 연습이 중요합니다.

PSAT 학습은 우선 유형별 문제 풀이 방법을 익힌 후, 실전과 동일한 구성의 문항을 풀이함으로써 실전에서의 풀이 전략을 수립하는 것에서 시작합니다. 여러 유형이 혼재되어 있는 시험지에서 각 문제가 어떤 유형에 해당하는지를 먼저 확인하고, 각 문제의 난도를 판단하여 풀이할 시간을 어느 정도로 확보할지 등의 전략을 수립해야 합니다.

본 교재는 실제 시험과 동일하게 영역별로 25문제를 한 회분으로 구성하였습니다. 그리고 민경채와 5급 공채 PSAT뿐만 아니라, 입법고시 PSAT 및 LEET 중에서도 7급 공채 PSAT과 유사한 기출문항을 엄선하여 수록하였습니다. 실제 시험에 출제되었던 검증된 문제를 회차별로 풀이하는 과정을 통해 각 문제의 유형이 무엇인지 판단하고 풀이하는 훈련이 가능합니다.

특히 2022년 7급 공채 1차 시험에서 나타났듯이 모집단위 간의 합격선 차이가 크기 때문에, 다른 직렬이라면 다른 공부법이 필요합니다. 60점대 점수로 합격할 수 있는 모집단위의 경우 난이도가 중·하인 문제는 최대한 많이 풀고 난이도가 상인 문제는 선별하여 풀이하는 전략을 수립해야 합니다. 70점대 후반의 점수로 합격할 수 있는 모집단위의 경우 난이도가 상인 문제도 최대한 풀이하여 더 높은 점수를 얻을 수 있도록 하는 풀이 전략을 수립해야 합니다.

본 교재는 총 5회로 구성되어 있고, 회차별로 난이도를 달리하였습니다. 1회는 민경채 PSAT, 2~4회는 5급 공채 PSAT 중 중·하 난도, 5회는 5급 공채 고난도 PSAT 및 입법고시 PSAT과 LEET 기출문항을 수록하여 다양한 난도의 문제를 풀이하여 모집단위별로 필요한 전략을 수립할 수 있도록 하였습니다.

본 교재를 통해 학습하시는 모든 수험생이 PSAT 합격에 한 걸음 더 앞서기를 바랍니다.

메가피셋전문연구소

2023년도 대비 7급 공채 I 민간경력자채용

메가피셋
잘고른 N제

CONTENTS

'다직다공' 기출 학습

단순 기출 다회독이 아닌, **희망 직렬에 맞는 학습 전략**을 통한
효율적인 기출 학습이 빠르고 정확한 7급 PSAT 합격의 **'핵심'**입니다.

메가피셋이 확인한 2022년도 7급 PSAT 핵심 경향

평균 및 합격선 상승에 따른 **중·하 난이도 문항 해결의 중요성 대두**

[2021-2022 7급 PSAT 평균 점수 비교]

(단위: 점)

연도	2021	2022
메가피셋 풀서비스 참여자 평균 점수	63.9	69.5

※ 메가피셋 합격예측 풀서비스 가채점 결과 기준

5.6점 상승

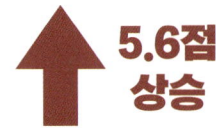

[2021-2022 7급 PSAT 합격선 비교]

(단위: 점)

연도	2021	2022
합격선	59.5	69.1

※ 2022년도 7급 PSAT 합격선 통계 기준

9.6점 상승

✔ 22년도 본고사 기준 전년 대비 합격선 평균 **9.6점** 상승
✔ 합격을 위해 반드시 맞혀야 하는 中·下 난이도 문항 수 증가

▶ 모든 직렬에서 **中·下 난이도 문항을 완벽하게 해결**할 수 있는 풀이 능력 요구

합격선이 높은 직렬의 경우, **고난도 킬러 문항 해결이 합격의 당락 좌우**

[난이도 상위 5위 문항의 평균 정답률]

(단위: %)

연도	2021	2022
평균 정답률	**37.7**	**35.4**

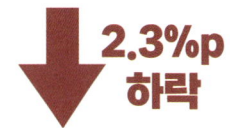

※ 메가피셋 합격예측 풀서비스 가채점 결과 기준

2.3%p 하락

[2021-2022 7급 PSAT 난이도별 문항 수 분포 비교]

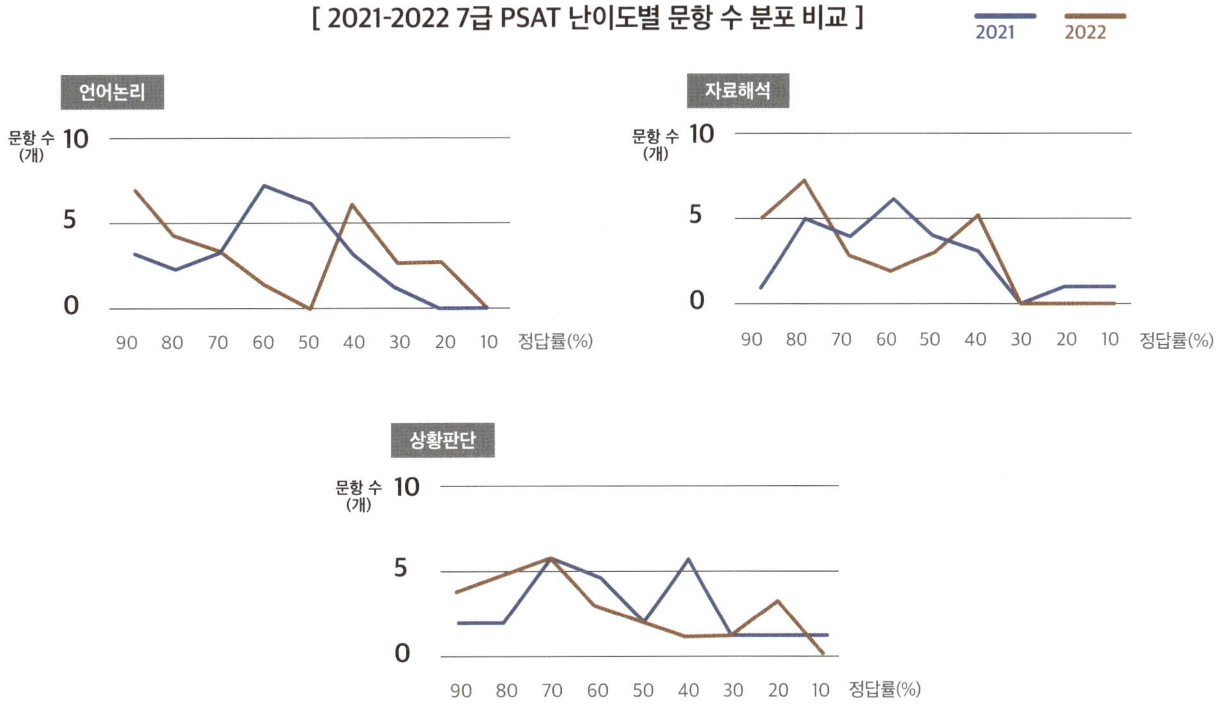

✔ (최고난도 문항이 없었던 자료해석 영역 제외) 전년 대비 고난도 문항 평균 정답률 하락

✔ 中 난이도 문제 비중이 줄고, 下·上 난이도 문제 비중이 증가하는 난이도 양극화 양상 확인

▶ 합격선이 높은 직렬의 경우, **선별적으로 나타나는 고난도 킬러 문항까지 해결**할 수 있는 풀이 능력 요구

'다직다공' 기출 학습

'다직다공' 기출 학습

✔ **다직다공** | '다른 직렬, 다른 공부'라는 의미로, **희망 직렬에 따라 다른 공부 전략을 적용하여 빠르고 효율적으로 학습하는 것이 중요**한 7급 PSAT의 특징을 나타내는 단어입니다.

'다직다공' 기출 학습이 반영된 **'메가피셋 잘고른 N제'**

PART 1 60+

합격선이 7급 PSAT 평균인
60~70점대의 직렬을 희망하는 수험생을
대상으로 하는 **필수 과정**

교재 구성

- 1회: 민경채 선별 기출 수록
- 2회~4회: 5급 PSAT 중 ·하 난이도 선별 기출 수록(75+문항 별도 표기)

PART 2 75+

합격선이 7급 PSAT 평균 이상인
75점 이상의 직렬을 희망하는
수험생을 대상으로 하는 **심화 과정**

교재 구성

- 5회: 5급 PSAT 및 유사 적성시험 고난도 선별 기출 수록
  (입법고시&외교관후보자(자료해석)&LEET(언어논리, 상황판단))

학습 상세 구성

제1회
민경채 선별 기출

▼

제2회 ~ 제4회
5급 PSAT 선별 기출
中·下 난이도

▼

제5회
5급 PSAT 선별 기출
上 난이도

고난도 적성시험 선별 기출
입법고시, LEET

PART 1 60+

제1회

상대적으로 평이한 난이도의 민간경력자채용 기출 풀이를 통해
'반드시 맞혀야 하는' 하 난이도 문항 풀이 능력 배양

제2회~제4회

중, 하 난이도가 다양하게 수록되어 있는 5급 PSAT 기출 풀이를 통해
문항 풀이 속도와 정확도를 끌어올리며 PSAT 문항 적응력 배양

PART 2 75+

제5회

고난도 5급 PSAT 기출과 입법고시 등 난이도가 높은 유사 적성시험
선별 기출 풀이를 통해 본고사에서 선별적으로 나타나는 고난도 킬러
문항까지 해결할 수 있는 풀이 능력 배양

메가피셋이 제안하는 7급 PSAT 학습법

01 기본을 탄탄하게 다지는 '3단계' 이론 학습

메가피셋 필수기본서의 유형별 3단계 접근법으로 7급 PSAT 유형 파악부터 유형별 전략적 풀이 방법까지 체계적인 PSAT 기초 학습이 가능합니다.

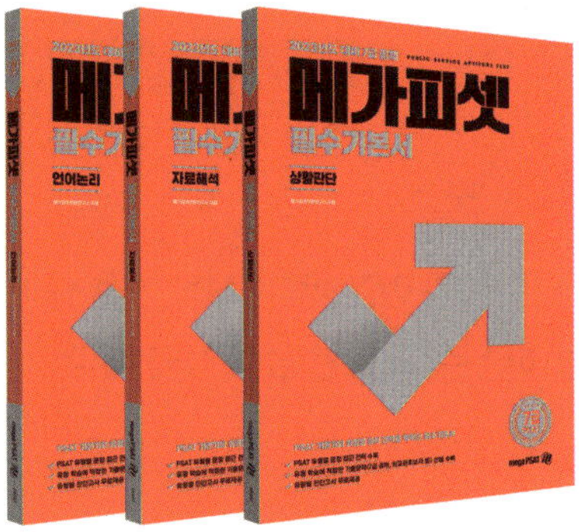

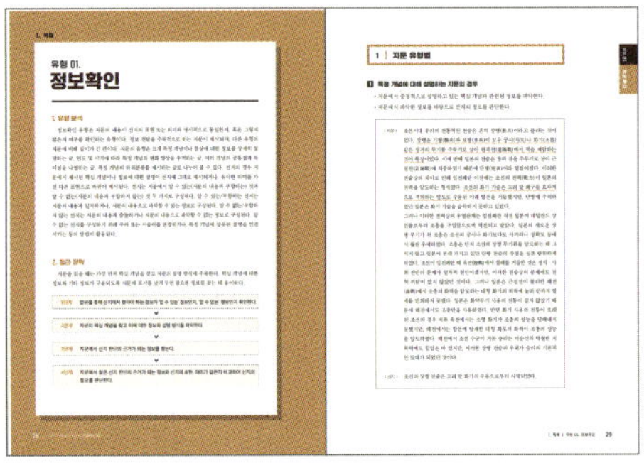

02 목표 점수에 맞는 전략적인 문항 훈련이 가능한 기출 학습

문항 난이도 기준으로 구분된 PART 1, 2 교재 구성을 통해 목표 점수에 맞는 전략적인 문항 훈련과 7급 PSAT 완벽 체화가 가능합니다.

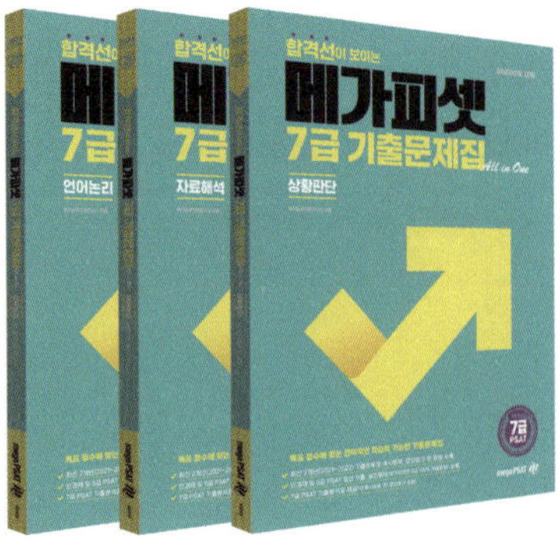

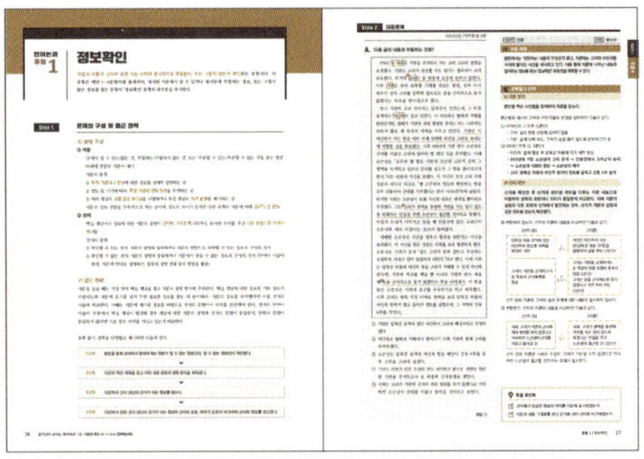

03 PSAT 문항 적응력을 향상시키는 유사기출 풀이 학습

7급 PSAT과 유형 및 풀이 방식이 비슷한 유사 적성시험의 기출문항 회차별 풀이를 통해 풀이 속도 및 정확도를 끌어올리며 'PSAT 문항 적응력'을 향상시킬 수 있습니다.

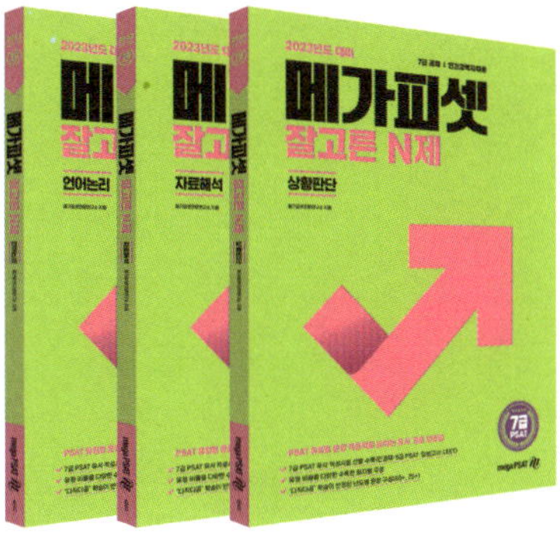

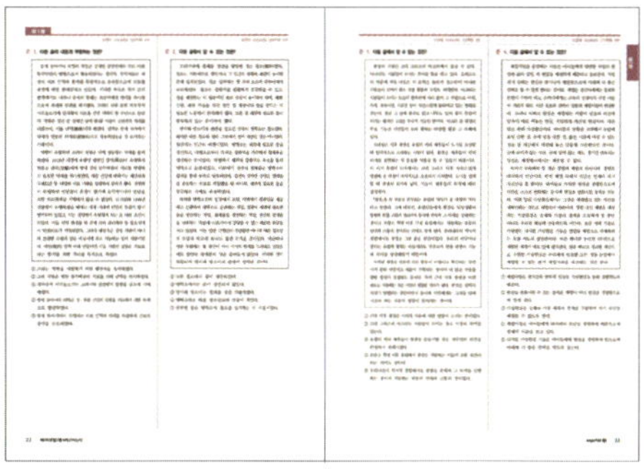

04 확실한 합격권 점수를 위한 실전 대비 모의고사 학습

7급 PSAT 최신 출제 경향을 완벽하게 반영한 메가피셋전문연구소의 '100% 개발문항' 모의고사 풀이로 시험 전까지 합격권 점수를 위한 실전 대비 학습이 가능합니다.

메가피셋 잘고른 N제 **교재구성**

온라인 PSAT 유형별 진단테스트

'잘고른 N제'를 풀기 전,
온라인 무료 진단고사로 PSAT 취약 유형 진단

PSAT 유형별 ▶
진단테스트
바로가기

| 문제편 |

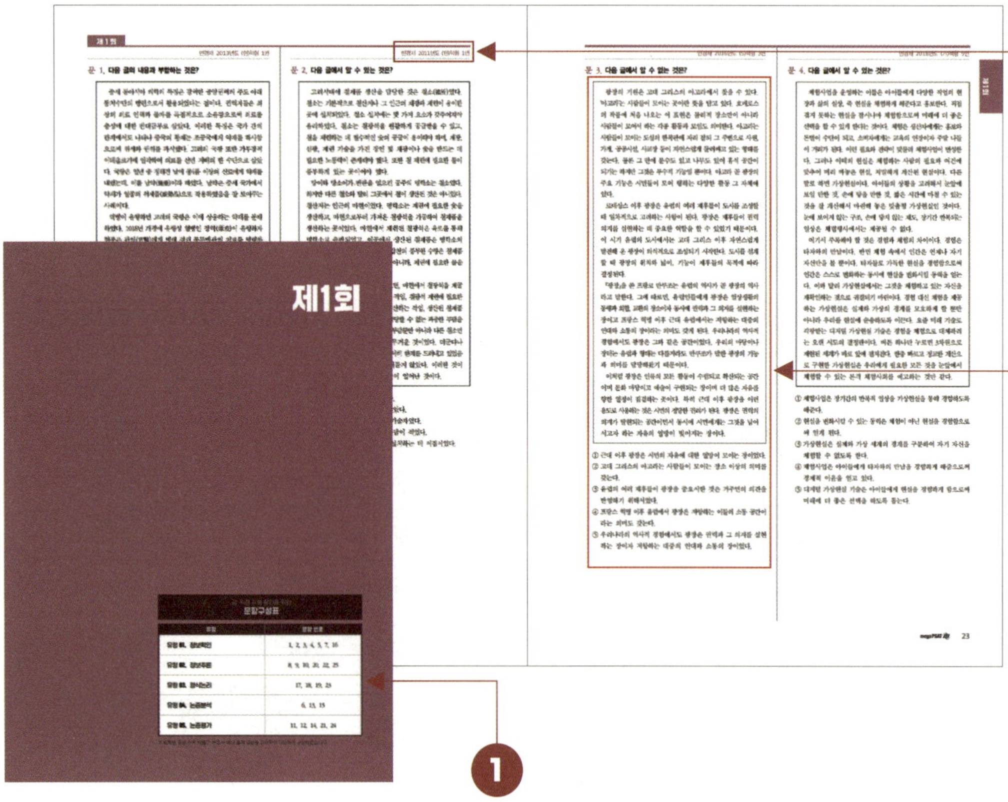

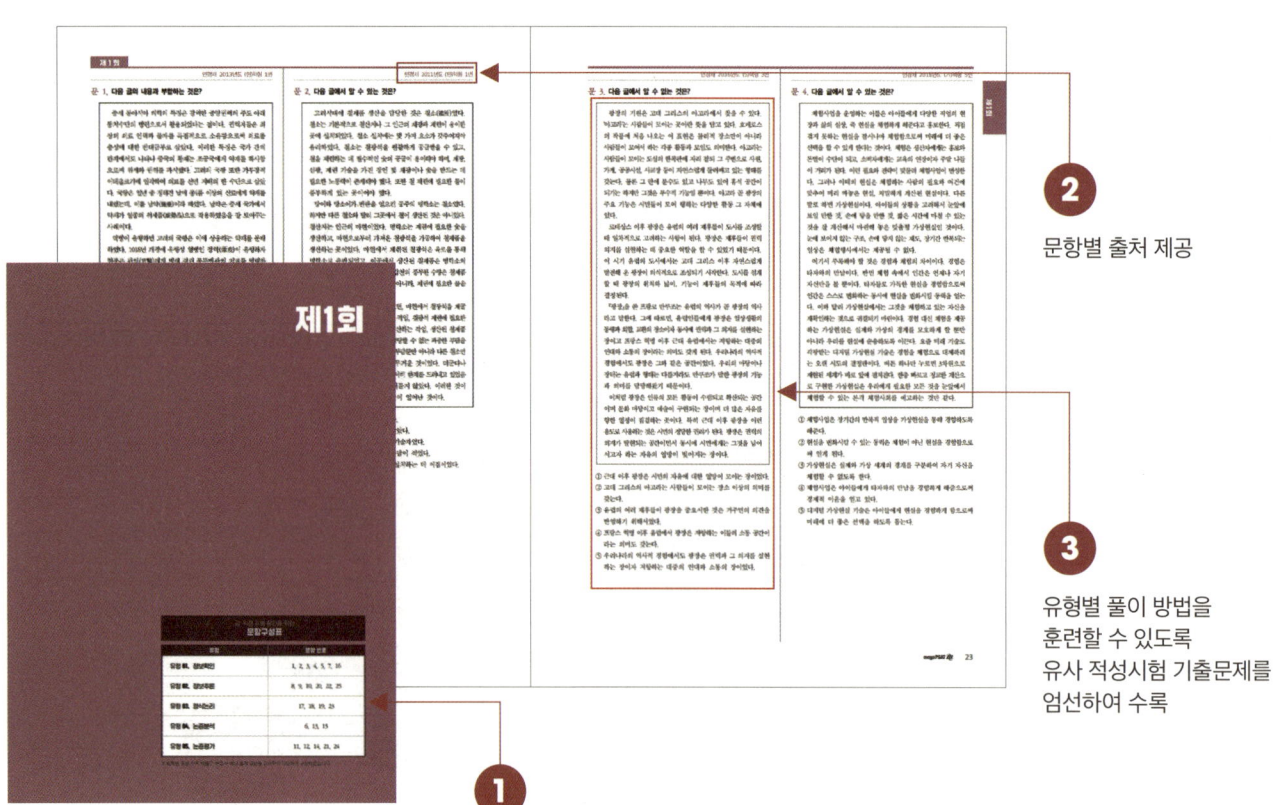

1 자신의 강약점 유형을 확인할 수 있는 '문항구성표' 제공

2 문항별 출처 제공

3 유형별 풀이 방법을 훈련할 수 있도록 유사 적성시험 기출문제를 엄선하여 수록

유사 적성시험 기출문제를 회차별로 풀이해보면서
PSAT 문항 적응력 향상 및 문항 풀이 속도와 정확도를 끌어올릴 수 있습니다.

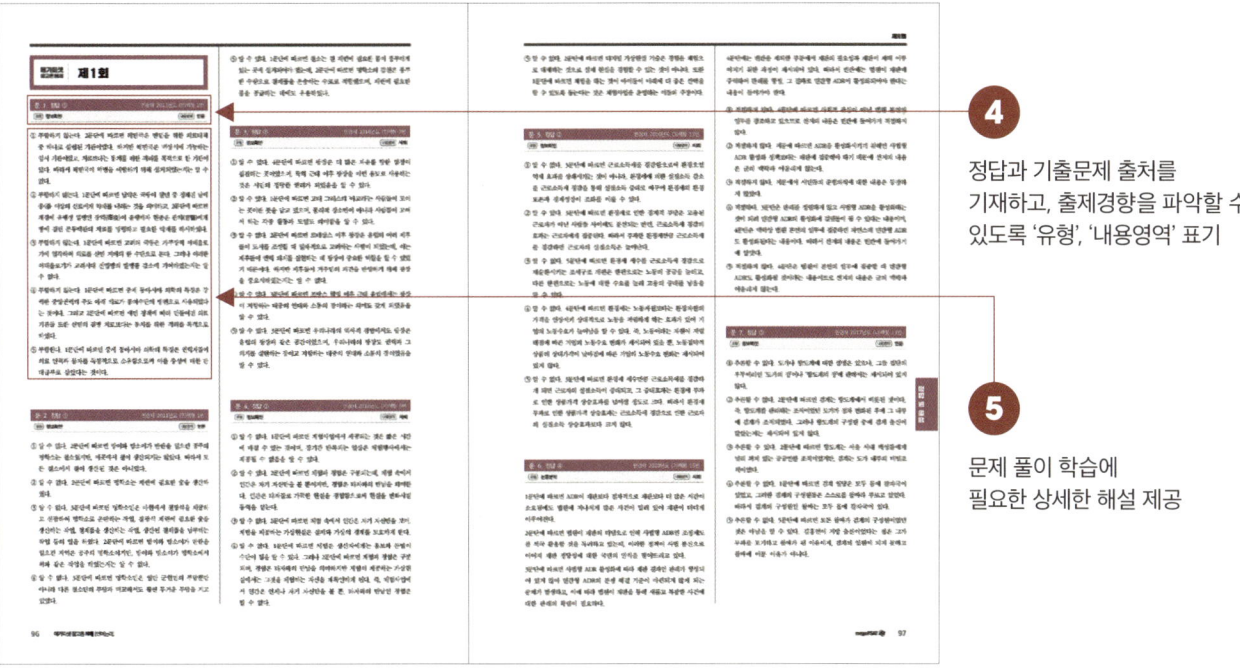

메가피셋
잘고른 N제

| 해설편 |

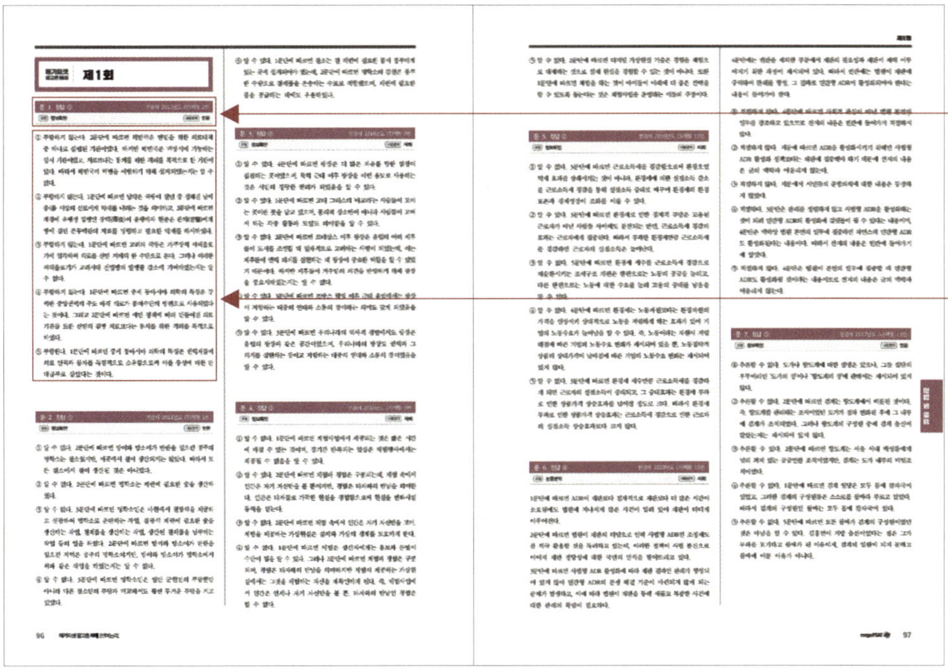

4

정답과 기출문제 출처를 기재하고, 출제경향을 파악할 수 있도록 '유형', '내용영역' 표기

5

문제 풀이 학습에 필요한 상세한 해설 제공

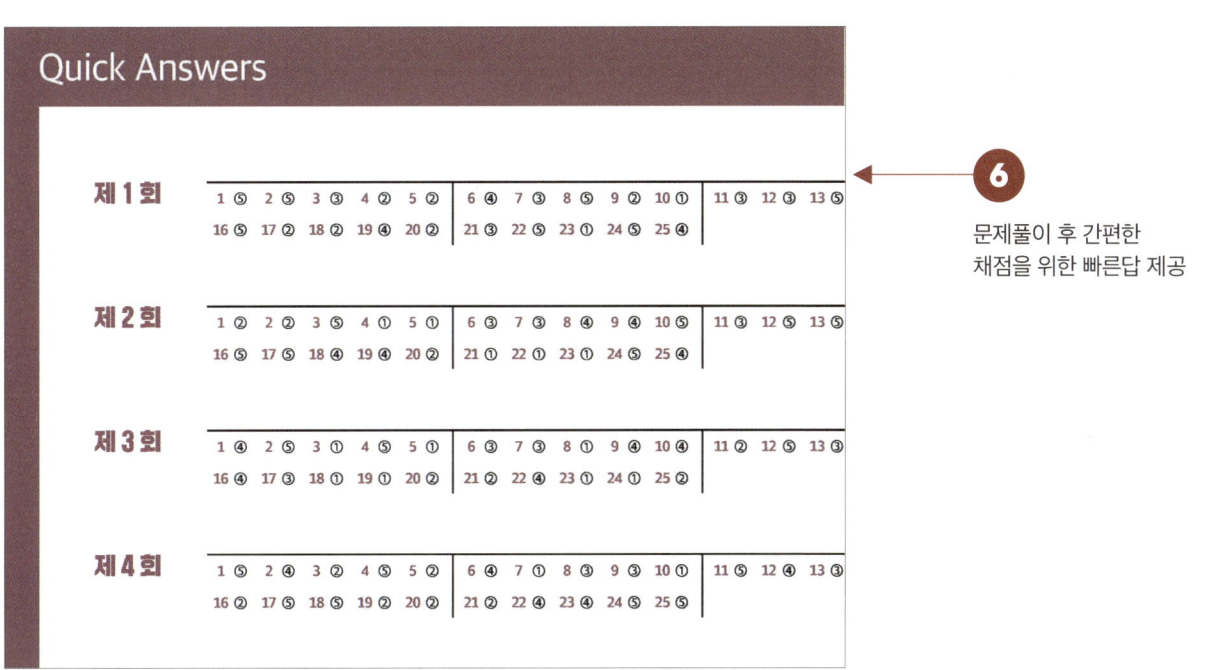

| 빠른답 |

Quick Answers

제 1 회

1 ⑤	2 ⑤	3 ③	4 ②	5 ②	6 ④	7 ③	8 ⑤	9 ②	10 ①	11 ③	12 ③	13 ⑤
16 ⑤	17 ②	18 ②	19 ④	20 ②	21 ③	22 ⑤	23 ①	24 ⑤	25 ④			

제 2 회

1 ②	2 ②	3 ⑤	4 ①	5 ①	6 ③	7 ③	8 ④	9 ④	10 ⑤	11 ③	12 ⑤	13 ⑤
16 ⑤	17 ⑤	18 ④	19 ④	20 ②	21 ①	22 ①	23 ①	24 ⑤	25 ④			

제 3 회

1 ④	2 ⑤	3 ①	4 ⑤	5 ①	6 ③	7 ③	8 ①	9 ④	10 ④	11 ②	12 ⑤	13 ③
16 ④	17 ③	18 ①	19 ①	20 ②	21 ②	22 ④	23 ①	24 ①	25 ②			

제 4 회

1 ⑤	2 ④	3 ②	4 ⑤	5 ②	6 ④	7 ①	8 ③	9 ③	10 ①	11 ⑤	12 ④	13 ③
16 ②	17 ⑤	18 ⑤	19 ②	20 ②	21 ②	22 ④	23 ④	24 ⑤	25 ⑤			

6

문제풀이 후 간편한 채점을 위한 빠른답 제공

시험가이드

응시자격

- **7급 공개채용시험**
  특별한 학력, 경력 등에 관계없이 응시연령 만 20세 이상이면 누구나 응시 가능함

시험과목

구분	시험과목			기타	이슈
	1차	2차	3차		
7급 공채	PSAT	선택형 필기시험	면접 시험	- 공인영어 시험 성적 필수 - 한국사능력검정 2급 이상 필수	2021년 제1차시험 개편 (PSAT)

* 제1차시험(PSAT)의 경우, 과락(만점의 40% 미만) 과목이 있을 경우 불합격 처리됨
* 제2차시험의 경우, 직렬별로 과목이 상이함

시험일정

접수기간	구분	시험장소 공고일	시험일	합격자 발표
2022년 5월 24일 09:00~ 5월 26일 21:00	1차 (PSAT)	7월 15일	7월 23일	8월 31일
	2차	8월 31일	10월 15일	11월 16일
	3차	11월 16일	11월 30일 ~ 12월 3일	12월 14일

※ 상기 시험일정은 2022년도 기준입니다.
※ 2023년도 시험일정은 인사혁신처 '사이버국가고시센터' 온라인 페이지 '시험안내>시험별 상세 일정'을 참고하시기 바랍니다.

기　타

- 직렬별 가산대상 자격증 소지자 가산점은 7급 공개경쟁채용 제1차시험에는 적용되지 않음
- 7급 공개경쟁채용시험의 제3차시험에 불합격한 사람에 대해서는 다음 회의 불합격한 동일 시험에 한정하여 제1차시험이 면제됨 (영어·한국사능력검정시험 성적 인정기간 경과와 관계없음)

제1차시험 정보

시험영역

PSAT	
언어논리영역+상황판단영역 영역별 25문항, 총 50문항(120분)	**자료해석영역** 25문항(60분)

시 간 표

구분	시험 시간	비고
1교시 수험생 교육	13:00~13:30 (30분)	13:00까지 시험실 입실 소지품 검사, 답안지 배부 등
1교시	13:30~15:30 (120분)	언어논리영역 · 상황판단영역
휴식시간	15:30~16:00 (30분)	16:00까지 시험실 입실
2교시 수험생 교육	16:00~16:30 (30분)	소지품 검사, 답안지 배부 등
2교시	16:30~17:30 (60분)	자료해석영역

※ 1교시에는 2개 과목(언어논리영역, 상황판단영역)이 1개의 문제책으로 합본되어 배부되며, 과목별 문제풀이 시간은 구분되지 않음

주요 직렬별 PSAT 합격선

2022년도 7급 공채 행정직 PSAT 합격선 및 경쟁률

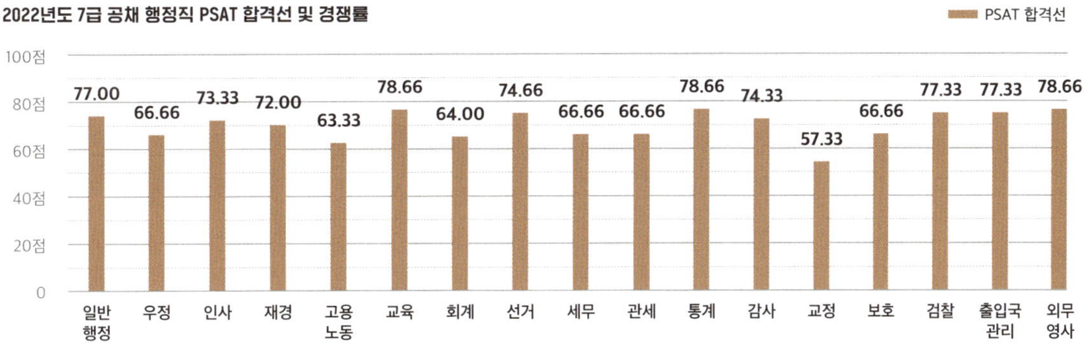

2022년도 7급 공채 기술직 직렬별 PSAT 합격선

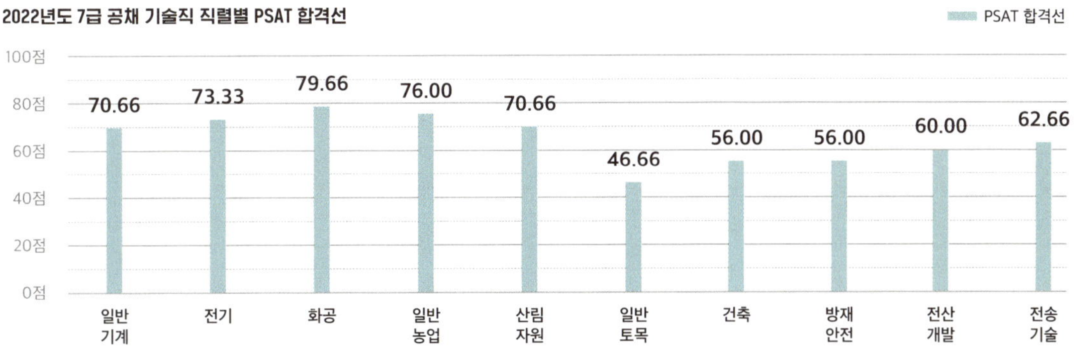

※ 상기 합격선은 2022년도 기준입니다.
※ 2023년도 주요 직렬별 합격선은 합격자 발표 이후 메가피셋 온라인 페이지 '시험 정보>최신 통계자료'에서 확인이 가능합니다.

언어논리

언어논리영역은 인문, 사회, 과학기술, 논리학, 법규범 등 다양한 분야의 지문을 활용하여 글의 이해, 표현, 추론, 비판과 논리적 사고 등의 능력을 검정하는 영역이다.

평가항목	측정내용
이해	• 글의 주요 부분을 파악하고, 전체 내용을 이해할 수 있는가
표현	• 글의 재료를 수집하여 개요를 구성하고 문단을 조직화하며, 고쳐쓰기를 통해 글을 완성할 수 있는가
추론	• 주어진 글을 바탕으로 새로운 정보를 이끌어낼 수 있는가
비판	• 글에 들어있는 논증 구조를 분석하여 타당성, 일관성, 관련성 등의 기준에 의해 논증의 설득력을 비판적으로 평가할 수 있는가

문제유형

정보확인	정보추론	형식논리	논증분석	논증평가
지문의 내용이 선지와 명시적으로 동일한지 확인하는 유형	지문에 제시된 정보로부터 선지에 새롭게 제시되는 정보를 추론하는 유형	논리 규칙에 따라 일상어를 도식화하여 도출되는 결과를 판단하는 유형	논증의 흐름에 따른 진술 간 관계 및 견해의 공통점, 차이점을 분석하는 유형	새롭게 추가된 진술이 견해의 설득력에 주는 영향을 평가하는 유형

내용영역

인문	사회	과학기술	논리학	법규범
철학, 언어, 역사 등 인간의 본질과 문화에 대한 분석과 설명	경제, 일반사회, 정치, 제도 등 사회 현상에 대한 분석과 설명	천문학, 지학, 생명과학, 기술과학 등 자연 현상과 기술공학에 대한 분석과 설명	명제화된 언어와 구조에 대한 분석	법적 규범의 내용이나 변천사, 규범 해석에 관련된 분석과 설명

출제경향분석

언ㅣ어ㅣ논ㅣ리

"독해, 형식논리, 논증 유형의 문항 출제"
"독해, 논증 유형의 출제 비중 증가, 형식논리 유형의 출제 비중 감소"
"내용영역의 경우, 인문, 사회 영역의 비중이 높고 논리학, 과학기술 영역의 비중이 낮음"
"난도는 2021년도 본고사 대비 소폭 하락"

유형별 출제경향

독해 유형은 총 14문항(정보확인 6문항, 정보추론 8문항)이 출제되었으며, 형식논리 유형 3문항, 논증 유형 8문항이 출제되었다. 2021년도 본고사 대비 정보확인 유형은 5문항이 증가하였고, 정보추론 유형은 5문항이 감소하였다. 형식논리 유형은 1문항이 감소하였으며, 논증 유형은 2문항이 증가하여, 독해와 논증 유형이 다른 유형에 비해 비중이 강화되었다.

독해(정보확인 및 정보추론)

일부 독해 문항의 경우 지문의 정보량이 많지 않고 선지 판단의 근거가 명확히 제시되어 체감 난도가 높지 않고, 풀이에 소요되는 시간을 절약할 수 있었을 것으로 보인다. 독해 문항은 2021년도 본고사의 유형에 따라 출제되었지만, 일부 문항에서 지문에 제시된 조건을 꼼꼼히 확인하지 않으면 정오판단을 혼동할 수 있는 선지가 존재하였다.

형식논리

이번 시험에 출제된 형식논리 문항은 특정한 경우가 확정되지 않고, 조건에 따라 가능한 경우를 확인해야 하는 문항들이었다. 선지에 추가되는 조건들을 잘 확인한다면 2021년도 본고사에 비해 접근이 어렵지 않았을 것으로 파악된다. 참인 진술과 거짓인 진술을 구분해야 하는 문항은 출제되지 않았다. 최근 본고사의 경향에 따라 '모두', '~가 있다'가 포함된 진술들의 참거짓 여부를 판단하는 문항이 출제되어, 이들 문항을 풀 때는 제시된 진술이 참이 되는 범위를 세밀히 검토할 필요가 있었다.

논증(논증분석 및 논증평가)

최근의 출제 경향에 따라 지문에서 다수의 주장과 논거들을 제시하고 이에 해당하는 내용을 구분하기 위해 다소의 시간이 필요한 논증 문항이 주로 출제되었다. 특히 논리학, 과학 실험을 소재로 정보량이 많은 지문이 제시되어 수험생들이 전제와 결론에 해당하는 내용을 파악하기 용이하지 않았을 것으로 보인다.

출제경향분석

2022년도 vs 2021년도 7급 본고사 언어논리 유형별 문항 수 비교

(단위: 개)

유형	2022년도 7급 본고사	2021년도 7급 본고사	증감
정보확인	6	1	▲ 5
정보추론	8	14	▼ 6
형식논리	3	4	▼ 1
논증분석	5	3	▲ 2
논증평가	3	3	-
합계	25	25	-

내용영역별 출제경향

✔ **"법규범 2문항, 인문 3문항, 사회 12문항, 과학기술 3문항, 논리학 5문항 출제"**

✔ **"공직 실무, 논리학을 소재로 다룬 문항과 과학 원리, 실험을 활용한 문항이 다수 출제되었다는 점이 2021년도 본고사의 출제 방식과 유사함"**

법규범

법규범 영역에서는 2문항이 출제되어, 2021년도 본고사에 비해 1문항이 감소했다. 출제된 문항의 소재는 각각 학칙 제정, 주거법의 해석에 관한 것으로, 공직 실무와 관련된 추론 문항이 포함되었다.

인문

인문 영역에서는 3문항이 출제되어, 2021년도 본고사에 비해 2문항이 증가했다. 2021년도 본고사에서는 한국사 소재 문항이 1번 문항뿐이었으나, 이번 본고사에서는 과거 PSAT의 출제 경향에 따라 1번 문항과 2번 문항에서 한국사 소재 문항이 출제되었다.

사회

사회 영역에서는 12문항이 출제되어, 2021년도 본고사에 비해 3문항이 증가했다. 집단 혐오, 계획적 진부화 등 일반적인 사회 개념을 소재로 한 문항뿐만 아니라 마스크 착용 규정, 바이러스 검출 현황, 보조금 신청 자격 등 공직 실무에서 다루는 사항들을 소재로 한 문항이 다수 출제되었으며, 그 비중은 2021년도 본고사와 유사하였다.

과학기술

과학기술 영역에서는 3문항이 출제되어, 2021년도 본고사와 출제 문항 수가 동일했다. 물리, 생물학 분야를 소재로 삼아 독해 및 논증 지문의 정보량이 많았고, 실험 결과에 따라 다수의 가설을 평가해야 했으므로 체감 난도가 높고 풀이에 드는 시간도 길었을 것으로 보인다.

논리학

논리학 영역에서는 5문항이 출제되어, 2021년도 본고사에 비해 4문항이 감소했다. 그 중에서 형식논리 문항은 3개였고, 논증 문항은 2개였다. 지문의 진술로부터 반드시 도출되는 경우와 그렇지 않은 경우를 파악한다면 2021년도 본고사에 비해 비교적 풀이가 수월하였을 것으로 판단된다.

출제경향분석

2022년도 vs 2021년도 7급 본고사 언어논리 내용영역별 문항 수 비교 (단위: 개)

내용영역	2022년도 7급 본고사	2021년도 7급 본고사	증감
법규범	2	3	▼1
인문	3	1	▲2
사회	12	9	▲3
과학기술	3	3	-
논리학	5	9	▼4
합계	25	25	-

난도별 출제경향

✔ **출제 난도는 5급 PSAT 본고사보다 Down, 민경채 PSAT 본고사보다 Up**

✔ **2021년도 본고사보다 다소 하락**

난도 하락 요인

- **일부 지문의 정보량 감소**

논증 문항의 정보량이 많았던 것과 달리 일부 독해 문항은 정보량이 적고 선지 판단 근거가 명확하여 문항당 풀이 시간을 단축할 수 있었던 것으로 보인다. 이는 시험의 난도를 낮추는 요인으로 작용하였을 것이다.

- **형식논리 문항 수 감소**

2021년도 본고사에서 형식논리 문항은 4문항이 출제되었으나, 이번 시험에서는 3문항으로 출제 문항 수가 감소하였다.

- **논리학 소재 문항 수 감소**

형식논리 유형의 문항 이외에도, 논리학을 소재로 다룬 문항들의 수 또한 감소하였다. 다만 개별 문항의 난도는 2021년도 본고사 수준을 유지하였던 것으로 보인다. 12번 문항은 지문의 진술들로부터 결론이 도출되는 과정을 이해하고, 15번 문항은 여러 견해의 전제와 결론을 비교해야 했기 때문에 정오 판단에 어려움을 느끼는 수험생들이 많았을 것으로 보인다.

- **소수 논증 문항의 복잡성 유지**

논증 문항의 경우, 지문에서 다수의 주장과 논거들을 구분하는 데 오랜 시간이 소요되는 문제들이 출제되었다. 하지만 문항 구성상 정답 근거가 명확한 다른 문항들을 먼저 풀이하고 남는 시간을 논증 문항 풀이에 활용할 수 있었을 것으로 보인다.

2022년도 vs 2021년도 7급 본고사 언어논리 난도별 문항 수 비교 (단위: 개)

난도	2022년도 7급 본고사	2021년도 7급 본고사	증감
상	9	5	▲4
중	5	15	▼10
하	11	5	▲6
합계	25	25	-

2023년도 대비 7급 공채 I 민간경력자채용

메가피셋 잘고른 N제

PART 1 60+

피셋 합격을 위해 반드시 도달해야 하는 60~70점대 점수를 맞기 위해
대비해야 하는 문항으로 선별 구성하였으며, 일부 고난도 문항에는 '75+' 표기를 하였습니다.

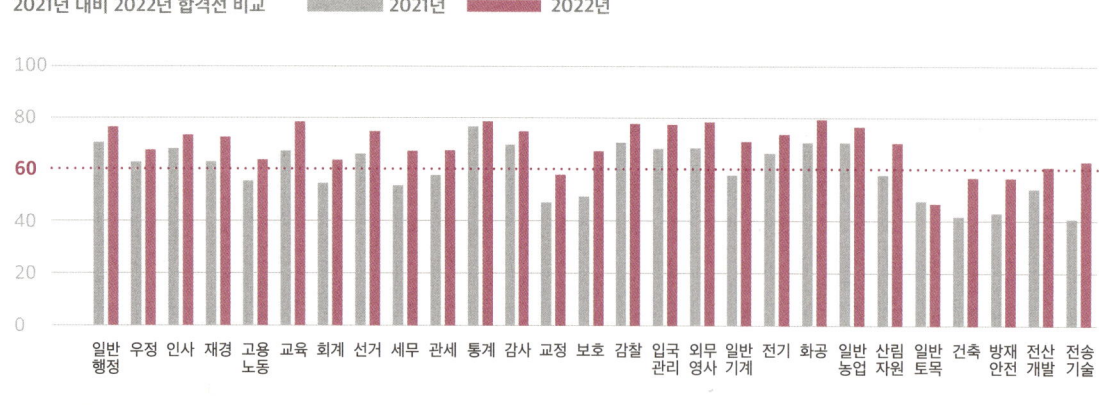

PART 1 60+ 추천 수험생

❶ 위 표에서 확인한 나의 희망 직렬의 합격선이 60~70점대 초중반인 수험생
❷ 1차 합격선만 빠르게 넘기고 2차 시험에 집중하고 싶은 수험생
❸ 초시생 등 7급 PSAT을 처음 접하는 수험생

★ PART 1: 60+ 학습을 통해, 기본기 강화 및 중 · 하 난이도 문항의 완벽한 풀이 능력을 배양하세요.

제1회

강·약점 유형 확인을 위한

문항구성표

유형	문항 번호
유형 **01.** 정보확인	1, 2, 3, 4, 5, 7, 16
유형 **02.** 정보추론	8, 9, 10, 20, 22, 25
유형 **03.** 형식논리	17, 18, 19, 23
유형 **04.** 논증분석	6, 13, 15
유형 **05.** 논증평가	11, 12, 14, 21, 24

※ 회차별 유형 수록 비율은 본고사 예상 출제 경향을 고려하여 다양하게 구성하였습니다.

민경채 2013년도 (인)책형 1번

문 1. 다음 글의 내용과 부합하는 것은?

> 중세 동아시아 의학의 특징은 강력한 중앙권력의 주도 아래 통치수단의 방편으로서 활용되었다는 점이다. 권력자들은 최상의 의료 인력과 물자를 독점적으로 소유함으로써 의료를 충성에 대한 반대급부로 삼았다. 이러한 특징은 국가 간의 관계에서도 나타나 중국의 황제는 조공국에게 약재를 하사함으로써 위세와 권위를 과시했다. 고려의 국왕 또한 가부장적 이데올로기에 입각하여 의료를 신민 지배의 한 수단으로 삼았다. 국왕은 일년 중 정해진 날에 종4품 이상의 신료에게 약재를 내렸는데, 이를 납약(臘藥)이라 하였다. 납약은 중세 국가에서 약재가 일종의 위세품(威勢品)으로 작용하였음을 잘 보여주는 사례이다.
>
> 역병이 유행하면 고려의 국왕은 이에 상응하는 약재를 분배하였다. 1018년 개경에 유행성 열병인 장역(瘴疫)이 유행하자 현종은 관의(官醫)에게 병에 걸린 문무백관의 치료를 명령하고 필요한 약재를 하사하였다. 하층 신민에 대해서는 혜민국과 구제도감 등 다양한 의료 기관을 설립하여 살피게 했다. 전염병이 유행하면 빈민들의 희생이 컸기에 소극적이나마 빈민을 위한 의료대책을 시행하지 않을 수 없었다. 1110년과 1348년 전염병이 유행하였을 때에는 개경 시내에 빈민의 주검이 많이 방치되어 있었고, 이는 전염병이 유행하게 되는 또 다른 요인이 되었다. 이들 빈민 환자를 한 곳에 모아 관리해야 할 필요성에서 빈민의료가 시작되었다. 그러나 혜민국은 상설 기관이 아니라 전염병 유행과 같은 비상시에 주로 기능하는 임시 기관이었다. 애민(愛民) 정책 아래 만들어진 이들 기관의 실상은 치료보다는 통치를 위한 격리를 목적으로 하였다.

① 고려는 역병을 예방하기 위해 혜민국을 설치하였다.
② 고려 국왕은 병든 문무백관의 치료를 위해 납약을 하사하였다.
③ 가부장적 이데올로기는 고려시대 전염병의 발병률 감소에 기여하였다.
④ 중세 동아시아 의학은 상·하층 신민의 질병을 치료하기 위한 목적으로 발전하였다.
⑤ 중세 동아시아의 권력자는 의료 인력과 약재를 독점하여 신료의 충성을 유도하였다.

민경채 2011년도 (민)책형 1번

문 2. 다음 글에서 알 수 있는 것은?

> 고려시대에 철제품 생산을 담당한 것은 철소(鐵所)였다. 철소는 기본적으로 철산지나 그 인근의 채광과 제련이 용이한 곳에 설치되었다. 철소 설치에는 몇 가지 요소가 갖추어져야 유리하였다. 철소는 철광석을 원활하게 공급받을 수 있고, 철을 제련하는 데 필수적인 숯의 공급이 용이해야 하며, 채광, 선광, 제련 기술을 가진 장인 및 채광이나 숯을 만드는 데 필요한 노동력이 존재해야 했다. 또한 철 제련에 필요한 물이 풍부하게 있는 곳이어야 했다.
>
> 망이와 망소이가 반란을 일으킨 공주의 명학소는 철소였다. 하지만 다른 철소와 달리 그곳에서 철이 생산된 것은 아니었다. 철산지는 인근의 마현이었다. 명학소는 제련에 필요한 숯을 생산하고, 마현으로부터 가져온 철광석을 가공하여 철제품을 생산하는 곳이었다. 마현에서 채취된 철광석은 육로를 통해 명학소로 운반되었고, 이곳에서 생산된 철제품은 명학소의 갑천을 통해 공주로 납부되었다. 갑천의 풍부한 수량은 철제품을 운송하는 수로로 적합했을 뿐 아니라, 제련에 필요한 물을 공급하는 데에도 유용하였다.
>
> 하지만 명학소민의 입장에서 보면, 마현에서 철광석을 채굴하고 선광하여 명학소로 운반하는 작업, 철광석 제련에 필요한 숯을 생산하는 작업, 철제품을 생산하는 작업, 생산된 철제품을 납부하는 작업에 이르기까지 감당할 수 없는 과중한 부담을 지고 있었다. 이는 일반 군현민의 부담뿐만 아니라 다른 철소민의 부담과 비교해 보아도 훨씬 무거운 것이었다. 더군다나 명종 무렵에는 철 생산이 이미 서서히 한계를 드러내고 있었음에도 할당된 철제품의 양은 줄어들지 않았다. 이러한 것이 복합되어 망이와 망소이의 반란이 일어난 것이다.

① 모든 철소에서 철이 생산되었다.
② 명학소에서는 숯이 생산되지 않았다.
③ 망이와 망소이는 철제품 생산 기술자였다.
④ 명학소민은 다른 철소민보다 부담이 적었다.
⑤ 풍부한 물은 명학소에 철소를 설치하는 데 이점이었다.

문 3. 다음 글에서 알 수 없는 것은?

> 광장의 기원은 고대 그리스의 아고라에서 찾을 수 있다. '아고라'는 사람들이 모이는 곳이란 뜻을 담고 있다. 호메로스의 작품에 처음 나오는 이 표현은 물리적 장소만이 아니라 사람들이 모여서 하는 각종 활동과 모임도 의미한다. 아고라는 사람들이 모이는 도심의 한복판에 자리 잡되 그 주변으로 사원, 가게, 공공시설, 사교장 등이 자연스럽게 둘러싸고 있는 형태를 갖는다. 물론 그 안에 분수도 있고 나무도 있어 휴식 공간이 되기는 하지만 그것은 부수적 기능일 뿐이다. 아고라 곧 광장의 주요 기능은 시민들이 모여 행하는 다양한 활동 그 자체에 있다.
>
> 르네상스 이후 광장은 유럽의 여러 제후들이 도시를 조성할 때 일차적으로 고려하는 사항이 된다. 광장은 제후들이 권력 의지를 실현하는 데 중요한 역할을 할 수 있었기 때문이다. 이 시기 유럽의 도시에서는 고대 그리스 이후 자연스럽게 발전해 온 광장이 의식적으로 조성되기 시작한다. 도시를 설계할 때 광장의 위치와 넓이, 기능이 제후들의 목적에 따라 결정된다.
>
> 『광장』을 쓴 프랑코 만쿠조는 유럽의 역사가 곧 광장의 역사라고 말한다. 그에 따르면, 유럽인들에게 광장은 일상생활의 통행과 회합, 교환의 장소이자 동시에 권력과 그 의지를 실현하는 장이고 프랑스 혁명 이후 근대 유럽에서는 저항하는 대중의 연대와 소통의 장이라는 의미도 갖게 된다. 우리나라의 역사적 경험에서도 광장은 그와 같은 공간이었다. 우리의 마당이나 장터는 유럽과 형태는 다를지라도 만쿠조가 말한 광장의 기능과 의미를 담당해왔기 때문이다.
>
> 이처럼 광장은 인류의 모든 활동이 수렴되고 확산되는 공간이며 문화 마당이고 예술이 구현되는 장이며 더 많은 자유를 향한 열정이 집결하는 곳이다. 특히 근대 이후 광장을 이런 용도로 사용하는 것은 시민의 정당한 권리가 된다. 광장은 권력의 의지가 발현되는 공간이면서 동시에 시민에게는 그것을 넘어서고자 하는 자유의 열망이 빚어지는 장이다.

① 근대 이후 광장은 시민의 자유에 대한 열망이 모이는 장이었다.
② 고대 그리스의 아고라는 사람들이 모이는 장소 이상의 의미를 갖는다.
③ 유럽의 여러 제후들이 광장을 중요시한 것은 거주민의 의견을 반영하기 위해서였다.
④ 프랑스 혁명 이후 유럽에서 광장은 저항하는 이들의 소통 공간이라는 의미도 갖는다.
⑤ 우리나라의 역사적 경험에서도 광장은 권력과 그 의지를 실현하는 장이자 저항하는 대중의 연대와 소통의 장이었다.

문 4. 다음 글에서 알 수 있는 것은?

> 체험사업을 운영하는 이들은 아이들에게 다양한 직업의 현장과 삶의 실상, 즉 현실을 체험하게 해준다고 홍보한다. 직접 겪지 못하는 현실을 잠시나마 체험함으로써 미래에 더 좋은 선택을 할 수 있게 한다는 것이다. 체험은 생산자에게는 홍보와 돈벌이 수단이 되고, 소비자에게는 교육의 연장이자 주말 나들이 거리가 된다. 이런 필요와 전략이 맞물려 체험사업이 번성한다. 그러나 이때의 현실은 체험하는 사람의 필요와 여건에 맞추어 미리 짜놓은 현실, 치밀하게 계산된 현실이다. 다른 말로 하면 가상현실이다. 아이들의 상황을 고려해서 눈앞에 보일 만한 것, 손에 닿을 만한 것, 짧은 시간에 마칠 수 있는 것을 잘 계산해서 마련해 놓은 맞춤형 가상현실인 것이다. 눈에 보이지 않는 구조, 손에 닿지 않는 제도, 장기간 반복되는 일상은 체험행사에서는 제공될 수 없다.
>
> 여기서 주목해야 할 것은 경험과 체험의 차이이다. 경험은 타자와의 만남이다. 반면 체험 속에서 인간은 언제나 자기 자신만을 볼 뿐이다. 타자들로 가득한 현실을 경험함으로써 인간은 스스로 변화하는 동시에 현실을 변화시킬 동력을 얻는다. 이와 달리 가상현실에서는 그것을 체험하고 있는 자신을 재확인하는 것으로 귀결되기 마련이다. 경험 대신 체험을 제공하는 가상현실은 실제와 가상의 경계를 모호하게 할 뿐만 아니라 우리를 현실에 순응하도록 이끈다. 요즘 미래 기술로 각광받는 디지털 가상현실 기술은 경험을 체험으로 대체하려는 오랜 시도의 결정판이다. 버튼 하나만 누르면 3차원으로 재현된 세계가 바로 앞에 펼쳐진다. 한층 빠르고 정교한 계산으로 구현한 가상현실은 우리에게 필요한 모든 것을 눈앞에서 체험할 수 있는 본격 체험사회를 예고하는 것만 같다.

① 체험사업은 장기간의 반복적 일상을 가상현실을 통해 경험하도록 해준다.
② 현실을 변화시킬 수 있는 동력은 체험이 아닌 현실을 경험함으로써 얻게 된다.
③ 가상현실은 실제와 가상 세계의 경계를 구분하여 자기 자신을 체험할 수 없도록 한다.
④ 체험사업은 아이들에게 타자와의 만남을 경험하게 해줌으로써 경제적 이윤을 얻고 있다.
⑤ 디지털 가상현실 기술은 아이들에게 현실을 경험하게 함으로써 미래에 더 좋은 선택을 하도록 돕는다.

민경채 2016년도 (5)책형 13번

문 5. 다음 글에서 알 수 있는 것은?

경제학자들은 환경자원을 보존하고 환경오염을 억제하는 방편으로 환경세 도입을 제안했다. 환경자원을 이용하거나 오염물질을 배출하는 제품에 환경세를 부과하면 제품 가격 상승으로 인해 그 제품의 소비가 감소함에 따라 환경자원을 아낄 수 있고 환경오염을 줄일 수 있다.

일부에서는 환경세가 소비자의 경제적 부담을 늘리고 소비와 생산의 위축을 가져올 수 있다고 우려한다. 그러나 많은 경제학자들은 환경세 세수만큼 근로소득세를 경감하는 경우 환경보존과 경제성장이 조화를 이룰 수 있다고 본다.

환경세는 환경오염을 유발하는 상품의 가격을 인상시킴으로써 가계의 경제적 부담을 늘려 실질소득을 떨어뜨리는 측면이 있다. 하지만 환경세 세수만큼 근로소득세를 경감하게 되면 근로자의 실질소득이 증대되고, 그 증대효과는 환경세 부과로 인한 상품가격 상승효과를 넘어설 정도로 크다. 왜냐하면 상품 가격 상승으로 인한 경제적 부담은 연금생활자나 실업자처럼 고용된 근로자가 아닌 사람들 사이에도 분산되는 반면, 근로소득세 경감의 효과는 근로자에게 집중되기 때문이다. 근로자의 실질소득 증대는 사실상 근로자의 실질임금을 높이고, 이것은 대체로 노동공급을 증가시키는 경향이 있다.

또한, 환경세가 부과되더라도 노동수요가 늘어날 수 있다. 근로소득세 경감은 기업의 입장에서 노동이 그만큼 저렴해지는 효과가 있다. 더욱이 환경세는 노동자원보다는 환경자원의 가격을 인상시켜 상대적으로 노동을 저렴하게 하는 효과가 있다. 이렇게 되면 기업의 노동수요가 늘어난다.

결국 환경세 세수를 근로소득세 경감으로 재순환시키는 조세구조 개편은 한편으로는 노동의 공급을 늘리고, 다른 한편으로는 노동에 대한 수요를 늘린다. 이것은 고용의 증대를 낳고, 결국 경제 활성화를 가져온다.

① 환경세의 환경오염 억제 효과는 근로소득세 경감에 의해 상쇄된다.
② 환경세를 부과하더라도 그만큼 근로소득세를 경감할 경우, 근로자의 실질소득은 늘어난다.
③ 환경세를 부과할 경우 근로소득세 경감이 기업의 고용 증대에 미치는 효과가 나타나지 않는다.
④ 환경세를 부과하더라도 노동집약적 상품의 상대가격이 낮아진다면 기업의 고용은 늘어나지 않는다.
⑤ 환경세 부과로 인한 상품가격 상승효과는 근로소득세 경감으로 인한 근로자의 실질소득 상승효과보다 크다.

민경채 2020년도 (가)책형 15번

문 6. 다음 글의 빈칸에 들어갈 내용으로 가장 적절한 것은?

대안적 분쟁해결절차(ADR)는 재판보다 분쟁을 신속하게 해결한다고 알려져 있다. 그러나 재판이 서면 심리를 중심으로 진행되는 반면, ADR은 당사자 의견도 충분히 청취하기 때문에 재판보다 더 많은 시간이 소요된다. 그럼에도 불구하고 ADR이 재판보다 신속하다고 알려진 이유는 법원에 지나치게 많은 사건이 밀려 있어 재판이 더디게 이루어지기 때문이다.

법원행정처는 재판이 너무 더디다는 비난에 대응하기 위해 일선 법원에서도 사법형 ADR인 조정제도를 적극적으로 활용할 것을 독려하고 있다. 그러나 이는 법관이 신속한 조정안 도출을 위해 사건 당사자에게 화해를 압박하는 부작용을 낳을 수 있다. 사법형 ADR 활성화 정책은 법관의 증원 없이 과도한 사건 부담 문제를 해결하려는 미봉책일 뿐이다. 결국, 사법형 ADR 활성화 정책은 사법 불신으로 이어져 재판 정당성에 대한 국민의 인식을 더욱 떨어뜨리게 한다.

또한 사법형 ADR 활성화 정책은 민간형 ADR이 활성화되는 것을 저해한다. 분쟁 당사자들이 민간형 ADR의 조정안을 따르도록 하려면, 재판에서도 거의 같은 결과가 나온다는 확신이 들게 해야 한다. 그러기 위해서는 법원이 확고한 판례를 제시하여야 한다. 그런데 사법형 ADR 활성화 정책은 새롭고 복잡한 사건을 재판보다는 ADR로 유도하게 된다. 이렇게 되면 새롭고 복잡한 사건에 대한 판례가 만들어지지 않고, 민간형 ADR에서 분쟁을 해결할 기준도 마련되지 않게 된다. 결국 판례가 없는 수많은 사건들이 끊임없이 법원으로 밀려들게 된다.

따라서 [　　　　　　　　　　] 먼저 법원은 본연의 임무인 재판을 통해 당사자의 응어리를 풀어주겠다는 의식으로 접근해야 할 것이다. 그것이 현재 법원의 실정으로 어렵다고 판단되면, 국민의 동의를 구해 예산과 인력을 확충하는 방향으로 나아가는 것이 옳은 방법이다. 법원의 인프라를 확충하고 판례를 충실히 쌓아가면, 민간형 ADR도 활성화될 것이다.

① 분쟁 해결에 대한 사회적 관심을 높이도록 유도해야 한다.
② 재판이 추구하는 목표와 ADR이 추구하는 목표는 서로 다르지 않다.
③ 법원으로 폭주하는 사건 수를 줄이기 위해 시민들의 준법의식을 강화하여야 한다.
④ 법원은 재판에 주력하여야 하며 그것이 결과적으로 민간형 ADR의 활성화에도 도움이 된다.
⑤ 민간형 ADR 기관의 전문성을 제고하여 분쟁 당사자들이 굳이 법원에 가지 않더라도 신속하게 분쟁을 해결할 수 있게 만들어야 한다.

문 7. 다음 글에서 추론할 수 있는 것은?

조선후기 숙종 때 서울 시내의 무뢰배가 검계를 결성하여 무술훈련을 하였다. 좌의정 민정중이 '검계의 군사훈련 때문에 한양의 백성들이 공포에 떨고 있으니 이들을 처벌해야 한다.'고 상소하자 임금이 포도청에 명하여 검계 일당을 잡아들이게 하였다. 포도대장 장붕익은 몸에 칼자국이 있는 자들을 잡아들였는데, 이는 검계 일당이 모두 몸에 칼자국을 내어 자신들과 남을 구별하는 징표로 삼았기 때문이다.

검계는 원래 향도계에서 비롯하였다. 향도계는 장례를 치르기 위해 결성된 계였다. 비용이 많이 소요되는 장례에 대비하기 위해 계를 구성하여 평소 얼마간 금전을 갹출하고, 구성원 중에 상을 당한 자가 있으면 갹출한 금전에 얼마를 더하여 비용을 마련해주는 방식이었다. 향도계는 서울 시내 백성들에게 널리 퍼져 있었으며, 양반들 중에도 가입하는 이들이 있었다. 향도계를 관리하는 조직을 도가라 하였는데, 도가는 점차 죄를 지어 법망을 피하려는 자들을 숨겨주는 소굴이 되었다. 이 도가 내부의 비밀조직이 검계였다.

검계의 구성원들은 스스로를 왈짜라 부르고 있었다. 왈짜는 도박장이나 기생집, 술집 등 도시의 유흥공간을 세력권으로 삼아 활동하는 이들이었다. 하지만 모든 왈짜가 검계의 구성원이었던 것은 아니다. 왈짜와 검계는 모두 폭력성을 지녔고 활동하는 주 무대도 같았지만 왈짜는 검계와 달리 조직화된 집단은 아니었다. 부유한 집안의 아들이었던 김홍연은 대과를 준비하다가 너무 답답하다는 이유로 중도에 그만두고 무과 공부를 하였다. 그는 무예에 탁월했지만 지방 출신이라는 점이 출세하는 데 장애가 될 것을 염려하여 무과 역시 포기하고 왈짜가 되었다. 김홍연은 왈짜였지만 검계의 일원은 아니었다.

① 도가의 장은 향도계의 장을 겸임하였다.
② 향도계의 구성원 중에는 검계 출신이 많았다.
③ 향도계는 공공연한 조직이었지만 검계는 비밀조직이었다.
④ 몸에 칼자국이 없으면서 검계의 구성원인 왈짜도 있었다.
⑤ 김홍연이 검계의 일원이 되지 못하고 왈짜에 머물렀던 것은 지방 출신이었기 때문이다.

문 8. 다음 글의 문맥상 (가)~(라)에 들어가기에 가장 적절한 것을 <보기>에서 골라 알맞게 짝지은 것은?

플라톤은 아테네에서 진행되던 민주주의에 대해 탐탁하지 않게 생각했다. 플라톤은 지혜를 갖춘 전문가가 정치를 담당해야 한다고 보았다. 자격을 갖춘 능력 있는 소수를 뒷전으로 밀어내고 무능하고 무책임한 다수 대중에게 권력을 이양하는 민주주의의 정치 게임에 플라톤은 분노했다. 특히 플라톤은 궤변으로 떠들어대는 무능한 민주주의 정치 지도자들을 비판했다. (가)

이랬던 플라톤이 자신의 마지막 저서인 『법률』에서는 대중에게 적정한 수준에서 자유를 허용하는 체제, 즉 왕정과 민주정의 요소를 고루 내포한 혼합 체제의 필요성을 역설했다. 일정 정도의 자유와 정치 참여를 대중들에게 허용하면, 그들은 국가에 애착을 느끼고 필요하다면 자신을 희생하기도 한다고 플라톤은 강조했다. 대중들의 정치 참여가 국가의 발전 가능성을 높여준다고 생각한 것이다. (나)

그렇다고 해서 플라톤이 전적으로 민주주의에 투항한 것은 결코 아니다. 『법률』의 경우에도 여전히 민주주의를 찬양하는 대목보다 그것을 강경하게 비판하는 대목이 더 많이 눈에 띈다. 민주정과 왕정의 혼합 체제를 지향하기는 했지만, 플라톤에게 민주주의는 중심적 요소가 아닌 부차적 요소에 지나지 않았다. 플라톤이 지향한 혼합 체제는 대중들의 승인을 받은 귀족주의에 가까운 것이었다. 그에게 대중이란 주권자일 수는 있어도 결코 지배자가 될 수는 없는 존재였다. (다)

플라톤이 대중들의 정치 참여를 어느 정도 수용하면서도 민주주의를 인정하지 않았던 것은 의미심장한 대목이다. 해석하기에 따라, 플라톤의 태도는 대중들을 정치의 주인인 것처럼 착각하게 만든 후 그들의 충성을 끌어내고, 정치적 실권은 실상 소수 엘리트들에게 넘겨주는 '사이비' 민주주의 체제를 가능하게 한 것처럼 보이기 때문이다. (라)

<보 기>

ㄱ. 생각해보면 이는 일인 독재 정치 체제보다 더욱 기만적인 정치 체제일 수 있다.
ㄴ. 이것을 액면 그대로 받아들이면 플라톤이야말로 참여민주주의의 원조격이 아닐 수 없다.
ㄷ. 민주주의를 내세우지만 동시에 대중들의 정치 참여를 제한하는 것이 플라톤 정치 이론의 실체이다.
ㄹ. 플라톤은 민주주의를 이끄는 정치인들의 실체가 수술을 요하는 환자에게 메스 대신 비타민을 내미는 엉터리 의사와 같다고 생각했다.

	(가)	(나)	(다)	(라)
①	ㄱ	ㄹ	ㄴ	ㄷ
②	ㄴ	ㄱ	ㄹ	ㄷ
③	ㄴ	ㄹ	ㄱ	ㄷ
④	ㄹ	ㄱ	ㄷ	ㄴ
⑤	ㄹ	ㄴ	ㄷ	ㄱ

민경채 2013년도 (인)책형 15번

문 9. 다음 <개요>에 따라 보고서를 작성할 때, 현황 분석 부분에 들어갈 내용만을 <보기>에서 모두 고르면?

〈개 요〉

Ⅰ. 서론 : 정책 제안 배경
Ⅱ. 본론 : 현황 분석과 정책 방안
1. 현황 분석
○ 연말정산 자동계산 프로그램 사용 방법의 복잡성과 그에 대한 설명 부재로 인해 이용자 불만 증가
○ 연말정산 기간 중 세무서에 연말정산 자동계산 프로그램 사용 방법에 관한 상담 수요 폭증
2. 정책 방안
○ 문제점을 개선한 프로그램 개발과 활용 매뉴얼 보급
○ 연말정산 자동 상담 시스템 개발
Ⅲ. 결론 : 예상되는 효과 전망

〈보 기〉

ㄱ. 연말정산 자동 상담 시스템을 개발할 경우 15%의 이용자 불만 감소 효과가 전망된다.
ㄴ. 연말정산 기간을 정확하게 알지 못해 마감 기한이 지나서 세무서를 방문하는 사람이 전년 대비 15% 증가하였다.
ㄷ. 연말정산 기간 중 세무서 전체 월 평균 상담 건수는 약 128만 건으로 평상시 11만 건보다 크게 증가했는데, 그 이유는 연말정산 자동계산 프로그램 사용 방법에 관한 문의 전화가 폭주했기 때문이다.

① ㄱ
② ㄷ
③ ㄱ, ㄴ
④ ㄴ, ㄷ
⑤ ㄱ, ㄴ, ㄷ

민경채 2015년도 (인)책형 5번

문 10. A사무관의 추론이 올바를 때, 다음 글의 빈 칸에 들어갈 진술로 적절한 것만을 <보기>에서 모두 고르면?

A사무관은 인사과에서 인사고과를 담당하고 있다. 그는 올해 우수 직원을 선정하여 표창하기로 했으니 인사고과에서 우수한 평가를 받은 직원을 후보자로 추천하라는 과장의 지시를 받았다. 평가 항목은 대민봉사, 업무역량, 성실성, 청렴도이고 각 항목은 상(3점), 중(2점), 하(1점)로 평가한다. A사무관이 추천한 표창 후보자는 갑돌, 을순, 병만, 정애 네 명이며, 이들이 받은 평가는 다음과 같다.

	대민봉사	업무역량	성실성	청렴도
갑돌	상	상	상	하
을순	중	상	하	상
병만	하	상	상	중
정애	중	중	중	상

A사무관은 네 명의 후보자에 대한 평가표를 과장에게 제출하였다. 과장은 "평가 점수 총합이 높은 순으로 선발한다. 단, 동점자 사이에서는 [ ]"라고 하였다. A사무관은 과장과의 면담 후 이들 중 세 명이 표창을 받게 된다고 추론하였다.

〈보 기〉

ㄱ. 두 개 이상의 항목에서 상의 평가를 받은 후보자를 선발한다.
ㄴ. 청렴도에서 하의 평가를 받은 후보자를 제외한 나머지 후보자를 선발한다.
ㄷ. 하의 평가를 받은 항목이 있는 후보자를 제외한 나머지 후보자를 선발한다.

① ㄱ
② ㄷ
③ ㄱ, ㄴ
④ ㄴ, ㄷ
⑤ ㄱ, ㄷ

문 11. 다음 글에 나오는 답변에 대한 반박으로 적절한 것을 <보기>에서 모두 고르면?

물음: 신이 어떤 행위를 하라고 명령했기 때문에 그 행위가 착한 것인가, 아니면 오히려 그런 행위가 착한 행위이기 때문에 신이 그 행위를 하라고 명령한 것인가?
답변: 여러 경전에서 신은 우리에게 정직할 것을 명령한다. 우리가 정직해야 하는 이유는 단지 신이 정직하라고 명령했기 때문이다. 따라서 한 행위가 착한 행위가 되기 위해서는 신이 그 행위를 하라고 명령해야 한다. 다시 말해 만일 신이 어떤 행위를 하라고 명령하지 않는다면, 그 행위는 착한 것이 아니다.

<보 기>

ㄱ. 만일 신이 우리에게 정직하라고 명령하지 않았다면, 정직한 것은 착한 행위도 못된 행위도 아니다. 정직함을 착한 행위로 만드는 것은 바로 신의 명령이다.
ㄴ. 만일 신이 이산화탄소 배출량을 줄이기 위해 재생에너지를 쓰라고 명령하지 않았다면 그 행위는 착한 행위가 될 수 없을 것이다. 하지만 신이 그렇게 명령한 적이 없더라도 그 행위는 착한 행위이다.
ㄷ. 장기 기증은 착한 행위이다. 하지만 신이 장기 기증을 하라고 명령했다는 그 어떤 증거나 문서도 존재하지 않으며 신이 그것을 명령했다고 주장하는 사람도 없다.
ㄹ. 어떤 사람은 원수를 죽이는 것이 신의 명령이라고 말하고 다른 사람은 원수를 죽이는 것이 신의 명령이 아니라고 말한다. 사람들이 신의 명령이라고 말한다고 해서 그것이 정말로 신의 명령인 것은 아니다.

① ㄷ
② ㄹ
③ ㄴ, ㄷ
④ ㄱ, ㄴ, ㄹ
⑤ ㄱ, ㄴ, ㄷ, ㄹ

문 12. 다음 글에 의해 반박될 수 있는 주장을 <보기>에서 모두 고르면?

신약의 효능이나 독성을 검사할 때 동물 실험을 하는 것이 일반적이다. 이 때 반드시 짚고 넘어가야 할 문제가 있다. 그것은 동물 실험 결과를 인간에게 적용할 수 있는가 하는 문제이다. 동물과 인간의 생리적 특성이 달라 동물 실험의 결과를 인간에게 적용할 수 없는 경우가 있기 때문이다. 따라서 임상 시험에 들어가기 전 동물 실험을 통해 효능이나 독성 검사를 하는 것이 과연 얼마나 의미가 있는지에 대한 물음이 제기되고 있다.

이와 관련한 대표적인 사례인 '탈리도마이드 사건'을 살펴보자. 탈리도마이드는 1954년 독일 회사가 합성해 4년 후부터 안정제로 판매되기 시작했다. 동물 실험 결과 이 약은 그 안전성을 인정받았다. 생쥐에게 엄청난 양(몸무게 1kg 당 10 g 정도까지 실험)을 투여해도 생명에 지장이 없었다. 그래서 입덧으로 고생하는 임신부들까지 이를 복용했고, 그 결과 1959년부터 1961년 사이에 팔다리가 형성되지 않은 기형아가 1만여 명이나 태어났다. 반대의 사례도 있는데, 항생제로 지금까지도 널리 사용되는 페니실린은 일부 설치류에게 치명적인 독성을 나타낸다.

이에 따라 기존에 동물 실험이나 임상 시험에서 독성이 나타나 후보 목록에서 제외되었던 물질이 최근 들어 재조명되는 사례가 늘고 있다. 동물에게 독성이 나타나더라도 사람에게 독성이 없는 것으로 판명되거나, 일부 사람에게는 독성이 나타나더라도 이에 내성이 있는 사람에게는 투여 가능한 경우도 있기 때문이다.

<보 기>

ㄱ. 동물 실험 결과, 안전하다고 판단된 약물은 사람에게도 안전하다.
ㄴ. 어떤 약물이 사람에게 안전하다면, 동물에게도 안전하다.
ㄷ. 신약 개발을 위한 임상 시험에서 독성이 나타난 물질은 어느 누구에게도 투여해서는 안 된다.
ㄹ. 내성이 있는 사람에게 부작용이 나타난 약물은 모든 사람에게 부작용이 나타난다.

① ㄱ, ㄷ
② ㄴ, ㄹ
③ ㄱ, ㄴ, ㄷ
④ ㄴ, ㄷ, ㄹ
⑤ ㄱ, ㄴ, ㄷ, ㄹ

민경채 2014년도 (A)책형 25번

문 13. 다음 글의 (가)와 (나)에 들어가기에 가장 적절한 것을 ㉠~㉤ 중 골라 알맞게 짝지은 것은?

일반적으로 결정론은 도덕적 책임과 양립할 수 없는 것으로 간주된다. 그 이유는 다음과 같다. ㉠ 결정론이 참일 경우 우리의 실제 행동과는 다른 행동을 할 가능성이 없다. 그런데 ㉡ 우리에게 실제로 행한 것과는 다른 행동을 할 가능성이 있을 경우에만 우리는 행동의 자유를 가진 존재이다. 또한 ㉢ 우리가 행동의 자유를 가진 존재가 아니라면, 우리는 도덕적 책임을 가질 필요가 없다. 따라서 ㉣ 결정론이 참일 경우 우리는 행동의 자유를 가진 존재가 아니다. 결론적으로, ㉤ 결정론이 참일 경우 우리는 도덕적 책임을 가지는 존재가 아니다. 이런 주장에 대해서 철학자 A는 다음 <사례>를 통해 (가) 가 거짓이라고 보임으로써 (나) 를 반박하였다.

<사 례>

차를 운전하고 있던 어느 날, 나는 우회전을 하기 위해서 차의 핸들을 오른쪽으로 돌리는 행동을 하였다. 이런 행동 이후, 오른쪽으로 움직인 나의 차는 길을 가는 행인을 치는 사고를 일으켰다. 당연히 나는 그 행인을 다치게 만든 것에 대해 도덕적 책임을 느꼈다. 내가 핸들을 오른쪽으로 돌리는 행동이 그 사고를 야기했기 때문이다. 그러나 사실 내 차의 핸들은 오른쪽으로 돌리기 직전에 망가져서 핸들이 오른쪽으로 돌아갈 수밖에 없었고, 그 사고는 일어날 수밖에 없었다. 이와 더불어 여러 다른 사정으로 나에게는 다른 행동의 가능성이 전혀 없었으며, 이에 나에겐 행동의 자유가 존재하지 않았던 것이다. 나는 이런 사실을 모른 채 핸들을 오른쪽으로 돌리는 행동을 하였고 내 차는 오른쪽으로 움직였다. 그 핸들은 내 행동에 따라 움직였고, 내 차도 핸들에 아무런 문제가 없었을 경우와 같이 움직인 뒤 행인을 치었던 것이다. 그렇기 때문에 내 차의 핸들이 망가져 있다는 사실을 알고 난 후에도 나는 행인을 친 것에 대한 도덕적 책임을 가져야 한다는 것을 당연하게 생각했다.

	(가)	(나)
①	㉠	㉣
②	㉡	㉣
③	㉡	㉤
④	㉢	㉣
⑤	㉢	㉤

민경채 2012년도 (인)책형 19번

문 14. 다음 글의 밑줄 친 원리를 지지하는 진술을 <보기>에서 모두 고르면?

배리 반스와 데이빗 블로어 등이 주도한 강한 프로그램의 원리를 과학의 영역에 적용하면, 자연과학자들의 활동과 인문학자나 사회과학자들의 활동이 동일한 방식으로 설명되어야 한다. 그리고 자연과학과 인문·사회과학의 영역에서 동일한 설명방식을 사용하기 위해 수정해야 할 부분은 사회과학의 탐구에 대한 견해가 아니라 자연과학의 탐구에 대한 견해이다. 즉 강한 프로그램의 원리에 의하면, 우리는 자연과학이 제공하는 믿음이 특정 전문가 집단의 공동체적 활동에 의해 생산된다는 점에 유의해야 한다. 이런 공동체들은 저마다 특수한 역사와 사회적 특성을 갖고 있으며 또 그렇게 형성된 집단 내부의 의사결정 구조를 가지고 있다. 어떤 문제가 우선적으로 탐구되어야 할 중요한 문제인지, 그 문제를 어떤 방식으로 풀어야 옳은지 등에 대한 판단도 역시 이런 사회적 맥락 속에서 이루어진다. 그렇다면 주어진 문제에 대한 답으로 제안되는 이론들 가운데 어떤 것이 채택되고 당대의 정설로 자리 잡게 되는지도 마찬가지라는 것을 알 수 있다.

<보 기>

ㄱ. 자연과학자들의 탐구조차도 과학자들의 공동체에서 이루어지는 활동의 산물이다.
ㄴ. 어떤 연구 주제가 중요한지, 어떤 이론을 선택할지 등은 사회적 맥락 속에서 결정된다.
ㄷ. 자연과학 이론은 사회과학 이론보다 더 객관적 사실에 근거하여 형성된다.
ㄹ. 전문 학술지에 발표되는 논문의 수로 분야별 생산성을 평가하자면 자연과학 분야의 연구들이 학문의 발전을 선도하고 있다.

① ㄱ, ㄴ
② ㄱ, ㄷ
③ ㄴ, ㄷ
④ ㄴ, ㄹ
⑤ ㄷ, ㄹ

문 15. 다음 글의 A와 B의 견해에 대한 평가로 올바른 것만을 <보기>에서 모두 고르면?

여성의 사회 활동이 활발한 편에 속하는 미국에서조차 공과대학에서 여학생이 차지하는 비율은 20%를 넘지 않는다. 독일 대학의 경우도 전기 공학이나 기계 공학 분야의 여학생 비율이 2.3%를 넘지 않는다. 우리나라 역시 공과대학의 여학생 비율은 15%를 밑돌고 있고, 여교수의 비율도 매우 낮다.

여성주의자들 중 A는 기술에 각인된 '남성성'을 강조함으로써 이 현상을 설명하려고 한다. 그에 따르면, 지금까지의 기술은 자연과 여성에 대한 지배와 통제를 끊임없이 추구해 온 남성들의 속성이 반영된, 본질적으로 남성적인 것이다. 이에 반해 여성은 타고난 출산 기능 때문에 자연에 적대적일 수 없고 자연과 조화를 추구한다고 한다. 남성성은 공격적인 태도로 자연을 지배하려 하지만, 여성성은 순응적인 태도로 자연과 조화를 이루려한다. 때문에 여성성은 자연을 지배하는 기술과 대립할 수밖에 없다. 이에 따라 A는 여성성에 바탕을 둔 기술을 적극적으로 개발해야만 비로소 여성과 기술의 조화가 가능해진다고 주장한다.

다른 여성주의자 B는 여성성과 남성성 사이에 근본적인 차이가 존재하지 않는다고 주장한다. 그는 여성에게 주입된 성별 분업 이데올로기와 불평등한 사회 제도에 의해 여성의 능력이 억눌리고 있다고 생각한다. 그에 따르면, 여성은 '기술은 남성의 것'이라는 이데올로기를 어릴 적부터 주입받게 되어 결국 기술 분야 진출을 거의 고려하지 않게 된다. 설령 소수의 여성이 기술 분야에 어렵게 진출하더라도 남성에게 유리한 각종 제도의 벽에 부딪치면서 자신의 능력을 사장시키게 된다. 이에 따라 B는 여성과 기술의 관계에 대한 인식을 제고하는 교육을 강화하고 여성의 기술 분야 진출과 승진을 용이하게 하는 제도적 장치를 마련해야 한다고 주장한다. 그래야만 기술 분야에서 여성이 겪는 소외를 극복하고 여성이 자기 능력을 충분히 발휘할 수 있는 여건이 만들어질 수 있다고 보기 때문이다.

<보 기>

ㄱ. A에 따르면 여성과 기술의 조화를 위해서는 자연과 조화를 추구하는 기술을 개발해야 한다.

ㄴ. B에 따르면 여성이 남성보다 기술 분야에 많이 참여하지 않는 것은 신체적인 한계 때문이다.

ㄷ. A와 B에 따르면 한 사람은 남성성과 여성성을 동시에 갖고 있다.

① ㄱ
② ㄴ
③ ㄱ, ㄷ
④ ㄴ, ㄷ
⑤ ㄱ, ㄴ, ㄷ

문 16. 다음 글에서 알 수 있는 것은?

구글의 디지털도서관은 출판된 모든 책을 디지털화하여 온라인을 통해 제공하는 프로젝트이다. 이는 전 세계 모든 정보를 취합하여 정리한다는 목표에 따라 진행되며, 이미 1,500만 권의 도서를 스캔하였다. 덕분에 셰익스피어 저작집 등 저작권 보호 기간이 지난 책들이 무료로 서비스되고 있다.

이에 대해 미국 출판업계가 소송을 제기하였고, 2008년에 구글이 1억 2,500만 달러를 출판업계에 지급하는 것으로 양자 간 합의안이 도출되었다. 그러나 연방법원은 이 합의안을 거부하였다. 디지털도서관은 많은 사람들에게 혜택을 줄 수 있지만, 이는 구글의 시장독점을 초래할 우려가 있으며, 저작권 침해의 소지도 있기에 저작권자도 소송에 참여하라고 주문하였다.

구글의 지식 통합 작업은 많은 이점을 가져오겠지만, 모든 지식을 한곳에 집중시키는 것이 옳은 방향인가에 대해서는 숙고가 필요하다. 문명사회를 지탱하고 있는 사회계약이란 시민과 국가 간의 책임과 권리에 관한 암묵적 동의이며, 집단과 구성원 간, 또는 개인 간의 계약을 의미한다. 이러한 계약을 위해서는 쌍방이 서로에 대해 비슷한 정도의 지식을 가지고 있어야 한다는 전제조건이 충족되어야 한다. 그런데 지식 통합 작업을 통한 지식의 독점은 한쪽 편이 상대방보다 훨씬 많은 지식을 가지는 지식의 비대칭성을 강화한다. 따라서 사회계약의 토대 자체가 무너질 수 있다. 또한 지식 통합 작업은 지식을 수집하여 독자들에게 제공하고자 하는 것이지만, 더 나아가면 지식의 수집뿐만 아니라 선별하고 배치하는 편집 권한까지 포함하게 된다. 이에 따라 사람들이 알아도 될 것과 그렇지 않은 것을 결정하는 막강한 권력을 구글이 갖게 되는 상황이 초래될 수 있다.

① 구글과 저작권자의 갈등은 소송을 통해 해결되었다.
② 구글의 지식 통합 작업은 사회계약의 전제조건을 더 공고하게 할 것이다.
③ 구글의 지식 통합 작업은 독자들과 구글 사이에 평등한 권력 관계를 확대할 것이다.
④ 구글의 디지털도서관은 지금까지 스캔한 1,500만 권의 책을 무료로 서비스하고 있다.
⑤ 구글의 지식 통합 작업은 지식의 수집에서 편집권을 포함하는 것까지 확대될 수 있다.

민경채 2012년도 (인)책형 18번

문 17. **사무관 A, B, C, D, E는 다음 조건에 따라 회의에 참석할 예정이다. 반드시 참이라고는 할 수 없는 것은?**

○ A가 회의에 참석하면, B도 참석한다.
○ A가 참석하면 E도 참석하고, C가 참석하면 E도 참석한다.
○ D가 참석하면, B도 참석한다.
○ C가 참석하지 않으면, B도 참석하지 않는다.

① A가 참석하면, C도 참석한다.
② A가 참석하면, D도 참석한다.
③ C가 참석하지 않으면, D도 참석하지 않는다.
④ D가 참석하면, C도 참석한다.
⑤ E가 참석하지 않으면, B도 참석하지 않는다.

민경채 2011년도 (민)책형 19번

문 18. **A, B, C, D 네 개의 국책 사업 추진 여부를 두고, 정부가 다음과 같은 기본 방침을 정했다고 하자. 이를 따를 때 반드시 참이라고는 할 수 없는 것은?**

○ A를 추진한다면, B도 추진한다.
○ C를 추진한다면, D도 추진한다.
○ A나 C 가운데 적어도 한 사업은 추진한다.

① 적어도 두 사업은 추진한다.
② A를 추진하지 않기로 결정한다면, 추진하는 사업은 정확히 두 개이다.
③ B를 추진하지 않기로 결정한다면, C는 추진한다.
④ C를 추진하지 않기로 결정한다면, B는 추진한다.
⑤ D를 추진하지 않기로 결정한다면, 다른 세 사업의 추진 여부도 모두 정해진다.

문 19. 다음 대화 내용이 참일 때, ㉠으로 적절한 것은?

> 서희: 우리 회사 전 직원을 대상으로 A, B, C 업무 중에서 자신이 선호하는 것을 모두 고르라는 설문 조사를 실시했는데, A와 B를 둘 다 선호한 사람은 없었어.
> 영민: 나도 그건 알고 있어. 그뿐만 아니라 C를 선호한 사람은 A를 선호하거나 B를 선호한다는 것도 이미 알고 있지.
> 서희: A는 선호하지 않지만 B는 선호하는 사람이 있다는 것도 이미 확인된 사실이야.
> 영민: 그럼, ㉠ 종범이 말한 것이 참이라면, B만 선호한 사람이 적어도 한 명 있겠군.

① A를 선호하는 사람은 모두 C를 선호한다.
② A를 선호하는 사람은 누구도 C를 선호하지 않는다.
③ B를 선호하는 사람은 모두 C를 선호한다.
④ B를 선호하는 사람은 누구도 C를 선호하지 않는다.
⑤ C를 선호하는 사람은 모두 B를 선호한다.

문 20. 다음 글에서 추론할 수 있는 것만을 <보기>에서 모두 고르면?

> 의학이나 공학, 혹은 과학에서는 다양한 검사법을 사용한다. 가령, 의학에서 사용되는 HIV 감염 여부에 대한 진단은 HIV 항체 검사법에 크게 의존한다. 흔히 항체 검사법의 결과는 양성 반응과 음성 반응으로 나뉜다. HIV 양성 반응이라는 것은 HIV에 감염되었다는 검사 결과가 나왔다는 것을 말하며, HIV 음성 반응이라는 것은 HIV에 감염되지 않았다는 검사 결과가 나왔다는 것을 말한다.
>
> 이런 검사법의 품질은 어떻게 평가되는가? 가장 좋은 검사법은 HIV에 감염되었을 때는 언제나 양성 반응이 나오고, HIV에 감염되지 않았을 때는 언제나 음성 반응이 나오는 것이라고 할 수 있다. 하지만 여러 기술적 한계 때문에 그런 검사법을 만들기는 쉽지 않다. 많은 검사법은 HIV에 감염되었다고 하더라도 음성 반응이 나올 가능성, HIV에 감염되지 않아도 양성 반응이 나올 가능성을 가지고 있다. 이 두 가지 가능성이 높은 검사법은 좋은 검사법이라고 말할 수 없을 것이다.
>
> 반면 HIV에 감염되었을 때 양성 반응이 나올 확률과 HIV에 감염되지 않았을 때 음성 반응이 나올 확률이 매우 높은 검사법은 비교적 좋은 품질을 가지고 있다고 말할 수 있다. 통계학자들은 전자에 해당하는 확률을 '민감도'라고 부르며, 후자에 해당하는 확률을 '특이도'라고 부른다. 민감도는 '참 양성 비율'이라고 불리기도 하며, 이는 실제로 감염된 사람들 중 양성 반응을 보인 사람들의 비율이다. 마찬가지로 특이도는 '참 음성 비율'이라고 불리기도 하며, 이는 실제로는 감염되지 않은 사람들 중 음성 반응을 보인 사람들의 비율로 정의된다. 물론 '거짓 양성 비율'은 실제로 병에 걸리지 않은 사람들 중 양성 반응을 보인 사람들의 비율을 뜻하며, '거짓 음성 비율'은 실제로 병에 걸린 사람들 중 음성 반응을 보인 사람들의 비율을 가리킨다.

<보 기>

ㄱ. 어떤 검사법의 민감도가 높을수록 그 검사법의 특이도도 높다.
ㄴ. 어떤 검사법의 특이도가 100%라면 그 검사법의 거짓 양성 비율은 0%이다.
ㄷ. 민감도가 100%인 HIV 항체 검사법을 이용해 어떤 사람을 검사한 결과 양성 반응이 나왔다면 그 사람이 HIV에 감염되었을 확률은 100%이다.

① ㄱ
② ㄴ
③ ㄷ
④ ㄱ, ㄴ
⑤ ㄴ, ㄷ

민경채 2017년도 (나)책형 18번

문 21. 다음 글의 ㉠을 지지하는 것만을 <보기>에서 모두 고르면?

카나리아의 수컷과 암컷은 해부학적으로 동일한 구조의 발성기관을 가지고 있다. 또 새끼 때 모든 카나리아는 종 특유의 지저귀는 소리를 들으며 자란다. 그러나 성체가 되면 수컷만이 종 특유의 소리로 지저귄다. 수컷 카나리아는 다른 수컷들과 경쟁하거나 세력권을 주장할 때 이 소리를 낸다. 수컷은 암컷을 유혹할 때도 이 소리를 내는데, 이는 암컷이 종 특유의 소리를 내지는 못해도 그것을 알고 있음을 시사한다.

아비의 울음소리를 들으며 자라던 어린 카나리아는 둥지를 떠나 서식지를 이동하면서 다른 종의 새들과도 만나게 된다. 둥지를 떠난 후에도 어린 카나리아는 한동안 그들 종 특유의 울음소리를 내지 못할 뿐만 아니라 지저귀지도 않는다. 그러나 이듬해 봄이 가까워 오고 낮이 차츰 길어지면서 어린 수컷 카나리아의 몸에서는 수컷에만 있는 기관 A가 발달해 커지기 시작하고, 기관 A에서 분비되는 물질 B의 분비량도 증가한다. 이로 인해 수컷의 몸에서 물질 B의 혈중 농도가 높아지고, 그에 따라 수컷은 지저귀는 소리를 내려고 하기 시작한다. 수컷 카나리아가 처음 내는 소리는 종 특유의 울음소리가 아니다. 그러나 다른 수컷들에게서 그 소리를 배울 수 없는 상황에서도 수컷 카나리아가 내는 소리는 종 특유의 소리에 점점 가까워지고 결국 종 특유의 소리가 된다.

과학자들은 왜 카나리아의 수컷만 종 특유의 소리로 지저귀는지를 연구하였다. 그리고 ㉠ <u>그 이유가 수컷의 몸에서만 분비되는 물질 B가 종 특유의 소리를 내는 데 필요한 뇌의 특정 부분을 발달시키기 때문이라는 것</u>을 알아냈다.

<보 기>

ㄱ. 봄이 시작될 무렵부터 조금씩 양을 늘려가면서 어린 암컷 카나리아에게 물질 B를 주사하였더니 결국 종 특유의 소리로 지저귀게 되었다.

ㄴ. 어린 수컷 카나리아의 뇌에 물질 B의 효과를 억제하는 성분의 약물을 꾸준히 투여하였더니 성체가 되어도 종 특유의 울음소리를 내지 못하였다.

ㄷ. 둥지를 떠나기 직전에 어린 수컷 카나리아의 기관 A를 제거하였지만 다음 봄에는 종 특유의 소리로 지저귈 수 있었다.

① ㄱ
② ㄷ
③ ㄱ, ㄴ
④ ㄴ, ㄷ
⑤ ㄱ, ㄴ, ㄷ

민경채 2016년도 (5)책형 24번

문 22. 다음 글의 ㉠을 설명하는 가설로 가장 적절한 것은?

한 개체의 발생은 한 개의 세포가 세포분열을 통해 여러 세포로 분열되면서 진행된다. 따라서 한 개체를 구성하는 모든 세포는 동일한 유전자를 가지고 있다. 하지만 발생 과정에서 발현되는 유전자의 차이 때문에 세포는 다른 형태의 세포로 분화된다. 이와 같은 유전자 발현의 차이는 다양한 원인에 의해 이루어지는데 ㉠ <u>애기장대 뿌리에서 일어나는 세포 분화</u>를 그 예로 알아보자.

분화가 완료되어 성숙한 애기장대 뿌리의 표면에는 두 종류의 세포가 있는데 하나는 뿌리털세포이고 다른 하나는 털이 없는 분화된 표피세포이다. 하지만 애기장대 뿌리의 표면이 처음부터 이 두 세포 형태를 가지고 있었던 것은 아니다. 발생 과정에서 미분화된 애기장대 뿌리의 중심부에는 피층세포가 서로 나란히 연결되어 원형으로 구성된 한 층의 피층세포층이 있으며, 이 층과 접하여 뿌리의 바깥쪽에 원형으로 미분화된 표피세포로 구성된 한 층의 미분화 표피세포층이 있다.

미분화된 표피세포가 그 안쪽의 피층세포층에 있는 두 개의 피층세포와 접촉하는 경우엔 뿌리털세포로 분화되어 발달하지만, 한 개의 피층세포와 접촉하는 경우엔 분화된 표피세포로 발달한다. 한편 미분화된 표피세포가 서로 다른 형태의 세포로 분화되기 위해서는 유전자 A의 발현에 차이가 있어야 하는데, 미분화된 표피세포에서 유전자 A가 발현되지 않으면 그 세포는 뿌리털세포로 분화되며 유전자 A가 발현되면 분화된 표피세포로 분화된다.

① 미분화 표피세포에서 유전자 A의 발현 조절은 분화될 세포에 뿌리털이 있는지에 따라 결정된다.
② 미분화된 세포가 뿌리털세포나 분화된 표피세포로 분화되는 것은 그 세포가 어느 세포로부터 유래하였는지에 따라 결정된다.
③ 미분화 표피세포가 뿌리털세포 또는 분화된 표피세포로 분화되는 것은 미분화 표피세포가 유전자 A를 가지고 있는지에 따라 결정된다.
④ 미분화 표피세포가 뿌리털세포 또는 분화된 표피세포로 분화가 되는 것은 미분화된 뿌리에서 미분화 표피세포층과 피층세포층의 위치에 의해 결정된다.
⑤ 미분화 표피세포가 어떤 세포로 분화될 것인지는 각 미분화 표피세포가 발생 중에 접촉하는 피층세포의 수에 따라 조절되는 유전자 A의 발현에 의해 결정된다.

민경채 2020년도 (가)책형 11번

문 23. 다음 대화의 ㉠과 ㉡에 들어갈 말을 적절하게 짝지은 것은?

> 갑: 신입직원 가운데 일부가 봉사활동에 지원했습니다. 그리고 [㉠]
> 을: 지금 하신 말씀에 따르자면, 제 판단으로는 하계연수에 참여하지 않은 사람 중에 신입직원이 있다는 결론이 나오는군요.
> 갑: 그렇게 판단하신 게 정확히 맞습니다. 아니, 잠깐만요. 아차, 제가 앞에서 말씀드린 부분 중에 오류가 있었군요. 죄송합니다. 신입직원 가운데 일부가 봉사활동에 지원했다는 것은 맞는데, 그 다음이 틀렸습니다. 봉사활동 지원자는 전부 하계연수에도 참여했다고 말씀드렸어야 했습니다.
> 을: 알겠습니다. 그렇다면 아까와 달리 "[㉡]"라는 결론이 나오는 것이로군요.
> 갑: 바로 그렇습니다.

① ㉠: 하계연수 참여자 가운데는 봉사활동에 지원했던 사람이 없습니다.
　㉡: 신입직원 가운데 하계연수 참여자가 있다.
② ㉠: 하계연수 참여자 가운데는 봉사활동에 지원했던 사람이 없습니다.
　㉡: 신입직원 가운데 하계연수 참여자는 한 명도 없다.
③ ㉠: 하계연수 참여자는 모두 봉사활동에도 지원했던 사람입니다.
　㉡: 신입직원 가운데 하계연수 참여자는 한 명도 없다.
④ ㉠: 하계연수 참여자 가운데 봉사활동에도 지원했던 사람이 있습니다.
　㉡: 신입직원 가운데 하계연수 참여자가 있다.
⑤ ㉠: 하계연수 참여자 가운데 봉사활동에도 지원했던 사람이 있습니다.
　㉡: 신입직원은 모두 하계연수 참여자이다.

민경채 2012년도 (인)책형 20번

문 24. 다음 글을 토대로 할 때, 흄이 반대하는 주장은?

> 의무와 합의의 관계에 대한 데이빗 흄의 생각이 시험대에 오르는 일이 발생했다. 흄은 집을 한 채 갖고 있었는데, 이 집을 자신의 친구에게 임대해 주었고, 그 친구는 이 집을 다시 다른 사람에게 임대했다. 이렇게 임대받은 사람은 집을 수리해야겠다고 생각했고, 흄과 상의도 없이 사람을 불러 일을 시켰다. 집을 수리한 사람은 일을 끝낸 뒤 흄에게 청구서를 보냈다. 흄은 집수리에 합의한 적이 없다는 이유로 지불을 거절했다. 그는 집을 수리할 사람을 부른 적이 없었다. 사건은 법정 공방으로 이어졌다. 집을 수리한 사람은 흄이 합의한 적이 없다는 사실을 인정했다. 그러나 집은 수리해야 하는 상태였기에 수리를 마쳤다고 그는 말했다. 집을 수리한 사람은 단순히 '그 일은 꼭 필요했다'고 주장했다. 흄은 "그런 논리라면, 에든버러에 있는 집을 전부 돌아다니면서 수리할 곳이 있으면 집주인과 합의도 하지 않은 채 수리를 해놓고 지금처럼 자기는 꼭 필요한 일을 했으니 집수리 비용을 달라고 하지 않겠는가"라고 주장했다.

① 공정한 절차를 거쳐 집수리에 대한 합의에 이르지 못했다면 집수리 비용을 지불할 의무는 없다.
② 집수리에 대한 합의가 없었다면 필요한 집수리를 했더라도 집수리 비용을 지불할 의무는 없다.
③ 집수리에 대한 합의가 있었더라도 필요한 집수리를 하지 않았다면, 집수리 비용을 지불할 의무는 없다.
④ 집수리에 대한 합의가 있었고 필요한 집수리를 했다면, 집수리 비용을 지불할 의무가 생겨난다.
⑤ 집수리에 대한 합의가 없었더라도 필요한 집수리를 했다면, 집수리 비용을 지불할 의무가 생겨난다.

민경채 2018년도 (가)책형 22번

문 25. 다음 글에서 추론할 수 있는 것만을 <보기>에서 모두 고르면?

우리가 가진 믿음들은 때때로 여러 방식으로 표현된다. 예를 들어, 영희가 일으킨 교통사고 현장을 목격한 철수를 생각해보자. 영희는 철수가 아는 사람이므로, 현장을 목격한 철수는 영희가 사고를 일으켰다는 믿음을 가지게 되었다. 철수의 이런 믿음을 표현하는 한 가지 방법은 "철수는 영희가 교통사고를 일으켰다고 믿는다."라고 표현하는 것이다. 이것을 진술 A라고 하자. 진술 A의 의미를 분명히 생각해보기 위해서, "영희는 민호의 아내다."라고 가정해보자. 그럼 진술 A로부터 "철수는 민호의 아내가 교통사고를 일으켰다고 믿는다."가 참이라는 것이 반드시 도출되는가? 그렇지 않다. 왜냐하면 철수는 영희가 민호의 아내라는 것을 모를 수도 있고, 다른 사람의 아내로 잘못 알 수도 있기 때문이다.

한편 철수의 믿음은 "교통사고를 일으켰다고 철수가 믿고 있는 사람은 영희다."라고도 표현될 수 있다. 이것을 진술 B라고 하자. 다시 "영희는 민호의 아내다."라고 가정해보자. 그리고 진술 B로부터 "교통사고를 일으켰다고 철수가 믿고 있는 사람은 민호의 아내다."가 도출되는지 생각해보자. 진술 B는 '교통사고를 일으켰다고 철수가 믿고 있는 사람'이 가리키는 것과 '영희'가 가리키는 것이 동일하다는 것을 의미한다. 그리고 '영희'가 가리키는 것은 '민호의 아내'가 가리키는 것과 동일하다. 그러므로 '교통사고를 일으켰다고 철수가 믿고 있는 사람'이 가리키는 것은 '민호의 아내'가 가리키는 것과 동일하다. 따라서 진술 B로부터 "교통사고를 일으켰다고 철수가 믿고 있는 사람은 민호의 아내다."가 도출된다. 이처럼 철수의 믿음을 표현하는 두 방식 사이에는 차이가 있다.

<보 기>

ㄱ. "영희는 민호의 아내가 아니다."라고 가정한다면, 진술 A로부터 "철수는 민호의 아내가 교통사고를 일으켰다고 믿지 않는다."가 도출된다.
ㄴ. "영희가 초보운전자이고 철수가 이 사실을 알고 있다."라고 가정한다면, 진술 A로부터 "철수는 어떤 초보운전자가 교통사고를 일으켰다고 믿는다."가 도출된다.
ㄷ. "영희가 동철의 엄마이지만 철수는 이 사실을 모르고 있다."라고 가정한다면, 진술 B로부터 "교통사고를 일으켰다고 철수가 믿고 있는 사람은 동철의 엄마다."가 도출된다.

① ㄱ
② ㄴ
③ ㄱ, ㄷ
④ ㄴ, ㄷ
⑤ ㄱ, ㄴ, ㄷ

제2회

강·약점 유형 확인을 위한

문항구성표

유형	문항 번호
유형 **01.** 정보확인	1, 2, 4, 5, 6, 8, 9
유형 **02.** 정보추론	7, 10, 14, 22, 24
유형 **03.** 형식논리	16, 17, 18
유형 **04.** 논증분석	3, 12, 13, 19, 21, 23, 25
유형 **05.** 논증평가	11, 15, 20

※ 회차별 유형 수록 비율은 본고사 예상 출제 경향을 고려하여 다양하게 구성하였습니다.

5급 공채 2020년도 (나)책형 22번

문 1. 다음 글에서 알 수 있는 것은?

조선은 건국 초부터 가족을 중시하였다. 가족의 안정이 곧 사회의 안정이라는 인식하에, 가정의 핵심인 부부를 보호하기 위해 어떻게든 이혼을 막아야 했다. 중국 법전인 『대명률』은 부인이 남편을 때렸거나 간통을 했을 경우 남편이 원하면 이혼을 허용했다. 그런데 조선은 『대명률』을 준용하면서도 '조선에는 이혼이란 없다.'라는 태도를 견지하였다. 『대명률』에는 이른바 출처(出妻)라는 항목이 있어서 이런저런 이유로 부인을 내쫓을 수 있게 되어 있지만, 조선에서는 출처가 거의 명목상으로만 존재하였다. 조선은 남편이 부인을 쫓아내는 것이 사회 안정에 도움이 되지 않는다는 사실을 잘 파악하고 있었다.

양반 남자 집안 또한 이혼이나 출처에 부정적이었다. 부인을 쫓아내면 그것은 곧 적처가 없게 되는 것이다. 적처는 양반가에서 적자의 배우자로 집안을 온전하게 유지하는 가정의 관리자다. 이에 조선의 양반가에서 적처의 존재는 필수 불가결한 것이었다. 게다가 적처를 쫓아내고 새 부인을 얻는다는 것은 현실적으로 비용과 노력이 많이 드는 골치가 아픈 일이었다. 적처를 내보내면 적처 집안과의 관계가 단절된다.

조선 전기에는 오늘날과 달리 남자가 여자 집으로 장가를 드는 형태로 혼인이 이루어졌기 때문에 적처의 집안 즉 여자 집안의 영향력이 컸고, 남자 집안과 여자 집안은 비교적 대등하고 협력적인 관계를 맺어 왔다. 물론 조선 후기로 내려오면서 혼인의 형태가 변화하여 남자 쪽이 주도권을 잡게 되었지만, 여전히 여자 집안으로부터의 영향력과 지원은 무시할 수 없었다. 따라서 여자 집안과의 공조를 끊는 것은 쉽게 결정할 일이 아니었다. 이러한 문제를 다 고려해서 이루어진 혼인이었으므로, 재혼을 통해 더 나은 관계를 찾는 것은 쉽지 않은 일이었다.

조선에서 남자 집안은 새로운 관계를 찾기보다는 처음 맺은 관계를 우호적으로 유지하면서 사회적인 이익을 얻기 위해 노력하는 것이 더 현실적이었다. 칠거지악이 여자들을 옥죄는 조선의 악습으로 알려져 있지만, 사실은 이 때문에 부인이 쫓겨난 경우는 없었다. 이처럼 이혼이 거의 불가능하고 또 불필요했기 때문에 조선의 부부들은 자신들에게 주어진 상황에 적응하는 쪽으로 노력을 기울였다.

① 조선 사회에서 양반 계층보다는 평민이나 노비 계층에서 이혼이 빈번했다.
② 조선의 양반 집안은 적처를 쫓아내기보다는 현실적인 이유에서 결혼을 유지하였다.
③ 조선에서 적처의 존재를 중요하게 생각한 것은 부인의 역할이 중국과는 달랐기 때문이다.
④ 조선 시대에는 중국 법전의 출처 항목에 명시된 사유에 해당한다고 판단될 경우 이혼을 실질적으로 용인하였다.
⑤ 조선 시대에 국가는 이혼을 막기 위해 남자 집안과 여자 집안 간의 공조를 유지시키기 위한 지원 정책을 실시했다.

5급 공채 2022년도 (나)책형 1번

문 2. 다음 글에서 알 수 있는 것은?

조선의 군역제는 양인 모두가 군역을 담당하는 양인개병제였다. 그러나 양인 중 양반이 관료 혹은 예비 관료라는 이유로 군역에서 빠져나가고 상민 또한 군역 부담을 회피하는 풍조가 일었다.

군역 문제가 심각해지자 이에 대한 여러 대책이 제기되었다. 크게 보면 균등한 군역 부과를 실현하려는 대변통(大變通)과 상민의 군역 부담을 줄임으로써 폐단을 완화하려는 소변통(小變通)으로 나눌 수 있다. 전자의 예로는 호포론(戶布論)·구포론(口布論)·결포론(結布論)이 있고, 후자로는 감필론(減疋論)과 감필결포론이 있다. 호포론은 신분에 관계없이 식구 수에 따라 가호를 몇 등급으로 나누고 그 등급에 따라 군포를 부과하자는 주장이었다. 이는 신분에 관계없이 부과한다는 점에서 파격적인 것이었으나, 가호의 등급을 적용한다 하더라도 가호마다 부담이 균등할 수 없다는 문제가 있었다. 구포론은 귀천을 막론하고 16세 이상의 모든 남녀에게 군포를 거두자는 주장이었다. 결포론은 토지를 소유한 자에게만 토지 소유 면적에 따라 차등 있게 군포를 거두자는 것이었다. 결포론은 경제 능력에 따라 군포를 징수하여 조세 징수의 합리성을 기할 수 있음은 물론 공평한 조세 부담의 이상에 가장 가까운 방안이었다.

그러나 대변통의 실시는 양반의 특권을 폐지하는 것이었으므로 양반층이 강력히 저항하였다. 이에 상민이 내는 군포를 줄여주어 그들의 고통을 완화시켜 주자는 감필론이 대안으로 떠올랐다. 그런데 감필론의 경우 국가의 군포 수입이 줄어들게 되어 막대한 재정 결손이 수반되므로, 이에 대한 대책이 마련되어야 하였다. 이에 상민이 부담해야 하는 군포를 2필에서 1필로 감축하고 그 재정 결손에 대해서만 양반에게서 군포를 거두자는 감필결포론이 제기되었다. 양반들도 이에 대해 일정 정도 긍정적이었으므로, 1751년 감필결포론을 제도화하여 균역법을 시행하였다. 그러나 균역법은 양반층을 군역 대상자로 온전하게 포괄한 것이 아니었다. 양반이 지게 된 부담은 상민과 동등한 군역 대상자로서가 아니라 민생의 개선에 책임을 져야 할 지배층으로서 재정 결손을 보충하기 위한 양보에 불과한 것이었다. 결국 균역법은 불균등한 군역 부담에서 야기된 폐단을 근본적으로 해결하는 개혁이 될 수 없었다.

① 구포론보다 결포론을 시행하는 것이 양인의 군포 부담이 더 컸다.
② 양반들은 호포론이나 구포론에 비해 감필결포론에 우호적인 입장을 보였다.
③ 균역법은 균등 과세의 원칙 아래 군포에 대한 양반의 면세 특권을 폐지하였다.
④ 결포론은 공평한 조세 부담의 이상에, 호포론은 균등한 군역 부과의 이상에 가장 충실한 개혁안이었다.
⑤ 구포론은 16세 이상의 양인 남녀를 군포 부과 대상으로 규정한 반면, 호포론은 모든 연령의 사람에게서 군포를 거두자고 주장하였다.

문 3. 다음 글의 결론으로 가장 적절한 것은?

정치 갈등의 중심에는 불평등과 재분배의 문제가 자리하고 있다. 이 문제로 좌파와 우파는 오랫동안 대립해 왔다. 두 진영이 협력하여 공동의 목표를 이루려면 두 진영이 불일치하는 지점을 찾아 이 지점을 올바르고 정확하게 분석해야 한다. 바로 이것이 우리가 논증하고자 하는 바다.

우파는 시장 원리, 개인 주도성, 효율성이 장기 관점에서 소득 수준과 생활환경을 실제로 개선할 수 있다고 주장한다. 반면 정부 개입을 통한 재분배는 그 규모가 크지 않아야 한다. 이 점에서 이들은 선순환 메커니즘을 되도록 방해하지 않는 원천징수나 근로장려세 같은 조세 제도만을 사용해야 한다고 주장한다.

반면 19세기 사회주의 이론과 노동조합 운동을 이어받은 좌파는 사회 및 정치 투쟁이 극빈자의 불행을 덜어주는 더 좋은 방법이라고 주장한다. 이들은 불평등을 누그러뜨리고 재분배를 이루려면 우파가 주장하는 조세 제도만으로는 부족하고, 생산수단을 공유화하거나 노동자의 급여 수준을 강제하는 등 보다 강력한 정부 개입이 있어야 한다고 주장한다. 정부의 개입이 생산 과정의 중심에까지 영향을 미쳐야 시장 원리의 실패와 이 때문에 생긴 불평등을 해소할 수 있다는 것이다.

좌파와 우파의 대립은 두 진영이 사회정의를 바라보는 시각이 다른 데서 비롯된 것이 아니다. 오히려 불평등이 왜 생겨났으며 그것을 어떻게 해소할 것인가를 다루는 사회경제 이론이 다른 데서 비롯되었다. 사실 좌우 진영은 사회정의의 몇 가지 기본 원칙에 합의했다.

행운으로 얻었거나 가족에게 물려받은 재산의 불평등은 개인이 통제할 수 없다. 개인이 통제할 수 없는 요인 때문에 생겨난 불평등을 그런 재산의 수혜자에게 책임지우는 것은 옳지 않다. 이 점에서 행운과 상속의 혜택을 받은 이들에게 이런 불평등 문제를 해결하라고 요구하는 것은 바람직하지 않다. 혜택 받지 못한 이들, 곧 매우 불리한 형편에 부닥친 이들의 처지를 개선하려고 애써야 할 당사자는 당연히 국가다. 정의로운 국가라면 국가가 사회 구성원 모두 평등권을 되도록 폭넓게 누리도록 보장해야 한다는 정의의 원칙은 좌파와 우파 모두에게 널리 받아들여진 생각이다.

불리한 형편에 놓인 이들의 삶을 덜 나쁘게 하고 불평등을 누그러뜨려야 하는 국가의 목표를 이루는 데 두 진영이 협력하는 첫걸음이 무엇인지는 이제 거의 분명해졌다.

① 좌파와 우파는 자신들의 문제점을 개선하려고 애써야 한다.
② 좌파와 우파는 정치 갈등을 해결하려는 의지가 있어야 한다.
③ 좌파와 우파는 사회정의를 위한 기본 원칙에 먼저 합의해야 한다.
④ 좌파와 우파는 분배 문제 해결에 국가가 앞장서야 한다는 데 동의해야 한다.
⑤ 좌파와 우파는 불평등을 일으키고 이를 완화하는 사회경제 메커니즘을 보다 정확히 분석해야 한다.

문 4. 다음 글에서 알 수 있는 것은?

일본은 청일전쟁으로 타이완을 차지한 뒤 러일전쟁을 통해 조선과 남만주 일부를 지배하는 대륙국가가 되었다. 일본은 언제부터 대륙 침략의 길을 지향했을까? 이 문제에 대한 한·중·일 3국의 견해는 다음과 같다.

종래 일본에서는 일본의 근대화와 대륙 침략은 불가분의 것이었다고 보았다. 다만 조선으로의 팽창 정책이 기본 노선이었지 중국은 팽창 대상이 아니라고 보았다. 언제부터 대륙으로의 팽창을 기본 방침으로 삼았는지에 대해서는 류큐 분도 교섭 이후와 임오군란 이후로 견해가 나뉘어 있다. 그러나 최근에 청일전쟁까지만 하더라도 일본은 제국주의 국가의 길 말고도 다른 선택지가 있었다는 견해가 대두되었다. 즉 일본의 근대화에서 팽창주의·침략주의는 필연이 아니었는데 청일전쟁이 전환점이 되었다는 것이다.

이에 대해 중국은, 일본의 대륙 침략 목표는 처음부터 한반도와 만주를 차지하는 것이었으며, 이 정책을 수립하기까지 일련의 과정을 거쳤다고 본다. 그에 따르면 메이지 정부는 1868년 천황의 이름으로 대외 확장 의지를 표명하고, 기도 다카요시의 정한론, 오가와 마타지의 청국정벌책안 등에서 대륙 침략의 대상을 명확히 했다. 1890년에는 내각 총리대신이 일본의 주권선은 일본 영토, 이익선은 일본과 긴밀한 관계를 갖는 구역인 조선이라고 규정하고, 곧이어 조선, 만주, 러시아 연해주를 영유해야 한다고 했다. 이러한 대륙 침략 방침이 제국의회와 내각의 인가를 얻어 일본의 침략 정책으로 이어졌으며, 청일전쟁, 러일전쟁, 한국병합, 만주사변, 중일전쟁에 이르는 과정은 모두 이 방침을 지속적이고 철저하게 실행에 옮긴 결과라는 것이다.

한편 한국은 일본의 대륙 침략에 있어 정한론에 주목하고 있다. 메이지 정부가 수차례에 걸쳐 조선에 보낸 국서에는 전통적인 교린 관계에서 볼 수 없던 '천황', '황실' 따위의 용어가 있었고, 조선은 규범에 어긋난다며 접수하지 않았다. 정한론은 이를 빌미로 널리 확산되고 주창되었는데, 이에는 자국의 내란을 방지하기 위해 조선과 전쟁을 벌이고 이를 통해 대외 팽창을 꾀하겠다는 메이지 정부의 의도가 담긴 것이라고 한국은 보았다. 1875년 운요호의 강화도 침공은 이를 구체적으로 실행에 옮긴 것이며, 이후로도 일본의 대한국 정책은 이전과 마찬가지로 한결같이 대륙 침략의 방침하에 수행되었다고 한국은 파악하고 있다.

① 한국과 중국은 일본의 대륙 침략이 메이지 정부 이래로 일관된 방침이었다고 본다.
② 최근 일본은 일본이 조선을 침략하지 않았어도 근대화된 대륙국가가 될 수 있었다고 본다.
③ 한국은 조선이 일본과의 전통적 교린 관계를 고수하자 일본 내에서 정한론이 발생했다고 본다.
④ 중국은 일본이 주권선으로 규정한 지역이 정한론에서 이미 침략 대상으로 설정되었다고 본다.
⑤ 기존 일본은 일본이 추진한 조선으로의 팽창 정책이 임오군란 이후 기본 노선으로 결정되었다고 본다.

5급 공채 2022년도 (나)책형 23번

문 5. 다음 글에서 알 수 없는 것은?

> 21세기 들어 서울을 비롯한 아시아의 도시들은 이전 세기와는 또 다른 변화를 겪고 있다. 인문 · 예술 분야의 종사자들이 한 장소에 터를 잡거나 장소를 오가면서 종전과 다른 새로운 미학과 감정을 부여하여 그 장소들의 전반적 성격을 변화시키고 있기 때문이다. 이들은 오래된 기존의 장소를 재생시키거나 새로운 장소로 만들어 냈다. 개발로부터 소외되었던 장소의 오래된 건물이나 좁은 골목길 등을 재발견하고 새로운 감각, 서사, 감정을 끌어냈다. 그런데 얼마 지나지 않아 이 새로운 변화를 만들어 낸 사람들이 원주민들과 함께 이곳에서 쫓겨나 다른 곳으로 옮겨가는 현상이 나타났다. 이를 함축적으로 지칭하는 용어가 '젠트리피케이션'이다. 이는 흔히 '도심의 노동계급 거주 지역이나 비어 있던 지역이 중간계급의 거주 및 상업지역으로 변환되는 것'을 의미한다.
>
> 서양 도시의 젠트리피케이션에서 기존 도시 공간이 중간계급의 주택가와 편의 시설로 전환되는 과정은 구역별로 점진적으로 진행된다. 반면 아시아 도시의 젠트리피케이션은 다소 다른 양상을 띤다. 기존 도시 공간이 대량의 방문객을 동반하는, 소비와 여가를 위한 인기 장소를 갖춘 상권으로 급격하게 전환되는 형태이다. 임대료가 상대적으로 싸지만 독특한 매력을 갖춘 문화 · 예술 관련 장소가 많던 곳에 점차 최신 유행의 카페, 레스토랑 등이 들어선다. 주택가의 상권 전환과 더불어 기존 상권의 성격 전환이 일어나는 것이다.
>
> 이런 상업적 전치(轉置)의 부정적 양상은 부동산 중개업자의 기획, 임대업주의 횡포, 프랜차이즈 업체의 진출로 정점을 찍는다. 부동산 가격과 임대료의 상승으로 그곳에서 거주하거나 사업을 하던 문화 · 예술인과 원주민들이 다른 곳으로 밀려난다. 임대료를 감당하지 못하거나 재계약을 거부당하기도 하고 건물이 철거되어 재건축되기도 한다. 이런 상업적 전치는 다양한 모습으로 나타나지만 과정이 자발적이지 않다는 점은 공통된다. 창의적 발상으로 만들어지고 운영되면서 그저 상업적이라고만 부르기 힘들었던 곳들이 체계적 전략을 가진 최신의 전문적 비즈니스 공간으로 대체된다. 그리고 이곳에서 밀려날까봐 불안한 사람들이 불만, 좌절, 분노 등이 집약된 감정에 사로잡힌다.

① 21세기 들어 서양의 도시에서는 중간계급이 도심 지역으로 이주하는 현상이 활발하게 나타났다.
② 상업적 전치 과정에서 원주민의 비자발적인 이주가 초래될 뿐 아니라 원주민의 감정적 동요가 발생한다.
③ 서양 도시의 젠트리피케이션에 비해 아시아의 도시에서 발생한 젠트리피케이션은 상권 개발에 집중되는 경향을 띤다.
④ 한국의 젠트리피케이션으로 인한 도시 변화의 속도는 서양의 젠트리피케이션으로 일어난 도시 변화의 속도보다 빠르다.
⑤ 21세기의 한국에서 일어난 기존 장소의 재생이나 재창조와 같은 도시 변화는 인문 · 예술 분야 종사자가 촉발하고 이끌었다.

5급 공채 2020년도 (나)책형 8번

문 6. 다음 글에서 알 수 있는 것은?

> 산소가 관여하는 신진대사에서 부산물로 만들어지는 활성산소는 노화나 질병을 일으킬 수 있다. 따라서 활성산소를 제거하는 항산화 물질을 섭취하는 것은 건강을 지키기 위해 중요하다.
>
> 항산화 물질 중 하나인 폴리페놀은 맥주, 커피, 와인, 찻잎뿐만 아니라 여러 식물에 있다. 폴리페놀의 구성물질 중 약 절반은 항산화 복합물인 플라보노이드이며, 플라보노이드는 플라보놀과 플라바놀이라는 두 항산화 물질로 구성되어 있다.
>
> 찻잎에는 플라바놀에 속하는 카데킨이 있으며, 이 카데킨이 활성산소를 제거하는 중요한 항산화 물질이다. 카데킨은 여러 항산화 물질로 되어있는데, 이중 에피갈로카데킨 갈레이트는 차가 우러날 때 쓰고 떫은맛을 내는 성분인 탄닌이다. 탄닌은 차뿐만 아니라 와인 맛의 특징을 결정짓는 중요한 요소이다.
>
> 제조 과정에서 산화 과정이 일어나지 않아서 비산화 차로 분류되는 녹차는 카데킨을 많이 함유하고 있다. 하지만 산화차인 홍차는 제조하는 동안 일어나는 산화 과정에서 카데킨의 일부가 테아플라빈과 테아루비딘이라는 또 다른 항산화 물질로 전환되는데, 이 두 물질이 홍차를 홍차답게 만드는 맛과 색상을 내는 것에 주된 영향을 미친다. 테아플라빈은 홍차를 만들기 위한 산화가 시작되면서 첫 번째로 나타나는 물질이다. 테아플라빈은 차의 색깔을 오렌지색 계통의 금색으로 변화시키며 다소 투박하고 떫은맛을 내게 한다. 이후에 산화가 더 진행되면 테아루비딘이 나타나는데, 테아루비딘은 차가 좀 더 부드럽고 감미로운 맛을 내고 어두운 적색 계통의 갈색을 갖게 한다. 따라서 산화를 길게 하면 할수록 테아루비딘의 양이 많아지고 차는 더욱더 부드럽고 감미로워진다.
>
> 중국 홍차가 인도나 스리랑카 홍차보다 대체로 부드러운 것은 산화 과정을 더 오래 하기 때문이다. 즉 홍차의 제조 방법과 조건이 차에 있는 테아플라빈과 테아루비딘의 상대적 비율을 결정하고 차의 색상과 맛의 스펙트럼에 영향을 미치는 중요한 요소가 되는 것이다.

① 테아루비딘의 양에 대한 테아플라빈의 양의 비율은 오렌지색 계통의 금색 홍차보다 어두운 적색 계통의 갈색 홍차에서 더 높다.
② 찻잎에 있는 플라보노이드는 활성산소가 생성되지 못하게 함으로써 항산화 작용을 한다.
③ 와인과 커피는 플라바놀이 들어있는 폴리페놀을 가지고 있다.
④ 에피갈로카데킨 갈레이트는 녹차보다 홍차에 더 많이 들어있다.
⑤ 인도 홍차보다 중국 홍차에 카데킨이 더 많이 들어있다.

문 7. 다음 글의 ㉠과 ㉡에 들어갈 말로 적절한 것은?

> 우리말의 어휘는 그 기원에 따라 가장 아래에 고유어가 있고, 그 위를 한자어가 덮고 있으며, 맨 위에는 한자어 이외의 외래어가 얹혀 있다. 토박이말이라고도 하는 고유어는 말 그대로 바깥에서 들어온 말이 아닌 한국어 고유의 말이다. 하늘·아들·나라 따위의 낱말들이 그 예이다. 고유어는 기초 어휘에 속하는 말들이 많고, 한자어나 외래어에 견주어 정서적 호소력이 크다. 그러나 낱말의 기원이 분명하지 않은 경우가 많아 그 범위를 엄밀하게 확정하기 힘들다는 문제도 있다. 그래서 현실적으로 고유어는 한자어와 외래어를 뺀 나머지 어휘 전체를 범위로 삼는다.
>
> 이렇게 느슨하게 정의된 고유어에는 많은 차용어들이 포함된다. 예컨대 보라매의 '보라'는 몽골어에서, '스라소니'는 여진어에서 차용한 것이다. 이보다 더 흔한 것은 한자어에서 차용한 낱말들이다. [㉠]. 벼락·서랍·썰매 같은 낱말들은 지금은 고유어가 맞지만 처음부터 고유어는 아니었고, 벽력(霹靂)·설합(舌盒)·설마(雪馬) 같은 한자어를 사용하다 형태가 변한 것들이다. 이런 유형의 낱말 가운데는 괴이하고 흉악하기 짝이 없다는 '괴악(怪惡)하다'에서 온 '고약하다'처럼 그 형태뿐 아니라 의미가 달라진 것들도 있다.
>
> 한국어 어휘의 두 번째 층인 한자어는 한자로 표기될 수 있다는 점에서 고유어와 구분된다. [㉡]. 한자어에는 신체(身體)·처자(妻子)처럼 중국에서 차용한 말들 이외에, 철학(哲學)·분자(分子)처럼 일본에서 만들어져 수입된 한자어도 있고, 또 어중간(於中間)·양반(兩班)처럼 우리나라에서 만들어진 한자어도 포함된다.

① ㉠: 본디 한자어였던 것이 고유어의 발음과 유사해서 고유어로 바뀐 것이다
　㉡: 한자어가 한자로 표기된다고 해서 모두 중국에서 유래된 것은 아니다

② ㉠: 본디 한자어였던 것이 고유어의 발음과 유사해서 고유어로 바뀐 것이다
　㉡: 언어 간 차용 이후 우리말에 동화된 정도는 낱말의 기원이 어디인지에 따라 다르다

③ ㉠: 본디 한자어였던 것이 형태가 바뀌어 한자 표기를 할 수 없게 된 것이다
　㉡: 한자어가 한자로 표기된다고 해서 모두 중국에서 유래된 것은 아니다

④ ㉠: 본디 한자어였던 것이 형태가 바뀌어 한자 표기를 할 수 없게 된 것이다
　㉡: 언어 간 차용 이후 우리말에 동화된 정도는 낱말의 기원이 어디인지에 따라 다르다

⑤ ㉠: 본디 한자어였던 것이 기존의 고유어를 밀어내고 고유어의 지위를 차지한 것이다
　㉡: 한자어가 한자로 표기된다고 해서 모두 중국에서 유래된 것은 아니다

문 8. 다음 글에서 알 수 있는 것만을 <보기>에서 모두 고르면?

> 골격근에서 전체근육은 근육섬유를 뼈에 연결시키는 주변 조직인 힘줄과 결합조직을 모두 포함한다. 골격근의 근육섬유가 수축할 때 전체근육의 길이가 항상 줄어드는 것은 아니다. 근육 수축의 종류 중 근육섬유가 수축함에 따라 전체근육의 길이가 변화하는 것을 '등장수축'이라 하는데, 등장수축은 근육섬유 수축과 함께 전체근육의 길이가 줄어드는 '동심 등장수축'과 전체근육의 길이가 늘어나는 '편심 등장수축'으로 나뉜다.
>
> 반면에 근육섬유가 수축함에도 불구하고 전체근육의 길이가 변하지 않는 수축을 '등척수축'이라고 한다. 예를 들어 아령을 손에 들고 팔꿈치의 각도를 일정하게 유지하고 있는 상태에서 위팔의 이두근 근육섬유는 끊임없이 수축하고 있지만, 이 근육에서 만드는 장력이 근육에 걸린 부하량 즉 아령의 무게와 같아 전체근육의 길이가 변하지 않기 때문에 등척수축을 하는 것이다. 등척수축은 골격근의 주변 조직과 근육섬유 내에 있는 탄력섬유의 작용에 의해 일어난다. 근육에 부하가 걸릴 때, 이 부하를 견디기 위해 탄력섬유가 늘어나기 때문에 근육섬유는 수축하지만 전체 근육의 길이는 변하지 않는 등척수축이 일어날 수 있다.
>
> 아래 그래프는 근육이 최대 장력으로 수축운동을 하는 동안 해당 근육에 걸린 초기 부하량이 전체근육의 수축 속도에 어떤 영향을 미치는지를 나타내고 있다. 그래프의 Y축에서 양의 값은 전체근육의 길이가 줄어드는 속도를 나타내고, 음의 값은 근육에 최대 장력을 초과하는 부하가 걸리면 근육섬유는 수축하지만 전체근육의 길이가 늘어나는 속도를 나타낸다.
>
> 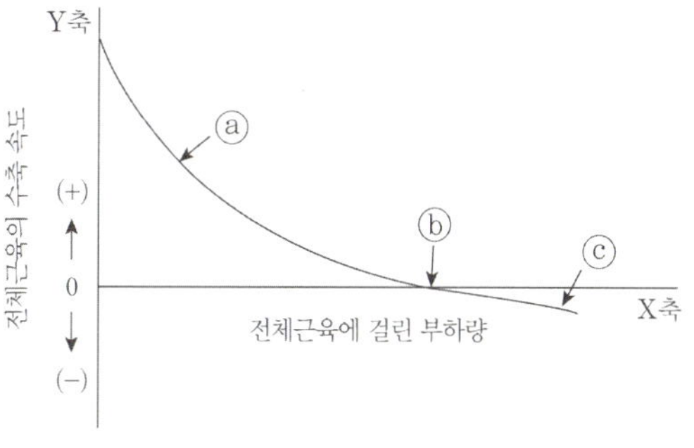
>

〈보 기〉

ㄱ. ⓐ에서 일어나는 근육 수축은 편심 등장수축이다.
ㄴ. ⓑ는 탄력섬유의 작용에 의해 일어나는 근육 수축에 해당한다.
ㄷ. 최대 장력이 10kg인 이두근이 있는 팔의 팔꿈치가 일정한 각도를 유지하고 있을 때, 이두근에 10kg을 초과하는 부하를 걸어주면 ⓒ가 발생할 수 있다.

① ㄱ
② ㄴ
③ ㄱ, ㄷ
④ ㄴ, ㄷ
⑤ ㄱ, ㄴ, ㄷ

5급 공채 2021년도 (가)책형 25번

문 9. 다음 글에서 알 수 없는 것은?

> 의사는 치료를 시작하기 전에 환자의 동의를 얻어야 한다. 다른 말로 환자의 동의 없이 환자의 복지에 영향을 끼치는 처방을 하는 것은 의사에게 허용되지 않는다. 그런데 단순히 동의를 얻는 것만으로는 충분하지 않다. 환자가 결정하기에 충분한 정보, 즉 치료에 따르는 위험과 다른 치료법에 관한 정보가 제공되어야 한다. 치료를 허락한 환자의 결정은 무지로 인한 것이어서는 안 된다. 동의의 의무는 의사가 환자를 기만해서는 안 된다는 기만 금지 의무의 연장선에 있다. 둘 다, 자신에게 영향을 끼칠 치료에 관해 스스로가 결정할 기회를 환자에게 제공해야 한다는 자율성 존중 원리에 기반을 두고 있다.
>
> 그러나 수 세기 동안, 심지어 20세기 초까지도 의사가 때로는 환자를 속여도 된다고 여겼다. 환자의 복지에 해가 될 수 있는 것을 행하면 안 된다는 악행 금지의 원리에 근거해서, 환자에게 진실을 말하는 것이 환자의 복지에 해가 될 수 있다는 생각으로 기만이 정당화되었다. 오늘날에는 더 이상 이러한 생각을 받아들이지 않는다. 실제로 '의사와 환자 상호교류 규제법'은 의사의 기만 사례를 금지하고 있다. 오늘날 사람들은 환자가 진실 때문에 자신의 자율성이 침해되거나 해를 입게 될 것이라고는 생각하지 않는다. 따라서 사람들은 진실 말하기에 관한 한, 악행 금지의 원리가 자율성 존중 원리와 서로 충돌하지 않는다고 생각한다.
>
> 그런데 자율성 존중 원리를 지키기 위해서는 단순히 기만을 삼가는 것만으로는 부족하다. 예컨대 의사가 환자를 실제로 속이지는 않지만 환자가 특정 결정을 하도록 유도하기 위해 관련 정보 제공을 보류하거나 직접적 관련성이 작은 정보를 필요 이상으로 제공하는 경우를 상상할 수 있다. 이처럼 의사가 정보 제공을 조종하는 것은 환자의 자율성을 존중하지 않는 것이다. 한편 의사가 관련된 정보를 환자에게 모두 밝히면 환자는 조종된 결정이 아닌 자신의 결정을 하게 될 것이고, 환자의 자율성은 존중될 것이다.

① 환자의 동의는 치료를 하기 위한 필요조건 중 하나이다.
② 악행 금지의 원리가 환자의 자율성을 침해한 때가 있었다.
③ 기만 금지 의무와 동의의 의무는 동일한 원리에 기반을 둔다.
④ 의사가 환자에게 제공하는 정보의 양이 많을수록 환자의 자율성은 더 존중된다.
⑤ 의사가 복지를 위해 환자를 기만하는 행위는 오늘날에는 윤리적으로 정당화되지 않는다.

행정고시 2010년도 (우)책형 29번

문 10. 다음 글의 전체 흐름과 맞지 않는 한 곳을 ㉠~㉤에서 찾아 수정하려고 한다. 알맞게 수정한 것은?

> 노예들이 저항의 깃발을 들고 일어설 때는 그들의 굴종과 인내가 한계에 이르렀을 때이다. 개인의 분노와 원한이 폭발할 때에도 그것이 개인의 행위로 그칠 때에는 개인적 복수극에 그치고 만다. 저항의 본질은 억압하는 자에 대한 분노와 원한이 확산되어 가치를 공유하게 되는 데 있다. 스파르타쿠스가 저항의 깃발을 들어 올렸을 때, 수십만 명의 노예와 농민들이 그 깃발 아래 모여든 원동력은 바로 <u>㉠ 이러한 공통의 분노, 공통의 원한, 공통의 가치에 있었다</u>.
>
> 프로메테우스의 신화에서도 저항의 본질을 엿볼 수 있다. 프로메테우스는 제우스가 인간에게 불을 보내주지 않자, <u>㉡ 인간의 고통에 공감하여 '하늘의 바퀴'에서 불을 훔쳐</u> 지상으로 내려가서 인간에게 주었다. 프로메테우스의 저항에 격노한 제우스는 인간과 프로메테우스에게 벌을 내렸다. 인간에게는 불행의 씨앗이 들어 있는 '판도라의 상자'를 보냈고 프로메테우스에게는 쇠줄로 코카서스 산 위에 묶인 채 독수리에게 간을 쪼아 먹히는 벌을 내린 것이다.
>
> 저항에 나선 사람들이 느끼는 굴종과 인내의 한계는 <u>㉢ 시대와 그들이 처한 상황에 따라 다르게 나타난다</u>. 그리스도교의 정신과 의식을 원용하여 권력의 신성화에 성공한 중세의 지배체제는 너무도 견고하여 농민들의 눈물과 원한이 저항의 형태로 폭발하지 못했다. 산업사회의 시민이나 노동자들은 평균적인 안락한 생활이 위협받을 때에만 '저항의 광장'으로 나가는 모험을 감행한다. 그들이 바라고 지키려는 것은 <u>㉣ 가족, 주택, 자동차, 휴가 따위이다</u>.
>
> 저항이 폭발하여 기존의 지배체제를 무너뜨리고 새로운 왕조나 국가를 세우고 나면 그 저항의 힘은 시들어 버린다. 원한에 사무친 민중들의 함성이야말로 저항의 원동력이기 때문이다. 저항의 형태를 취하고 있으면서도 권력 쟁탈을 목적으로 한 쿠데타와 같은 적대 행위는, 그 본질에 있어서 지배와 피지배의 관계에서 발생하는 저항과는 다르다. 권력의 성채 속에서 벌어지는 음모, 암살, 배신은 <u>㉤ 이들 민중의 원한과 분노에서 시작된다</u>.

① ㉠ - 이러한 극도의 개인적 분노와 원한에 있었다
② ㉡ - 독단적 결단에 따라 '하늘의 바퀴'에서 불을 훔쳐
③ ㉢ - 시대와 그들이 처한 상황 속에서도 일관성 있게 나타난다
④ ㉣ - 상류층과 동등한 삶의 질이다
⑤ ㉤ - 이들 민중의 원한과 분노에서 비롯된 것이 아니다

문 11. 다음 글의 ㉠~㉢에 대한 평가로 적절한 것만을 <보기>에서 모두 고르면?

오줌을 생산하는 포유류 신장의 능력은 신장의 수질에 있는 헨리 고리와 관련 있다. 헨리 고리의 오줌 농축 방식을 탐구한 과학자들은 헨리 고리의 길이가 길수록 더 농축된 오줌을 생산한다는 ㉠ 가설을 세웠다. 동물은 몸의 크기가 클수록 체중이 무겁고 신장의 크기가 더 커서 헨리 고리가 더 길다. 그래서 코끼리와 같이 큰 포유류는 뾰족뒤쥐와 같은 작은 포유류에 비해 훨씬 더 농축된 오줌을 생산할 수 있어야 한다는 것이다. 그렇지만 지구에서 가장 건조한 환경에 사는 일부 포유류는 몸집이 매우 작은데도 몸집이 큰 포유류보다 더 농축된 오줌을 생산한다.

이런 문제점을 해결하기 위해, 과학자들은 몸의 크기와 비교한 헨리 고리의 상대적인 길이가 길수록 오줌의 농도가 높다는 ㉡ 가설을 제시하였다. 헨리 고리의 길이와 수질의 두께는 비례하므로 과학자들은 크기가 다른 포유류로부터 얻은 자료를 비교하기 위해 새로운 측정값으로 수질의 두께를 몸의 크기로 나눈 값을 '상대적인 수질의 두께(RMT)'로 제시하였다.

추가 연구를 통해 여러 종들에서 헨리 고리는 유형 A와 유형 B 두 종류로 구성되어 있고, 유형 A가 유형 B보다 오줌 농축 능력이 뛰어나다는 것이 밝혀졌다. 이러한 연구 결과를 토대로 과학자들은 헨리 고리 중 유형 B가 차지하는 비중이 작을수록 더 농축된 오줌을 만들어낸다는 ㉢ 가설을 제시했다.

과학자들은 다른 환경에 사는 다양한 크기의 동물들에 대해 측정을 수행했다. 오줌은 농축될수록 어는점이 더 낮아진다. 과학자들은 측정 대상 동물의 체중(W), RMT, 헨리 고리 중 유형 B가 차지하는 비중(R), 오줌의 어는점(FP)을 각각 측정하였고 그 다음은 그 결과의 일부이다.

종	W(kg)	RMT	R(%)	FP(°C)
돼지	120	1.6	97	−2
개	20	4.3	0	−4.85
캥거루쥐	0.3	8.5	73	−10.4

〈보 기〉

ㄱ. 돼지와 개의 측정 결과는 ㉠을 약화한다.
ㄴ. 개와 캥거루쥐의 측정 결과는 ㉡을 약화하지 않는다.
ㄷ. 돼지와 캥거루쥐의 측정 결과는 ㉢을 약화한다.

① ㄱ
② ㄷ
③ ㄱ, ㄴ
④ ㄴ, ㄷ
⑤ ㄱ, ㄴ, ㄷ

문 12. 다음 글의 빈 칸에 들어갈 진술로 가장 적절한 것은?

우리의 지각 경험은 우리 마음 밖에 있는 외부 세계의 존재에 대한 믿음을 정당화할 수 있는가? 회의주의자들은 그렇지 않다고 말한다. 당신은 눈 앞에 있는 무언가를 관찰하고 있다. 자세히 보니 당신 눈 앞에 있는 것은 손인 것처럼 보인다. 이런 경험, 즉 앞에 있는 대상이 손인 것처럼 보이는 지각 경험은 앞에 손이 있다는 믿음을 정당화하는가? 회의주의자들에 따르면, 이 질문에 대한 답은 당신이 현재 가지고 있는 다른 믿음에 의존한다. 가령, "앞에 있는 것은 진짜 손이 아니라 잘 꾸며진 플라스틱 손이다.", 혹은 "그것은 정교한 홀로그램이다.", 혹은 (심지어) "당신은 통 속에서 전기 자극을 받고 있는 뇌일 뿐이다." 등과 같은 회의적 대안 가설들을 생각해 보자. 이런 회의적 대안 가설들이 거짓이라는 믿음은 정당화될 수 있는가? 이런 정당화는 무척 어려운 듯이 보인다. 우리는 손처럼 보이는 지각 경험을 설명해낼 수 있는 수많은 대안 가설들을 만들어낼 수 있으며, 그 모든 가설들이 거짓이라는 것에 대한 증거를 획득하기란 매우 어렵다. 이에, 모든 회의적 대안 가설이 거짓이라는 믿음은 정당화될 수 없다. 이런 점에 비추어, 회의주의자들은 손인 것처럼 보이는 지각 경험이 손이 있다는 것에 대한 믿음을 정당화하지 못한다고 주장한다. 이와 같은 회의주의자들의 논증은 다음을 추가로 전제하고 있다.

[   ]

① 우리가 외부 세계의 존재에 대한 믿음을 가지고 있다면 외부 세계는 존재할 수밖에 없다.
② 외부 세계가 존재한다고 하더라도 모든 회의적 대안 가설이 참이라는 믿음은 정당화될 수 있다.
③ 외부 세계의 존재에 대한 믿음이 거짓이라는 것을 정당화하기 위해서 사용할 수 있는 방법에는 지각 경험이 유일하다.
④ 지각 경험을 통해 외부 세계의 존재에 대한 믿음을 정당화하기 위해서는 회의적 대안 가설에 대한 믿음과 외부 세계에 대한 믿음이 양립가능하다는 것이 증명되어야 한다.
⑤ 모든 회의적 대안 가설이 거짓이라는 믿음이 정당화될 수 없다면, 손인 것처럼 보이는 지각 경험은 손이 있다는 것에 대한 믿음을 정당화하지 못한다.

다직다공 75+ 5급 공채 2021년도 (가)책형 39, 40번

※ 다음 글을 읽고 물음에 답하시오. [문 13. ~ 문 14.]

90개의 구슬이 들어 있는 항아리가 있다. 이 항아리에는 붉은색 구슬이 30개 들어 있다. 나머지 구슬은 검은색이거나 노란색이지만, 그 이외에는 어떤 정확한 정보도 주어져 있지 않다. 내기1은 다음의 두 선택 중 하나를 택한 후 항아리에서 구슬을 하나 꺼내 그 결과에 따라서 상금을 준다.

선택1: 꺼낸 구슬이 붉은색이면 1만 원을 받고, 그 이외의 경우에는 아무것도 받지 못한다.
선택2: 꺼낸 구슬이 검은색이면 1만 원을 받고, 그 이외의 경우에는 아무것도 받지 못한다.

최악의 상황을 피하고자 한다면, 당신은 둘 중에서 선택1을 택해야 한다. 꺼낸 구슬이 붉은색일 확률은 1/3로 고정되어 있지만, 꺼낸 구슬이 검은색일 확률은 0일 수도 있고 그 경우 당신은 돈을 받지 못할 것이기 때문이다. 그럼 이번에는 다음의 내기2를 생각해보자.

선택3: 꺼낸 구슬이 붉은색이거나 노란색이면 1만 원을 받고, 그 이외의 경우에는 아무것도 받지 못한다.
선택4: 꺼낸 구슬이 검은색이거나 노란색이면 1만 원을 받고, 그 이외의 경우에는 아무것도 받지 못한다.

위에서와 마찬가지로 최악의 상황을 피하고자 한다면, 당신은 선택3이 아닌 선택4를 택해야 한다. 꺼낸 구슬이 붉은색이거나 노란색일 확률의 최솟값은 1/3이지만, 검은색이거나 노란색일 확률은 2/3로 고정되어 있기 때문이다.

최악의 상황을 피하는 결정은 합리적이다. 즉, 선택1과 선택4를 택하는 것은 합리적이다. 그런데 이 결정은 여러 선택지들 중에서 한 가지를 합리적으로 선택하기 위해서는 기댓값이 가장 큰 선택지를 선택해야 한다는 '기댓값 최대화 원리'를 위반한다. 기댓값은 모든 가능한 사건들에 대해, 각 사건이 일어날 확률과 그 사건이 일어났을 때 받게 되는 수익의 곱들을 모두 합한 값이다. 우리는 꺼낸 구슬이 붉은색일 확률은 1/3이라는 것을 알고 있지만 꺼낸 구슬이 검은색일 확률은 모르고 있다. 하지만 그 확률이 0과 2/3 사이에 있는 어떤 값이라는 것은 알고 있다. 그 값을 b라고 하자. 그렇다면 선택1의 기댓값은 1/3만 원, 선택2는 b만 원, 선택3은 1 - b만 원, 선택4는 2/3만 원이다.

당신은 선택1과 선택2 중에서 선택1을 택했다. 이 선택이 기댓값 최대화 원리에 따라 이루어진 것이라면, b는 1/3보다 작아야 한다. 한편, 당신은 선택3과 선택4 중에서 선택4를 택했다. 이 선택이 기댓값 최대화 원리에 따라 이루어진 것이라면, 1 - b는 2/3보다 작아야 한다. 즉 b는 1/3보다 커야 한다. 결국, 당신의 두 선택 중 하나는 기댓값 최대화 원리에 따른 선택이 아니다.

이처럼 ㉠ <u>항아리 문제는 정확한 정보가 주어지지 않은 상태에서 우리의 합리적 선택이 기댓값 최대화 원리와 충돌하는 경우가 있다는 것을 보여준다.</u>

문 13. 위 글에 대한 분석으로 적절한 것만을 <보기>에서 모두 고르면?

〈보 기〉

ㄱ. 항아리 문제에서 붉은색 구슬이 15개로 바뀐다고 하더라도 ㉠이라는 결론은 따라 나온다.
ㄴ. 항아리 문제에서 최악의 상황을 피하고자 내기1에서 선택1을, 내기2에서 선택4를 택한 것이 합리적인 결정이 아니라는 것을 받아들인다면, ㉠이라는 결론은 따라 나오지 않는다.
ㄷ. 꺼낸 구슬이 검은색일 확률이 얼마인가에 대한 정확한 정보가 주어지지 않은 경우에는 기댓값 사이의 크기를 비교할 수 없다는 것을 받아들인다면, ㉠이라는 결론은 따라 나오지 않는다.

① ㄱ
② ㄷ
③ ㄱ, ㄴ
④ ㄴ, ㄷ
⑤ ㄱ, ㄴ, ㄷ

다직다공 75+

문 14. 위 글을 토대로 할 때, 다음 <사례>에서 추론할 수 있는 것만을 <보기>에서 모두 고르면?

〈사 례〉

갑과 을이 선택1과 선택2 중에서 하나, 그리고 선택3과 선택4 중에서 하나를 고른다. 그 후, 항아리에서 각자 구슬을 한 번만 뽑아 자신이 뽑은 구슬의 색깔에 따라서 두 선택에 따른 상금을 받는다고 해 보자. 갑은 선택1과 선택3을 택했다. 을은 선택1과 선택4를 택했다.

〈보 기〉

ㄱ. 갑과 을이 같은 액수의 상금을 받았다면, 갑이 꺼낸 구슬은 노란색이었을 것이다.
ㄴ. 항아리에 검은색 구슬의 개수가 20개 미만이라면, 갑의 선택은 기댓값이 가장 큰 선택지이다.
ㄷ. 갑과 을이 아닌 사회자가 구슬을 한 번만 뽑아 그 구슬의 색깔에 따라서 갑과 을에게 상금을 주는 것으로 규칙을 바꾼다면, 갑이 을보다 더 많은 상금을 받을 확률과 그렇지 않을 확률은 같다.

① ㄱ
② ㄷ
③ ㄱ, ㄴ
④ ㄴ, ㄷ
⑤ ㄱ, ㄴ, ㄷ

문 15. 다음 글의 ㉠에 대한 평가로 적절한 것만을 <보기>에서 모두 고르면?

지식 귀속 문제는 한 사람이 특정 지식을 가졌는지를 다른 사람이 판단하는 것과 관련된 문제이다. 이와 관련해 두 가지 입장이 있다. 입장 X는 평가자가 평가 대상자(이하 대상자)에게 지식을 귀속시킬지 여부를 판단하는 데 있어서, 대상자와 관련된 이해관계가 중요할수록 평가자는 대상자에게 더 엄격한 기준을 적용한다는 것이다. 입장 Y는 평가자의 대상자에 대한 지식 귀속 여부 판단은 대상자의 이해관계와 무관하다는 것이다. 이 두 입장과 관련해 ㉠ X가 Y보다 대상자에 대한 평가자의 지식 귀속 판단을 더 잘 설명한다는 가설을 검증하기 위해 다음 두 사례를 이용한 실험이 진행되었다.

사례 1: 희수는 한자를 병용해야 하는 글쓰기 과제를 마무리했다. 담당교수는 잘못된 한자 표기를 싫어한다. 희수는 이번 과제에서 꼭 90점 이상을 받아야 할 동기가 없지만, 틀린 한자 표기가 하나도 없기를 바란다. 희수는 한자사전을 사용해서 과제를 꼼꼼히 검토할 예정이다.

사례 2: 서현도 같은 과목의 같은 과제를 마무리했다. 서현은 이 과제에서 90점 이상을 받아야만 A 학점을 받을 수 있고, A 학점을 받지 못하면 장학금을 받지 못해 학교를 계속 다닐 수 없게 된다. 서현도 한자사전을 사용해서 과제를 꼼꼼히 검토할 예정이다.

이 실험에서 귀속되는 지식은 "내 과제에는 한자 표기에 오류가 없다."이다. 이 사례를 제시한 뒤 평가자에게 희수와 서현이 몇 번이나 과제를 검토해야 이들에게 이 지식을 귀속시킬지 물었다. 평가자가 추정한 희수의 검토 횟수와 서현의 검토 횟수를 각각 m과 n이라고 하자.

<보 기>

ㄱ. m이 n보다 훨씬 더 작다면 ㉠이 강화된다.
ㄴ. 평가자의 이해관계가 중요할수록 m이 커지면 ㉠이 강화된다.
ㄷ. 서현이 이 과목에서 받을 학점과 상관없이 장학금을 받게 된다고 사례 2의 내용을 변경하더라도, 평가자가 응답한 n에 변화가 없다면 ㉠이 약화된다.

① ㄱ
② ㄴ
③ ㄱ, ㄷ
④ ㄴ, ㄷ
⑤ ㄱ, ㄴ, ㄷ

문 16. 다음 글의 내용이 참일 때, 반드시 참인 것만을 <보기>에서 모두 고르면?

철학과에서는 학생들의 수강 실태를 파악하여 향후 학과 교과목 개편에 반영할 예정이다. 실태를 파악한 결과, 〈논리학〉, 〈인식론〉, 〈과학철학〉, 〈언어철학〉을 모두 수강한 학생은 없었다. 〈논리학〉을 수강한 학생들은 모두 〈인식론〉도 수강하였다. 일부 학생들은 〈인식론〉과 〈과학철학〉을 둘 다 수강하였다. 그리고 〈언어철학〉을 수강하지 않은 학생들은 누구도 〈과학철학〉을 수강하지 않았다.

<보 기>

ㄱ. 〈논리학〉을 수강하지 않은 학생이 있다.
ㄴ. 〈논리학〉과 〈과학철학〉을 둘 다 수강한 학생은 없다.
ㄷ. 〈인식론〉과 〈언어철학〉을 둘 다 수강한 학생이 있다.

① ㄱ
② ㄴ
③ ㄱ, ㄷ
④ ㄴ, ㄷ
⑤ ㄱ, ㄴ, ㄷ

5급 공채 2022년도 (나)책형 10번

문 17. 다음 대화의 ㉠과 ㉡에 들어갈 말을 적절하게 나열한 것은?

> 갑: 당뇨 환자에게 처방할 약품 A~G를 어떤 방식으로 사용해야 할지 고민하고 있는데, 정말 난감한 상황이야. A를 사용하지 않으면 C를 사용해야 하고, B를 사용하지 않으면 D를 사용해야 해서 말이야.
>
> 을: 그게 걱정이 되는 이유는 뭐야?
>
> 갑: 결국 C나 D 중 적어도 하나를 사용할 수밖에 없게 되잖아. 그런데 지난달부터 C와 D가 금지 약물로 지정되어서 C나 D를 사용할 수 없게 되었어.
>
> 을: 그렇게 걱정하는 걸 보니, 너는 [㉠]고 생각하고 있구나? 그렇다면 걱정할 필요 없어.
>
> 병: 실은 나도 그것 때문에 걱정인데. 어째서 걱정할 필요가 없어?
>
> 을: E와 F를 모두 사용하지 않을 경우에는 A와 B를 모두 사용해야 하거든.
>
> 병: 그래? 그럼 너는 E도 F도 모두 사용하지 않게 될 것이라고 생각하는구나?
>
> 을: 맞아.
>
> 병: 네 말이 모두 참이라면 정말 금지 약물을 걱정할 필요가 없겠네.
>
> 갑: 아니야. 을이 잘못 알고 있는 게 있어. F는 필수적으로 사용해야 하거든.
>
> 을: 그래도 걱정할 필요는 없어. 왜냐하면, [㉡]고 하거든.
>
> 갑: 그래? 그럼 걱정할 필요가 없겠네. G를 사용할 필요는 없으니까.

① ㉠: A와 B 중 적어도 하나는 사용해야 한다
　㉡: A와 B를 모두 사용할 경우 F는 사용해야 한다
② ㉠: A와 B 중 적어도 하나는 사용하지 않아야 한다
　㉡: A와 B를 모두 사용할 경우 F는 사용해야 한다
③ ㉠: A와 B 중 적어도 하나는 사용하지 않아야 한다
　㉡: A와 B를 모두 사용할 경우 G를 사용하지 않아야 한다
④ ㉠: A와 B 중 적어도 하나는 사용해야 한다
　㉡: F를 사용하고 G를 사용하지 않을 경우, A와 B를 모두 사용해야 한다
⑤ ㉠: A와 B 중 적어도 하나는 사용하지 않아야 한다
　㉡: F를 사용하고 G를 사용하지 않을 경우, A와 B를 모두 사용해야 한다

5급 공채 2021년도 (가)책형 15번

문 18. 다음 대화의 ㉠과 ㉡에 들어갈 내용을 적절하게 짝지은 것은?

> 갑: 현재 개발 중인 백신 후보 물질 모두를 A~D그룹을 대상으로 임상실험을 한 결과, A그룹에서 항체를 생성한 후보 물질은 모두 B그룹에서도 항체를 생성했습니다. 후보 물질 모두를 대상으로 한 또 다른 실험에서는, D그룹에서 항체를 생성하지 않은 후보 물질은 모두 C그룹에서 항체를 생성했습니다.
>
> 을: 흥미롭네요. 제가 다른 실험의 결과도 들었는데, C그룹에서 항체를 생성했지만 B그룹에서는 항체를 생성하지 않은 후보 물질도 있다고 합니다.
>
> 갑: 그렇군요. 아, 그리고 추가로 임상실험이 진행 중입니다. 실험 결과는 다음의 둘 중 하나로 나올 예정입니다. 한 가지 경우는 "[㉠]"는 결과입니다.
>
> 을: 지금까지 우리가 언급한 실험 결과가 모두 사실이라면, 그 경우에는 C그룹에서만 항체를 생성하는 후보 물질이 있다는 결론이 나오는군요.
>
> 갑: 그리고 다른 한 경우는 "[㉡]"는 결과입니다.
>
> 을: 그 경우에는, D그룹에서 항체를 생성하는 후보 물질이 있다는 결론이 나오는군요.

① ㉠: B그룹에서 항체를 생성한 후보 물질은 없다.
　㉡: C그룹에서 항체를 생성한 후보 물질은 모두 A그룹에서 항체를 생성했다.
② ㉠: B그룹에서 항체를 생성한 후보 물질은 없다.
　㉡: D그룹에서 항체를 생성한 후보 물질은 모두 C그룹에서 항체를 생성했다.
③ ㉠: D그룹에서 항체를 생성한 후보 물질은 모두 A그룹에서 항체를 생성했다.
　㉡: B그룹과 C그룹에서 항체를 생성한 후보 물질이 있다.
④ ㉠: D그룹에서 항체를 생성한 후보 물질은 모두 A그룹에서 항체를 생성했다.
　㉡: C그룹에서 항체를 생성하지 않은 후보 물질이 있다.
⑤ ㉠: D그룹에서 항체를 생성한 후보 물질은 모두 B그룹에서 항체를 생성했다.
　㉡: C그룹에서 항체를 생성한 후보 물질은 모두 D그룹에서 항체를 생성하지 않았다.

문 19. 다음 글의 갑~병의 견해에 대한 분석으로 가장 적절한 것은?

갑: 현대 사회에 접어들어 구성원들의 이해관계는 더욱 복잡해졌으며, 그 이해관계 사이의 충돌은 심각해졌다. 그리고 현대 사회에서 발생하는 다양한 범죄는 바로 이런 문제에서 비롯되었다고 말할 수 있다. 이에 범죄자에 대한 처벌 여부와 처벌 방식의 정당성은 그의 범죄 행위뿐만 아니라 현대 사회의 문제점도 함께 고려하여 확립되어야 한다. 처벌은 사회 전체의 이득을 생각해서, 다른 사회 구성원들을 교육하고 범죄자를 교화하는 기능을 수행해야 한다.

을: 처벌 제도는 종종 다른 사람들의 공리를 위해 범죄자들을 이용하곤 한다. 이는 범죄자를 다른 사람들의 이익을 위한 수단으로 대우하는 것이다. 하지만 사람의 타고난 존엄성은 그런 대우에 맞서 스스로를 보호할 권리를 부여한다. 따라서 처벌 여부와 처벌 방식을 결정하는 데 있어 처벌을 통해 얻을 수 있는 사회의 이익을 고려해서는 안 된다. 악행을 한 사람에 대한 처벌 여부와 그 방식은 그 악행으로도 충분히, 그리고 그 악행에 의해서만 정당화되어야 한다.

병: 범죄자에 대한 처벌의 교화 효과에 대해서는 의문의 여지가 있다. 처벌의 종류에 따라 교화 효과는 다른 양상을 보인다. 가령 벌금형이나 단기 징역형의 경우 충분한 교화 효과가 있는 것처럼 보이기도 하지만, 장기 징역형의 경우 그 효과는 불분명하고 복잡하다. 특히, 범죄사회학의 연구 결과는 장기 징역형을 받은 죄수들은 처벌을 받은 이후에 보다 더 고도화된 범죄를 저지르며 사회에 대한 강한 적개심을 가지게 되는 경향이 있다는 것을 보여준다.

① 처벌의 정당성을 확립하기 위한 고려사항에 대해 갑과 을의 의견은 양립 가능하다.
② 갑과 달리 을은 현대 사회에 접어들어 구성원들 간 이해관계의 충돌이 더욱 심해졌다는 것을 부정한다.
③ 을과 달리 갑은 사람에게는 타고난 존엄성이 있다는 것을 부정한다.
④ 병은 처벌이 갑이 말하는 기능을 수행하지 못할 수도 있다는 것을 보여준다.
⑤ 병은 처벌이 을이 말하는 방식으로 정당화될 수 없다는 것을 보여준다.

문 20. 다음 글의 A~C에 대한 분석으로 적절한 것만을 <보기>에서 모두 고르면?

응보주의에 따르면, 정의에 합치하는 형벌은 평등의 원리에 기초해야 한다. 응보주의의 전통적인 입장인 A는 범죄와 동일한 유형의 행위로 처벌해야 정의롭다고 주장한다. 이 입장은 '눈에는 눈으로'라는 경구로도 널리 알려져 있다. 그러나 이 입장은 동일한 유형의 행위로 처벌할 수 없는 범죄들이 존재하기 때문에 현실적으로 적용할 수 없다는 비판을 받는다.

A의 기본적 관점을 수용하면서도 이러한 비판에 대응하기 위한 입장 B는, 범죄가 발생시킨 고통의 양과 정확히 동일한 고통의 양을 부과하는 형벌로도 정의를 달성할 수 있다고 주장한다. 예를 들어 방화범은 동일한 유형의 행위로 처벌할 수 없지만, 방화로 발생한 고통의 총량과 동일한 고통의 양을 부과하는 형벌로 처벌하는 것으로 정의를 달성할 수 있다. 그러나 B는 고문과 같은 극악무도한 범죄의 경우 동일한 유형의 행위로 처벌하지 않으면 범죄가 유발한 고통의 양에 상응하는 처벌을 할 수 없다는 비판을 받는다.

이런 문제점을 극복하기 위해 나온 입장 C는 형벌이 범죄가 초래한 고통의 양에 의존할 필요는 없다고 본다. 범죄의 엄중함에 비례하는 무거운 형벌로 처벌하는 것만으로도 충분하다는 것이다. 즉 한 사회의 모든 형벌을 무거운 것에서 가벼운 것 순으로 나열하고 범죄의 경중을 따져 배열된 순서대로 적용하여 처벌하면 정의가 달성될 수 있다.

<보 기>

ㄱ. 범죄와 정확히 동일한 유형의 행위로 처벌하는 것이 정의롭다는 것에 대해서 A는 동의하지만 B는 동의하지 않는다.
ㄴ. 범죄가 야기한 고통의 양과 형벌이 부과하는 고통의 양을 측정하기 어렵다면, B는 약화되고 C는 약화되지 않는다.
ㄷ. 살인이 가장 큰 고통을 유발하고 죽음 이외에는 같은 양의 고통을 유발할 수 없다면, A, B, C는 모두 사형제를 받아들여야 한다.

① ㄱ
② ㄴ
③ ㄱ, ㄷ
④ ㄴ, ㄷ
⑤ ㄱ, ㄴ, ㄷ

5급 공채 2021년도 (가)책형 16번

문 21. 다음 논쟁에 대한 분석으로 가장 적절한 것은?

갑: 인과관계를 규정하는 방법은 확률을 이용하는 것이다. 사건 A가 사건 B의 원인이라는 말은 "A가 일어날 때 B가 일어날 확률이, A가 일어나지 않을 때 B가 일어날 확률보다 더 크다."로 규정되는 상관관계를 의미한다. 이 규정을 '확률 증가 원리'라 한다.

을: 확률 증가 원리가 인과관계를 어느 정도 설명하지만 충분한 규정은 아니다. 아이스크림 소비량이 증가할 때 일사병 환자가 늘어날 확률은 아이스크림 소비량이 증가하지 않을 때 일사병 환자가 늘어날 확률보다 크다. 하지만 아이스크림 소비량의 증가는 결코 일사병 환자 증가의 원인이 아니다. 그 둘은 그저 상관관계만 있을 뿐이다.

병: 그 문제는 해결할 수 있다. 날씨가 무더워졌다는 것은 아이스크림 소비량 증가와 일사병 환자 증가 모두의 공통 원인이다. 이 공통 원인 때문에 아이스크림 소비량 증가와 일사병 환자 증가 사이에 상관관계가 나타난 것이다. 상관관계만으로 인과관계를 추론할 수 없는 가장 중요한 이유는 바로 이러한 공통 원인의 존재 가능성 때문이다. 나는 공통 원인이 존재하지 않는다는 전제 아래에서는 인과관계를 확률 증가 원리로 규정할 수 있다고 본다.

① 갑과 병에 따르면, 인과관계가 성립하면 상관관계가 성립한다.
② 병에 따르면, 상관관계가 성립하면 인과관계가 성립한다.
③ 병에 따르면, 확률 증가 원리가 성립하면 언제나 인과관계가 성립한다.
④ 인과관계가 성립한다고 인정하는 사례는 갑보다 을이 더 많다.
⑤ 인과관계가 성립한다고 인정하는 사례는 갑보다 병이 더 많다.

5급 공채 2022년도 (나)책형 27번

문 22. 다음 글의 ㉠~㉣에 들어갈 말을 적절하게 나열한 것은?

"미래에 받기로 되어 있는 100만 원을 앞당겨 현재에 받는다면 얼마 이상이어야 수용할까?" 만일 누군가 미래 100만 원의 가치가 현재 100만 원의 가치보다 작다고 평가하면, 현재에 받아야 되는 금액은 100만 원보다 적어도 된다. 이때 현재가치는 미래가치를 할인하여 계산된다. 반대로 미래 100만 원이 현재 100만 원보다 가치가 크다고 판단하면 현재에 받는 금액은 100만 원보다 많아야 하고, 현재가치는 미래가치를 할증하여 계산된다.

이와 같이 현재가치를 계산하기 위한 미래가치의 할인 혹은 할증의 개념은 시간선호와 밀접하게 관련되어 있다. 시간선호는 선호하는 시점에 따라 현재선호가 될 수도 있고 미래선호가 될 수도 있다. 만일 누군가가 미래보다 현재를 선호한다면 그는 현재선호 성향을 가진 사람이고, 이들은 현재가치를 계산할 때 미래가치를 할인한다. 반대로 현재보다 미래를 선호한다면 미래선호 성향이라고 하고, 이 경우 현재가치를 계산할 때 미래가치를 할증한다.

그러나 시간 자체에 대한 선호 여부와 상관없이 가치를 할인하거나 할증할 수도 있다. 예컨대 현재보다 미래를 선호하는 성향을 가졌음에도 예상치 못한 사고가 발생하여 큰돈이 필요하다면 미래가치의 [㉠]을 선택할 수밖에 없다. 요컨대 현재선호는 할인의 [㉡]이 아닌 것이다.

이제 누군가가 1년 뒤의 100만 원과 현재의 90만 원을 동일하게 평가한다고 가정해 보자. 이와 같은 선택의 결과만 보았을 때는 그 사람은 할인을 하고 있는 것이 분명하지만, 이 선택의 결과가 현재선호 때문이라고 확언할 수는 없다. 그 사람이 1년 뒤의 물가가 변동할 것으로 예상한다면, 물가와 반대 방향으로 움직이는 화폐가치의 변동이 그 사람의 의사결정에 영향을 미칠 수도 있다. 물가가 큰 폭으로 [㉢] 것으로 예상하면서도 1년 뒤보다 낮은 수준의 현재 금액을 1년 뒤와 동일하게 평가한다면, 이는 현재선호 때문일 가능성이 크다. 반면 그 사람이 물가가 크게 [㉣] 것으로 확신하여 1년 뒤보다 낮은 수준의 현재 금액을 1년 뒤와 동일하게 평가한다면, 현재선호 때문일 가능성은 위의 상황보다 상대적으로 작아진다.

	㉠	㉡	㉢	㉣
①	할인	필요조건	내릴	오를
②	할인	필요조건	오를	내릴
③	할인	충분조건	내릴	오를
④	할증	필요조건	내릴	오를
⑤	할증	충분조건	오를	내릴

문 23. 다음 글의 A~D에 대한 분석으로 적절한 것만을 <보기>에서 모두 고르면?

A: '정격연주'란 음악을 연주할 때 그것이 작곡된 시대에 연주된 느낌을 정확하게 구현하는 것을 목표로 하는 연주이다. 그럼 어떻게 정격연주가 가능할까? 그 방법은 옛 음악을 작곡 당시에 공연된 것과 똑같이 재연하는 것이다. 이런 연주는 가능하며, 그렇다면 우리는 음악이 작곡되었던 때와 똑같은 느낌을 구현할 수 있을 것이다.

B: 옛 음악을 작곡 당시에 연주된 것과 똑같이 재연하는 것은 이상일 뿐이지 현실화할 수 없다. 18세기 오페라 공연에서 거세된 사람만 할 수 있었던 카스트라토 역을 오늘날에는 도덕적인 이유에서 여성 소프라노가 맡아서 노래한다. 따라서 과거와 현재의 연주 관습상 차이 때문에, 옛 음악을 작곡 당시와 똑같이 재연하는 것은 불가능하다.

C: 똑같이 재연하지 못한다고 해서 정격연주가 불가능한 것은 아니다. 작곡자는 명확히 하나의 의도를 갖고 작품을 창작한다. 작곡자가 자신의 작품이 어떻게 들리기를 의도했는지 파악해 연주하면, 작곡된 시대에 연주된 느낌을 정확하게 구현할 수 있다. 따라서 작곡자의 의도를 파악할 수 있다면 정격연주를 할 수 있다.

D: 작곡자의 의도대로 한 연주가 작곡된 시대에 연주된 느낌을 정확하게 구현하지 못할 수 있다. 작곡된 시대에 연주된 느낌을 정확하게 구현하려면 작곡자의 의도뿐만 아니라 당시의 연주 관습도 고려해야 한다. 전근대 시대에 악기 구성이나 프레이징 등은 작곡자의 의도만이 아니라 연주자와 연주 상황에 따라 관습적으로 결정되었다. 따라서 작곡자의 의도와 연주 관습을 모두 고려하지 않는다면 정격연주를 실현할 수 없다.

<보 기>

ㄱ. A와 C는 옛 음악을 과거와 똑같이 재연한다면 과거의 연주 느낌이 구현될 수 있다는 것을 부정하지 않는다.

ㄴ. B는 어떤 과거 연주 관습은 현대에 똑같이 재연될 수 없다는 것을 인정하지만 D는 그렇지 않다.

ㄷ. C와 D는 작곡자의 의도를 파악한다면 정격연주가 가능하다는 것에 동의한다.

① ㄱ
② ㄴ
③ ㄱ, ㄷ
④ ㄴ, ㄷ
⑤ ㄱ, ㄴ, ㄷ

문 24. 다음 글에서 추론할 수 있는 것만을 <보기>에서 모두 고르면?

란체스터는 한 국가의 상대방 국가에 대한 군사력 우월의 정도를, 전쟁의 승패가 갈린 전쟁 종료 시점에서 자국의 손실비의 역수로 정의했다. 예컨대 전쟁이 끝났을 때 자국의 손실비가 1/2이라면 자국의 군사력은 적국보다 2배로 우월하다는 것이다. 손실비는 아래와 같이 정의된다.

$$\text{자국의 손실비} = \frac{\text{자국의 최초 병력 대비 잃은 병력 비율}}{\text{적국의 최초 병력 대비 잃은 병력 비율}}$$

A국과 B국이 전쟁을 벌인다고 하자. 전쟁에는 양국의 궁수들만 참가한다. A국의 궁수는 2,000명이고, B국은 1,000명이다. 양국 궁수들의 숙련도와 명중률 등 개인의 전투 능력, 그리고 지형, 바람 등 주어진 조건은 양국이 동일하다고 가정한다. 양측이 동시에 서로를 향해 1인당 1발씩 화살을 발사한다고 하자. 모든 화살이 적군을 맞힌다면 B국의 궁수들은 1인 평균 2개의 화살을, A국 궁수는 평균 0.5개의 화살을 맞을 것이다. 하지만 화살이 제대로 맞지 않거나 아예 안 맞을 수도 있으니, 발사된 전체 화살 중에서 적 병력의 손실을 발생시키는 화살의 비율은 매번 두 나라가 똑같이 1/10이라고 하자. 그렇다면 첫 발사에서 B국은 200명, A국은 100명의 병력을 잃을 것이다. 따라서 ㉠ <u>첫 발사에서의 B국의 손실비</u>는 $\frac{200/1{,}000}{100/2{,}000}$ 이다.

마찬가지 방식으로, 남은 A국 궁수 1,900명은 두 번째 발사에서 B국에 190명의 병력 손실을 발생시킨다. 이제 B국은 병력의 39%를 잃었다. 이런 손실을 당하고도 버틸 수 있는 군대는 많지 않아서 전쟁은 B국의 패배로 끝난다. B국은 A국에 첫 번째 발사에서 100명, 그 다음엔 80명의 병력 손실을 발생시켰다. 전쟁이 끝날 때까지 A국이 잃은 궁수는 최초 병력의 9%에 지나지 않는다. 이로써 ㉡ <u>B국에 대한 A국의 군사력</u>이 명확히 드러난다.

<보 기>

ㄱ. 다른 조건이 모두 같으면서 A국 궁수의 수가 4,000명으로 증가하면 ㉠은 16이 될 것이다.

ㄴ. ㉡의 내용은 A국의 군사력이 B국보다 4배 이상으로 우월하다는 것이다.

ㄷ. 전쟁 종료 시점까지 자국과 적국의 병력 손실이 발생했고 그 수가 동일한 경우, 최초 병력의 수가 적은 쪽의 손실비가 더 크다.

① ㄱ
② ㄷ
③ ㄱ, ㄴ
④ ㄴ, ㄷ
⑤ ㄱ, ㄴ, ㄷ

제2회

5급 공채 2020년도 (나)책형 30번

문 25. 다음 글의 갑~병에 대한 분석으로 가장 적절한 것은?

경험 연구에서 연구의 타당성을 확보하기 위한 노력은 매우 중요하다. 먼저 연구의 외적 타당성을 확보하기 위해 대표성을 지닌 자료를 수집해야 한다. 표본 집단을 잘못 설정하면 연구 대상의 대표성을 확보할 수 없게 되고 결국 연구 결과의 일반화에 실패하므로 연구의 외적 타당성은 저해된다. 이는 연구 대상인 표본의 수나 표본 집단의 대상 지정과 관련이 있다. 다음으로 연구의 내적 타당성을 확보하기 위해서는 역사 요인과 선택 요인에 따른 오류를 제거해야 한다. 역사 요인은 외부적 사건이 원인이 되어 연구에 영향을 미쳤지만 이를 미처 고려하지 못하고 연구의 결과가 합당한 것처럼 결론을 내리게 하는 요인이다. 역사 요인에 따른 오류를 제거하기 위해서는 반드시 비교 집단을 설정하여 정보를 수집해야 한다. 선택 요인은 비교 집단을 설정했지만 비교 집단을 잘못 설정함으로써 잘못된 결론을 도출하게 하는 요인이다. 이 요인에 따른 오류를 제거하기 위해서는 독립 변수 조건 이외에 다른 조건들이 현저하게 차이가 나는 집단을 비교 집단으로 설정하지 않아야 한다.

축구 협회가 축구에 대한 관심도를 높이기 위해 초등학교에 지급하는 축구 관련 지원금을 인상하는 정책을 시행한 후 이 정책이 적용된 100개교를 대상으로 정책 효과성 연구를 실시하였다고 가정하자. 연구 결과 이 정책이 적용된 학교의 초등학생들에게서 축구에 대한 관심도가 2배 증가하였다는 결과를 얻었다고 하자. 이 연구의 타당성 검토와 관련하여 갑~병은 다음과 같이 주장하였다.

갑: 지원금 인상 정책이 적용된 초등학교 중, 소수의 학교만을 대상으로 연구하거나 혹은 지원금 인상 정책이 적용되지 않은 초등학교까지도 연구 대상으로 지정하는 오류가 있는지 검토해야 한다.

을: 연구 시기에 월드컵이 개최되었고 우리나라가 본선에 진출하였으므로 이 요인이 축구에 대한 관심도 상승에 더 큰 영향을 미쳤을 수 있다. 이에 지원금 인상 정책이 적용되지 않은 초등학교를 비교 집단으로 설정하여 연구를 실시했는지 검토해야 한다.

병: 비교 집단을 설정했으나 지원금 인상 정책이 적용되지 않은 초등학교 중 축구에 대한 관심도 수준이 현저히 차이 나는 집단을 비교 집단으로 설정하지 않았는지 검토해야 한다.

① 갑은 연구의 내적 타당성을 확보하기 위해 연구 대상의 대표성 확보에 관한 타당성을 검토하자는 것이다.

② 을은 연구의 내적 타당성을 확보하기 위해 선택 요인과 관련한 타당성을 검토하자는 것이다.

③ 을은 연구의 외적 타당성을 확보하기 위해 역사 요인과 관련한 타당성을 검토하자는 것이다.

④ 병은 연구의 내적 타당성을 확보하기 위해 선택 요인과 관련한 타당성을 검토하자는 것이다.

⑤ 병은 연구의 외적 타당성을 확보하기 위해 연구 결과 일반화가 가능한 표본 집단 선정에 관한 타당성을 검토하자는 것이다.

제3회

강·약점 유형 확인을 위한

문항구성표

유형	문항 번호
유형 **01.** 정보확인	1, 3, 4, 5, 10, 16, 18, 20, 21
유형 **02.** 정보추론	6, 17, 19, 23, 24
유형 **03.** 형식논리	7, 8, 9
유형 **04.** 논증분석	2, 12, 13, 25
유형 **05.** 논증평가	11, 14, 15, 22

※ 회차별 유형 수록 비율은 본고사 예상 출제 경향을 고려하여 다양하게 구성하였습니다.

5급 공채 2022년도 (나)책형 2번

문 1. 다음 글에서 알 수 있는 것은?

조선 후기에 백성의 작은 살림집을 짓는 목재 정도는 민간 목재 상인인 목상에게 사서 쓰면 되었지만, 궁궐이나 성곽 건설처럼 대규모 관영 공사에 사용되는 재료는 그럴 수가 없었다. 목상은 대개 수요가 많은 작은 목재만 취급했기 때문이다. 관영 공사에 필요한 재료는 임시건설 본부격인 도감에서 직접 구하거나 나라에 물자를 납품하는 공인으로부터 공급받았다. 공인은 전인과 도고 상인으로 나누어지는데, 선혜청에서 물건 값을 선불로 지급하고 납품받는 방식인 원공은 전인이, 호조에서 후불로 지급하는 방식인 별무는 도고 상인이 담당했다. 원공은 시가보다 물건 값을 많이 받을 수 있었지만 1768년에 폐지되었다. 이후 목재를 비롯한 건축 재료 납품은 도고 상인이 전담하였다. 도고 상인은 시가보다 낮은 비용을 받으면서 과중한 세금을 감내했는데, 그 이유는 벌목권을 얻기 위해서였다. 그러나 운송 기술 발달과 민간 상업 발전에 따라 공인의 경쟁력은 점점 약화됐고, 19세기부터는 주로 민간 목재 상인이 관영 공사의 목재를 공급했다.

산지의 목재는 수로를 통해 배로 운송되었다. 수로 운송을 맡았던 배는 시기별로 달랐다. 17세기에는 세곡을 운송하는 조세선이 주로 쓰이고 군선이 동원되기도 했다. 그러나 18세기에는 조세선보다는 군선과 개인이 소유한 사선의 비중이 커졌다. 군선은 조세선보다 크고 튼튼했기 때문에 자주 동원되었다. 그럼에도 조세선에 의한 건축 재료 운송이 완전히 사라지지 않은 것은, 원거리 운항 기술이 축적되어 있었고 항해술이 노련하여 군선보다는 사고 위험이 덜했기 때문이다. 이에 원거리 운송은 조세선이 담당했다.

17세기까지 건축 재료의 하역과 각 창고까지의 운송은 백성들의 부역 노동으로 해결하였지만, 1707년에 마계를 창설하여 이를 전담시켰다. 한편 관영 공사에 필요한 건축 재료를 구하고 운송하는 책임은 영역부장에게 있었는데, 1789년에 패장이 설치되어 이를 대신하였다. 영역부장은 도감의 최하위 관리직으로 작업소별로 몇 명씩 배정되어 실무를 맡았다. 영역부장 위의 도청은 재료의 반입 및 공사장의 검수 등 행정 전반을 진두지휘했다. 하지만 지방의 관영 공사에 필요한 재료 구입은 지방 감영 소속의 군수나 만호가 담당했다.

① 선혜청에 목재를 납품하는 것보다 도감에 납품하는 것이 보다 큰 수익을 올릴 수 있었다.
② 19세기부터 관영 공사의 목재 공급과 운송을 주로 목상이 담당하면서 영역부장이 폐지되었다.
③ 만호가 지방 관영 공사에 사용하기 위해 구입한 목재는 도청의 책임하에 마계가 창고까지 운송하였다.
④ 건축 재료 값을 관청에서 선불로 지급하고 납품받는 방식이 폐지된 해의 원거리 운송은 조세선이 담당하였다.
⑤ 17세기에 이루어진 관영 공사에서 도감의 영역부장은 전인으로부터 목재를 구입하여 운송할 책임이 있었다.

5급 공채 2018년도 (나)책형 28번

문 2. 다음 글의 빈칸에 들어갈 진술로 가장 적절한 것은?

야생의 자연이라는 이상을 고집하는 자연 애호가들은 인류가 자연과 내밀하면서도 창조적인 관계를 맺었던 반(反) 야생의 자연, 즉 정원을 간과한다. 정원은 울타리를 통해 농경지보다 야생의 자연과 분명한 경계를 긋는다. 집약적인 토지 이용이라는 전통은 정원에서 시작되었다. 정원은 대규모의 농경지 경작이 행해지지 않은 원시적인 문화에서도 발견된다. 만여 종의 경작용 식물들은 모두 대량 생산에 들어가기 전에 정원에서 자라는 단계를 거쳐 온 것으로 보인다.

농업경제의 역사에서 정원이 갖는 의미는 시대와 지역에 따라 매우 달랐다. 좁은 공간에서 집약적인 농사를 짓는 지역에서는 농부가 곧 정원사였다. 반면 예전의 독일 농부들은 정원이 곡물 경작에 사용될 퇴비를 앗아가므로 정원을 악으로 여기기도 했다. 하지만 여성들의 입장은 지역적인 편차가 없었다. 아메리카의 푸에블로 인디언부터 근대 독일의 농부 집안까지 정원은 농업 혁신에 주도적인 역할을 해온 여성들에게는 자신들의 제국이자 자존심이었다. 그곳에는 여성들이 경험을 통해 쌓은 지식 전통이 살아 있었다. 환경사에서 여성이 갖는 특별한 역할의 물질적 근간은 대부분 정원에서 발견된다. 지난 세기들의 경우 이는 특히 여성 제후들과 관련되어 있으며 자료가 풍부하다. 작센의 여성 제후인 안나는 식물에 관한 지식을 늘 공유했던 긴밀하고도 광범위한 사회적 네트워크를 가지고 있었는데 그 중에는 식물 경제학에 관심이 깊은 고귀한 신분의 여성들도 많았으며 수도원 소속의 여성들도 있었다.

여성들이 정원에서 쌓은 경험의 특징은 무엇일까? 정원에서는 땅을 면밀히 살피고 손으로 흙을 부스러뜨리는 습관이 생겨났을 것이다. 정원에서 즐겨 이용되는 삽도 다양한 토질의 층을 자세히 연구하도록 부추겼을 것이 분명하다. 넓은 경작지보다는 정원에서 땅을 다룰 때 더 아끼고 보호했을 것이다. 정원이라는 매우 제한된 공간에는 옛날에도 충분한 퇴비를 줄 수 있었다. 경작지보다도 다양한 종류의 퇴비로 실험할 수 있었고 새로운 작물을 키우며 경험을 수집할 수 있었다. 정원에서는 좁은 공간에서 다양한 식물이 자라기 때문에 모든 종류의 식물들이 서로 잘 지내지는 않는다는 사실에도 주의를 기울였다. 이는 식물 생태학의 근간을 이루는 통찰이었다.

결론적으로 정원은 [　　　　　　　　　　]

① 자연을 즐기고 자연과 교감할 수 있는 야생의 공간으로서 집안에 들여놓은 자연의 축소판이었다.
② 여성들이 자연을 통제하고자 하는 이룰 수 없는 욕구를 충족하기 위하여 인공적으로 구축한 공간이었다.
③ 경작용 식물들이 서로 잘 지낼 수 있도록 농경지를 구획하는 울타리를 헐어버림으로써 구축한 인위적 공간이었다.
④ 여성 제후들이 농부들의 경작 경험을 집대성하여 환경사의 근간을 이루는 식물 생태학의 기초를 다지는 공간이었다.
⑤ 여성들이 주도가 되어 토양과 식물을 이해하고 농경지 경작에 유용한 지식과 경험을 배양할 수 있는 좋은 장소였다.

문 3. 다음 글에서 알 수 있는 것은?

'수치심'과 '죄책감'의 유발 원인과 상황들을 살펴보면, 두 감정은 그것들을 발생시키는 내용이나 상황에 있어서 그다지 차이가 나지 않는다. 발달심리학자 루이스에 따르면, 이 두 감정은 '자의식적이며 자기 평가적인 2차 감정'이며, 내면화된 규범에 비추어 부정적으로 평가받는 일을 했거나 그러한 상황에 처한 것을 공통의 조건으로 삼는다. 두 감정이 다른 종류의 감정들과 경계를 이루며 함께 묶일 수 있는 이유이다.

그러나 이 두 가지 감정은 어떤 측면에서는 확연히 구분된다. 먼저, 두 감정의 가장 근본적인 차이는 부정적 자기 평가에 직면한 상황에서 부정의 범위가 어디까지인지, 그리고 이 상황을 어떻게 심리적으로 처리하는지 등에서 극명하게 드러난다. 수치심은 부정적인 자신을 향해, 죄책감은 자신이 한 부정적인 행위를 향해 심리적 공격의 방향을 맞춘다. 그러다 보니 자아의 입장에서 볼 때 수치심은 자아에 대한 전반적인 공격이 되어 충격도 크고 거기에서 벗어나기도 어렵다. 이에 반해 죄책감은 자신이 한 그 행위에 초점이 맞춰져 자아에 대한 전반적인 문제가 아닌 행위와 관련된 자아의 부분적인 문제가 되므로 타격도 제한적이고 해결 방안을 찾는 것도 상대적으로 용이하다.

위와 같은 두 감정의 서로 다른 자기 평가 방식은 자아의 사후(事後) 감정 상태 및 행동 방식에도 상당히 다른 양상을 낳게 한다. 죄책감은 부정적 평가의 원인이 된 특정한 잘못이나 실수 등을 숨기지 않고 교정, 보상, 원상 복구하는 데에 집중하며, 다른 사람에게 자신의 잘못을 상담하기도 하는 등 적극적인 방식을 통해 부정된 자아를 수정하고 재구성한다. 반면 자신의 정체성과 존재 가치가 부정적으로 노출되어서 감당하기 어려울 정도의 심적 부담을 느끼는 수치심의 주체는 강한 심리적 불안 상태에 놓이게 된다. 그러므로 자신에 대한 부정적 평가를 만회하기보다 은폐나 회피를 목적으로 하는 심리적 방어기제를 동원하여 자신에 대한 스스로의 부정이 더 이상 진행되는 것을 차단하기도 한다.

① 수치심을 느끼는 사람과 죄책감을 느끼는 사람 중 잘못을 감추려는 사람은 드러내는 사람보다 자기 평가에서 부정하는 범위가 넓다.
② 자아가 직면한 부정적 상황에서 자의식적이고 자기 평가적인 감정들이 작동시키는 심리적 방어기제는 동일하다.
③ 부정적 상황을 평가하는 자아는 심리적 불안 상태에서 벗어나기 위해 행위자와 행위를 분리한다.
④ 수치심은 부정적 상황에서 심리적 충격을 크게 받는 성향의 사람이 느끼기 쉬운 감정이다.
⑤ 죄책감은 수치심과 달리 외부의 규범에 반하는 부정적인 일을 했을 때도 발생한다.

문 4. 다음 글에서 추론할 수 없는 것은?

『삼국유사』는 신라 전성시대의 경주의 모습을 설명하면서 금입택(金入宅)의 명칭 39개를 나열하고 있다. 신라의 전성시대란 일반적으로 상대, 중대, 하대 중 삼국 통일 이후 100여 년 간의 중대를 가리키는 것이 보통이나, 경주가 왕도로서 가장 발전했던 시기는 하대 헌강왕 대이다. 39개의 금입택이 있었던 시기도 이때이다. 그런데 경덕왕 13년에 황룡사종을 만든 장인이 금입택 가운데 하나인 이상택(里上宅)의 하인이었으므로, 중대의 최전성기에 이미 금입택이 존재하고 있었음을 알 수 있다. 즉 금입택은 적어도 중대부터 만들어지기 시작하여 하대에 이르면 경주에 대략 40여 택이 들어서 있었다. 하지만 『삼국유사』의 기록이 금입택 가운데 저명한 것만을 기록한 것이므로, 실제는 더 많았을 것이다.

'쇠드리네' 또는 '금드리네'의 직역어인 금입택은 금이나 은 또는 도금으로 서까래나 문틀 주위를 장식한 호화주택이다. 지붕은 주로 막새기와를 덮었으며, 지붕의 합각 부분에는 물고기나 화초 모양의 장식을 했다. 김유신 가문이라든가 집사부 시중을 역임한 김양종의 가문, 경명왕의 왕비를 배출한 장사택 가문 등 진골 중에서도 왕권에 비견되는 막대한 권력과 재력을 누리던 소수의 유력한 집안만이 이러한 가옥을 가질 수 있었다.

금입택은 평지에는 만들어지지 않았다. 경주에서는 알천이 자주 범람하였으므로 대저택을 만들기에 평지는 부적절했다. 따라서 귀족들의 금입택은 월성 건너편의 기슭에 주로 조성되었는데, 이 일대는 풍광이 매우 아름다워 주택지로서 최적이었다. 또한 남산의 산록 및 북천의 북쪽 기슭에도 많이 만들어졌는데, 이 지역은 하천을 내려다볼 수 있는 높은 지대라서 주택지로 적합하였다.

또한 지택(池宅), 천택(泉宅), 정상택(井上宅), 수망택(水望宅) 등 이름 가운데 '지(池)', '천(泉)', '정(井)', '수(水)' 등 물과 관계있는 문자가 보이는 금입택이 많다. 이러한 금입택은 물을 이용한 연못이나 우물 등의 시설을 갖추고 있었다. 금입택 중 명남택(椧南宅)에서 보이는 '명(椧)'자는 조선 후기의 실학자 이수광, 이규경 등이 증명한 것처럼, 우리 고유의 글자로 대나무 혹은 돌을 길게 이어 물을 끌어 쓰거나 버리는 데 이용하는 대홈통의 뜻을 갖고 있다. 이러한 수리시설은 오늘날 산지에서 이용되고 있으며, 통일신라시대 사찰이나 궁궐의 조경에도 이용되었다. 명남택은 이러한 수리시설을 갖추었기 때문에 붙은 이름이었다. 한편 금입택 중 사절유택(四節遊宅)과 구지택(仇知宅)은 별장이었다.

① 금입택은 신라 하대 이전에 이미 존재하였다.
② 진골 귀족이라도 금입택을 소유하지 못한 경우도 있었다.
③ 이름에 물과 관계있는 문자가 들어간 금입택은 물을 이용한 시설을 갖추고 있었다.
④ 명남택에서 사용한 수리시설은 귀족 거주용 주택이 아닌 건물에서도 사용되었다.
⑤ 월성 건너편의 기슭은 하천을 내려다볼 수 있는 높은 지대였으므로 주택지로서 적합하였다.

5급 공채 2022년도 (나)책형 24번

문 5. 다음 글에서 알 수 있는 것은?

'가짜 뉴스'란 허위의 사실을 고의적으로 유포하기 위해 언론 보도의 형식을 차용해 작성한 정보이다. 사람들이 가짜 뉴스의 수용 여부를 정할 때 그 뉴스가 자신의 신념에 얼마나 부합하는지가 영향을 미친다. 이는 자신의 신념을 보호하기 위해 그것에 부합하는 정보는 긍정적으로 평가하되, 부합하지 않는 정보는 부정적으로 평가하는 편향적인 정보 처리의 결과이다. 특히, 자신의 신념과 부합하지 않는 가짜 뉴스의 경우 그것이 언론 보도의 외피를 두르고 있어서 인지부조화를 발생시키는데, 이로 인해 해당 뉴스를 부정적으로 평가함으로써 인지부조화를 해소하려는 경향이 있다.

이러한 편향적 사고는 가짜 뉴스가 가짜임을 밝힌 팩트체크의 효과에도 영향을 미친다. 자신의 신념이 가짜 뉴스와 부합할 때와 부합하지 않을 때 팩트체크 효과의 양상은 다르게 나타난다. 우선, 자신의 신념에 부합하지 않는 가짜 뉴스에 대해서는 원래부터 해당 뉴스가 가짜일 것이라는 생각을 가졌을 것이므로 가짜임을 판명하는 팩트체크의 결과를 접하더라도 인지부조화로 인한 내적 갈등의 발생 여지가 크지 않다. 오히려 팩트체크 전에 채 해소되지 않았던 인지부조화가 팩트체크를 통해 해소된다. 따라서 체계적인 정보 처리 대신 피상적인 정보 처리가 주로 이루어지게 된다. 이 경우 팩트체크에서 활용한 정보의 품질이 얼마나 우수한가보다는 정보의 출처가 얼마나 신뢰할 만하다고 생각하는지가 팩트체크의 효과에 더 영향을 미친다.

반면, 자신의 신념에 부합하는 가짜 뉴스의 경우에는 그 뉴스가 가짜라는 팩트체크의 결과를 접하게 되면 자신의 신념과 팩트체크의 결과가 다른 데에서 심각한 인지부조화가 발생하게 되어 오히려 팩트체크의 진실성을 의심하게 된다. 또한 인지부조화에 따른 내적 갈등을 해소하기 위한 의도적 노력의 일환으로 어떻게든 팩트체크의 결과를 부정할 수 있는 근거를 찾아내기 위해 체계적이고 논리적인 정보 처리를 시도하게 된다. 그 결과 자신의 신념이 가짜 뉴스와 부합하지 않을 때와는 달리, 이 경우에는 팩트체크 자체가 얼마나 우수한 품질의 정보를 확보하고 있는지가 팩트체크의 효과에 더 큰 영향을 미친다.

① 가짜 뉴스로 인해 인지부조화가 발생한 사람이 그 뉴스에 대한 팩트체크 결과를 판단하려 할 경우는 팩트체크에서 활용한 정보 출처의 신뢰도에 주로 관심을 둔다.
② 사람들은 자신의 신념에 부합하지 않는 가짜 뉴스가 가짜라는 팩트체크 결과를 접하게 되면 주로 정보의 품질에 의존하여 인지부조화를 해소하려 한다.
③ 가짜 뉴스가 자신의 신념에 부합하는 사람이 그렇지 않은 사람보다 팩트체크에서 활용한 정보의 출처를 더 중시한다.
④ 가짜 뉴스로 인해 인지부조화가 발생한 경우 그 뉴스에 대한 팩트체크의 결과에 의해서도 인지부조화가 발생한다.
⑤ 정보 출처의 신뢰도보다 정보의 품질이 팩트체크의 효과에 더 영향을 미친다.

5급 공채 2022년도 (나)책형 26번

문 6. 다음 글의 빈칸에 들어갈 내용으로 가장 적절한 것은?

어떤 수를 나누어떨어지게 하는 수를 약수라고 한다. 예를 들어 20의 약수는 1, 2, 4, 5, 10, 20이다. 소수는 자연수 중에서 1과 자신 이외의 수로는 나누어떨어지지 않는 수를 말한다. 이때 1은 소수가 아니라고 본다. 수학자들은 '1을 제외한 모든 자연수가 소수이거나 소수를 약수로 가진다.'라는 것을 증명했다. 더 나아가 수학자들은 '소수는 무한히 많다.'라는 명제를 증명하고 싶어 했다. 그런데 소수를 일일이 꼽아보는 과정을 통해서는 원하는 증명을 얻을 수 없다. 대신 수학자들은 논증을 통해 이 명제를 증명했는데, 이는 '임의의 소수 N에 대해서 N보다 큰 소수가 존재한다.'라는 것을 보임으로써 이루어진다.

우선 1부터 자연수 N 사이의 모든 자연수를 곱한 수, $1\times2\times3\times\cdots\times N$, 즉 N!을 생각해 보자. 이 수는 N까지의 모든 자연수로 나누어떨어진다. 그렇다면 N!에 1을 더한 수, (N!+1)은 어떤가? 이 수는 2로 나누어도 1이 남고, 3으로 나누어도 1이 남고, N으로 나누어도 1이 남는다. 따라서 (N!+1)은 2에서 N까지의 어떤 소수로도 나누어떨어지지 않는다. 그렇다면 [　　　　　　　　]. (N!+1)이 소수일 경우에는 (N!+1)은 N보다 크므로 N보다 큰 소수가 존재한다. (N!+1)이 그보다 작은 소수로 나누어떨어지는 경우에도, 그 소수는 N보다 클 수밖에 없다. 따라서 이런 경우에도 N보다 큰 소수가 존재한다. 이는 임의의 자연수에 대해서 참이므로, N이 소수인 경우에도 참이다. 즉 임의의 소수 N에 대해서, N보다 큰 소수가 존재한다는 것을 알 수 있다.

① (N!+1)은 소수이다
② (N!+1)은 소수이거나, N보다 작은 소수를 약수로 갖는다
③ (N!+1)은 소수이거나, N보다 크고 (N!+1)보다 작은 소수를 약수로 갖는다
④ (N!+1)은, N보다 크고 (N!+1)보다 작은 소수를 약수로 갖는다
⑤ (N!+1)은 소수가 아니고, N보다 크고 (N!+1)보다 작은 소수를 약수로 갖는다

문 7. 다음 대화에 대한 분석으로 적절한 것만을 <보기>에서 모두 고르면?

A: 용기라는 덕목에 대해서 생각해 봅시다. 당신은 용기 있는 사람이라면 누구나 대담하다고 생각하나요?
B: 그럼요. 그런 사람은 많은 사람이 두려워하는 일들을 대담하게 수행하지요.
A: 높은 전봇대에 올라가 고압 전류를 다루는 전기 기사나 맹수를 길들이는 조련사는 모두 대담한 사람들이 맞겠죠?
B: 그럼요. 당연하지요.
A: 그럼 그들이 그렇게 대담할 수 있는 이유가 뭘까요?
B: 그것은 전기 기사는 전기에 대해서, 조련사는 맹수에 대해서 풍부한 지식을 지닌 지혜로운 사람들이기 때문이라고 생각합니다. 지혜로운 사람들이란 누구나 자연스럽게 대담해지지요.
A: 저도 동의합니다. 그런데 혹시 어떤 일에 완전히 무지해서 지혜라고는 전혀 없으면서도 대담하다는 것은 인정할 수밖에 없는 사람을 본 적이 있으십니까?
B: 물론이죠. 있고 말고요.
A: 그럼 그런 사람도 용기가 있다고 해야 할까요?
B: 글쎄요. 그랬다간 용기가 아주 추한 것이 되겠지요. 그런 자라면 용기 있는 사람이 아니라 정신 나간 사람입니다.
A: 그렇다면 [㉠]라고 추론할 수 있겠군요.

〈보 기〉

ㄱ. "용기 있는 사람은 누구나 지혜롭다."라는 진술은 ㉠에 들어가기에 적절하다.
ㄴ. B의 견해에 따르면, 지혜롭기는 하지만 용기가 없는 사람은 있을 수 없다.
ㄷ. 만약 B가 마지막 진술만 번복하여 '대담한 사람은 모두 용기가 있다.'라고 인정한다면, 세종대왕이 지혜로운 사람이라는 추가 정보를 통해 그가 용기 있는 사람이라고 추론할 수 있다.

① ㄱ
② ㄴ
③ ㄱ, ㄷ
④ ㄴ, ㄷ
⑤ ㄱ, ㄴ, ㄷ

문 8. 다음 글의 내용이 모두 참일 때 반드시 참인 것만을 <보기>에서 모두 고르면?

신생벤처기업 지원투자 사업이나 벤처기업 입주지원 사업이 10월에 진행된다면 벤처기업 대표자 간담회도 10월에 열려야 한다. 그런데 창업지원센터가 10월에 간담회 장소로 대관되지 않을 경우 벤처기업 입주지원 사업이 10월에 진행된다. 만일 대관된다면 벤처기업 입주지원 사업은 11월로 연기된다. 또한 기존 중소기업 지원 사업이 10월에 진행된다면 벤처기업 대표자 간담회는 11월로 연기된다. 벤처기업 대표자 간담회가 10월에 열릴 경우 창업지원센터는 간담회 장소로 대관된다. 벤처기업 대표자 간담회 외의 일로 창업지원센터가 대관되는 일은 없다. 이러한 상황에서 신생벤처기업 지원투자 사업과 기존 중소기업 지원 사업 중 한 개의 사업만이 10월에 진행된다는 것이 밝혀졌다.

〈보 기〉

ㄱ. 벤처기업 입주지원 사업은 10월에 진행되지 않는다.
ㄴ. 벤처기업 대표자 간담회는 10월에 진행되지 않는다.
ㄷ. 신생벤처기업 지원투자 사업은 10월에 진행되지 않는다.

① ㄱ
② ㄷ
③ ㄱ, ㄴ
④ ㄴ, ㄷ
⑤ ㄱ, ㄴ, ㄷ

5급 공채 2019년도 (가)책형 33번

문 9. 다음 글의 내용이 참일 때, 반드시 참인 것은?

> ○ 김 대리, 박 대리, 이 과장, 최 과장, 정 부장은 A 회사의 직원들이다.
> ○ A 회사의 모든 직원은 내근과 외근 중 한 가지만 한다.
> ○ A 회사의 직원 중 내근을 하면서 미혼인 사람에는 직책이 과장 이상인 사람은 없다.
> ○ A 회사의 직원 중 외근을 하면서 미혼이 아닌 사람은 모두 그 직책이 과장 이상이다.
> ○ A 회사의 직원 중 외근을 하면서 미혼인 사람은 모두 연금 저축에 가입해 있다.
> ○ A 회사의 직원 중 미혼이 아닌 사람은 모두 남성이다.

① 김 대리가 내근을 한다면, 그는 미혼이다.
② 박 대리가 미혼이면서 연금 저축에 가입해 있지 않다면, 그는 외근을 한다.
③ 이 과장이 미혼이 아니라면, 그는 내근을 한다.
④ 최 과장이 여성이라면, 그는 연금 저축에 가입해 있다.
⑤ 정 부장이 외근을 한다면, 그는 연금 저축에 가입해 있지 않다.

5급 공채 2015년도 (인)책형 25번

문 10. 다음 글에서 추론할 수 있는 것은?

> 포유류의 외적 형태는 좌 · 우가 대칭인 모습을 보이지만 실제로 내부기관의 분포는 대칭이 아니다. 예를 들면 포유류의 심장은 가슴 부위의 좌측에, 비장은 복부의 좌측에, 간은 복부의 우측에 각각 위치한다.
>
> 이처럼 포유류의 내부가 비대칭 구조를 갖는 원인은 무엇일까? 포유류 내부의 비대칭 구조는 포유류의 초기 발달 과정 중에 형성되고, 이러한 형성은 수정란이 분열하여 나타난 '배(胚)'로부터 시작된다. 배의 중앙 부위에는 평평한 면에 움푹 파인 구멍과 같은 형태의 '결절'이라는 특별한 구조가 형성된다. 결절은 좌측 부위, 중앙 부위, 우측 부위로 구성되어 있다. 결절의 각 부위는 세포로 되어 있고 특히 중앙 부위 세포는 섬모(纖毛)를 가지고 있다. 물질 X는 섬모를 구성하는 물질 중 하나로서 섬모의 운동에 필요하다. 결절에서 나타나는 섬모의 운동을 통해서 결절 내부를 채우고 있는 유동체(流動體)가 움직인다.
>
> 포유류 내부기관의 비대칭성은 비대칭 결정물질에 의해 조절되기 때문에, 초기 발달 과정 중 비대칭 결정물질이 배에서 나타나지 않으면 포유류의 내부기관은 모두 몸의 정중앙에 위치한다. 결절의 우측 부위에 있는 세포만이 비대칭 결정물질을 만들어 분비한다. 또한 결절의 좌측과 우측 부위에 있는 세포 모두는 비대칭 결정물질과 결합하여 수용체 반응을 일으킬 수 있는 수용체를 가지고 있다. 물질 X가 작용하기 시작하면 결절에 있는 섬모가 운동하기 시작한다. 섬모의 운동 방향이 한 방향으로만 일어나기 때문에 결절 내부에 있는 유동체가 한 쪽 방향으로만 흐른다. 이때 비대칭 결정물질은 유동체를 타고 같은 방향으로 이동한다. 그러므로 결절의 우측 부위에 있는 세포로부터 분비된 비대칭 결정물질이 좌측 부위에 있는 세포의 수용체에만 결합하게 된다. 비대칭 결정물질이 수용체에 결합하면 수용체 반응을 일으키기 때문에, 좌측과 우측 부위에 있는 세포에서 일어나는 수용체 반응이 각각 다르게 나타나게 되고 이러한 수용체 반응의 차별화가 내부기관 분포의 비대칭을 일으키는 것이다.

① 포유류 배의 초기 발달 과정에서 유동체는 결절의 좌측 부위에서 우측 부위로 흐른다.
② 포유류 배의 초기 발달 과정에서 물질 X는 좌측 부위의 결절에 있는 수용체와 결합한다.
③ 포유류 배의 초기 발달 과정에서 비대칭 결정물질은 결절의 중앙 부위의 세포로부터 만들어진다.
④ 포유류 배의 초기 발달 과정에서 우측 부위의 결절은 비대칭 결정물질에 대한 수용체를 가지고 있다.
⑤ 포유류 배의 초기 발달 과정에서 유동체의 이동 방향이 달라지면 포유류의 심장은 몸의 정중앙에 위치한다.

문 11. 다음 글의 갑~병에 대한 평가로 적절한 것만을 <보기>에서 모두 고르면?

에스키모는 노쇠한 부모를 벌판에 유기하는 관습을 가지고 있었다. 반면에 로마인은 노쇠한 부모를 정성을 다해 모셨다. 도덕 상대주의는 이와 같은 인류학적 사실에 근거하고 있다. 도덕 상대주의에 따르면, 사회마다 다른 도덕적 관습을 가지며 옳고 그름에 대한 신념 체계는 사회마다 상이하다. 또한 다양한 도덕적 관습과 신념 체계 중 어떤 것이 옳은지 판별할 수 있는 객관적인 기준은 없다.

다음은 도덕 상대주의에 대한 비판들이다.

갑: 에스키모와 로마인의 관습상 차이는 서로 다른 도덕 원리에서 기인한 것처럼 보일 수 있다. 그러나 하나의 도덕원리가 각기 다른 상황에 적용되면서 서로 다른 관습을 초래한 것일 수 있다. 부모와 자식 간의 애정에 근거한 동일한 도덕원리가 에스키모와 로마인에게서 다른 관습을 초래할 수 있다.

을: 도덕 상대주의가 맞다면, 다른 사회의 관습과 신념 체계를 평가할 수 있는 객관적 기준은 존재하지 않는다. 그래서 다른 사회의 관습과 신념 체계에 대한 평가는 불가능하며 이에 대해 '침묵'해야 한다. 이런 침묵의 의무는 어떤 사회를 막론하고 모든 사회의 구성원에게 절대적인 구속력을 갖는다. 결국 도덕 상대주의는 도덕 절대주의의 이념을 수용해야 하는 역설에 빠지게 된다.

병: 도덕 상대주의는 시간적 차원에도 적용된다. 따라서 도덕 상대주의를 받아들이면 사회 관습이나 신념 체계의 진보를 말할 수 없게 된다. 과거의 것과 달라졌을 뿐이지 더 낫거나 못하다고 말할 수 없기 때문이다. 그러나 사회 관습이나 신념 체계가 진보했다고 말할 수 있는 사례가 존재한다. 예를 들어 과거와는 달리 노예제를 받아들이는 도덕적 관습이나 신념 체계를 가진 사회는 없다.

<보 기>

ㄱ. "두 사회의 관습이 같다면 그 사회들의 도덕원리가 같다." 라는 것이 사실이면 갑의 주장은 약화된다.
ㄴ. 우월한 도덕 체계와 열등한 도덕 체계를 객관적으로 구분할 수 있다면 을의 주장은 약화되지 않는다.
ㄷ. 현재의 관습과 신념 체계가 과거의 것보다 퇴보한 사회가 있다면 병의 주장은 약화된다.

① ㄱ
② ㄴ
③ ㄱ, ㄷ
④ ㄴ, ㄷ
⑤ ㄱ, ㄴ, ㄷ

문 12. 다음 글의 ㉠~㉤에 대한 판단으로 적절한 것은?

어떤 음성이나 부호가 무의미하다는 것은 '드룰'이나 '머문'과 같은 무의미한 음절들처럼 단순히 의미를 결여했다는 것으로 여겨진다. 그런데 철학자 A는 ㉠ 모든 의미 있는 용어는 그 용어가 지칭하는 대상이 존재한다고 여긴다. 그는 '비물질적 실체'와 같은 용어는 의미가 없다고 주장하는데, 그 이유는 오직 물질적 실체만이 존재하며 ㉡ '비물질적 실체'라는 용어가 지칭하는 대상이 존재하지 않는다는 것이다.

이에 철학자 B는 A의 입장이 터무니없다고 주장한다. ㉢ '비물질적 실체'라는 용어가 의미가 없다면, 우리는 비물질적 실체가 존재하는가에 대해 긍정도 부정도 할 수 없다. 그러나 ㉣ 우리는 그것이 존재하는가에 대해 긍정이나 부정을 할 수 있다. 실제로 ㉤ 우리의 어휘 중에는 의미를 지니고 그것이 지칭하는 대상이 존재하지 않는 용어들이 있다. 이 세상에 오직 물질적 실체만이 존재해서 비물질적 실체가 존재하지 않더라도 '비물질적 실체'라는 용어가 의미가 없다는 것은 지나친 주장이다.

① ㉠이 참이면, ㉤이 반드시 참이다.
② ㉠과 ㉢이 참이면, ㉤이 반드시 참이다.
③ ㉢과 ㉤이 참이면, ㉣이 반드시 거짓이다.
④ ㉠, ㉡, ㉢이 참이면, ㉣이 반드시 참이다.
⑤ ㉠, ㉢, ㉣이 참이면, ㉡이 반드시 거짓이다.

제 3 회

5급 공채 2022년도 (나)책형 32번

문 13. 다음 글에 대한 분석으로 적절한 것만을 <보기>에서 모두 고르면?

㉠ 힘센 국가나 조직이 지구의 기상을 마음대로 조작하고 있다는 음모론은 수십 년 전부터 사람들의 입에 오르내려 왔다. 이에 따르면 수십 년 전부터 강대국들은 군사적 목적으로 기류의 흐름을 조종하고 폭풍우를 임의로 만들어내고, 적국에 한파나 폭염을 불러일으키는 등의 날씨를 조작하는 환경전(環境戰)을 펼쳐 왔다. 이들 중 특히 C 단체에 따르면 ㉡ 산업 현장 등에서 배출하는 과다한 온실 기체 때문에 지구온난화 현상이 일어나는 것이 아니다. 이들은 ㉢ 강대국 정부가 군사적 목적에서 행하는 비밀스러운 기상조작 활동 때문에 지구온난화 현상이 일어난다고 주장한다.

C 단체가 이렇게 주장하는 근거는 무엇인가? 이와 관련하여 이들은 ㉣ 기상조작 기술을 군사적 혹은 상업적으로 이용 및 수출하는 것을 금지하는 국제 통상 조항이 있다는 사실에 주목한다. 바로 이것이 ㉤ 기상조작 기술을 실제로 군사적 혹은 상업적으로 이용하고 있다는 증거라는 것이다. 그리고 C 단체는 재해 예방을 위한 인공강우 활용 사례들이 보여주는 것처럼 기상조작 기술은 이미 실용화된 기술이라는 점도 지적한다. 이 때문에 이들은 ㉥ 기상조작 기술이 손쉽게 군사적으로 전용될 수 있다고 여긴다. 이에 더해 ㉦ 강대국 정부들은 자국의 기업들이 지구온난화의 책임으로 납부하는 거액의 세금을 환영한다는 사실 역시 정부가 실제로 기상조작 행위를 수행하고 있음을 보여준다고 C 단체는 말한다.

그러나 지구온난화 현상이 일으키는 국가적 비용은 음모론자들이 말하는 환경전을 통해 얻을 수 있는 재정상의 이익을 압도한다. 그렇기에 정부가 그런 비용을 치르면서까지 기상조작을 수행할 이유가 없다. 따라서 기상조작 음모론은 터무니없다.

<보 기>

ㄱ. ㉠에 동의해도 ㉡에 동의할 필요는 없다.
ㄴ. ㉤, ㉥, ㉦에 모두 동의한다면 ㉢에 동의해야 한다.
ㄷ. 무언가가 실제로 행해지고 있을 때만 그것을 금지하는 규정이 존재한다고 전제하면 ㉣로부터 ㉤이 도출된다.

① ㄱ
② ㄴ
③ ㄱ, ㄷ
④ ㄴ, ㄷ
⑤ ㄱ, ㄴ, ㄷ

5급 공채 2022년도 (나)책형 37번

문 14. 다음 글의 A와 B에 대한 평가로 적절한 것만을 <보기>에서 모두 고르면?

다음은 적조의 발생을 설명하는 두 가설이다.

A: 적조는 초여름 장마철에 하천으로부터 영양염류가 해양에 유입되어야만 발생한다. 육지의 영양염류는 비가 내리지 않는 기간에는 바다로 유입되지 않으나 장마에 의해 많은 비가 내리면서 바다로 유입된다. 이때는 바닷물이 따뜻하고 영양염류는 충분하지만 충분한 빛이 없어 식물성 플랑크톤의 성장이 활발하게 이루어지지 못한다. 그러다가 장마가 끝나거나 장마 중이라도 비가 멈추고 충분한 일사량이 며칠간 확보되면, 식물성 플랑크톤이 급속한 성장을 하여 적조가 발생하게 된다.

B: 적조는 유기오염 물질이 해양에 누적되어야만 발생한다. 인간에 의해 만들어진 유기오염 물질이 지속적으로 바다로 흘러들면 가라앉아 해저에 퇴적된다. 온도가 낮은 겨울에는 미생물 활성이 제한되어 유기오염 물질의 무기화 과정이 활발하지 않다. 계절이 바뀌어 기온이 상승하고 일사량이 증가하면 퇴적층의 미생물 활성이 점차 높아지게 된다. 그러면 유기오염 물질에서 영양염류가 용출되어 퇴적층 위에 쌓인다. 본래 퇴적층은 수온약층에 의해 해수면과 격리된 상태이므로 해저의 영양염류가 해수면으로 이동할 수 없다. 하지만 해당 해역에 식물성 편모조류가 있다면 영양염류를 해수면으로 운반할 수 있다. 식물성 편모조류는 운동기관인 편모를 가지고 있어 하루에 수십 미터를 이동할 수 있다. 이 방식으로 영양염류가 따뜻한 해수면에 모이고, 이후 충분한 일사량이 며칠간 확보되면 식물성 플랑크톤이 크게 번성하여 적조가 발생한다.

<보 기>

ㄱ. 직전 여름에 비가 많이 내린 차가운 겨울 바다에서 적조가 발생하였다면 A와 B 모두 약화된다.
ㄴ. 유기오염 물질이 해저에 퇴적되지 않은 바다에서 적조가 발생하였다면 A와 B 모두 약화된다.
ㄷ. 식물성 편모조류가 서식하지 않고 며칠간 햇빛이 잘 든 바다에서 적조가 발생하였다면 A는 약화되지 않지만 B는 약화된다.

① ㄱ
② ㄴ
③ ㄱ, ㄷ
④ ㄴ, ㄷ
⑤ ㄱ, ㄴ, ㄷ

5급 공채 2020년도 (나)책형 37번

문 15. 다음 글의 ㉠에 대한 주장을 약화하는 진술만을 <보기>에서 모두 고르면?

> 동물이 단위 시간당 소모하는 에너지의 양을 물질대사율이라고 한다. 동물들은 세포 유지, 호흡, 심장박동 같은 기본적인 기능들을 위한 최소한의 물질대사율, 즉 최소대사율을 유지해야 한다. ㉠ 동물의 물질대사율은 다음과 같은 특성을 지닌다.
>
> 먼저, 최소대사율은 동물의 종에 따라 달라지고, 특히 내온동물과 외온동물은 뚜렷한 차이를 나타낸다. 신체 내 물질대사로 생성된 열에 의해 체온을 유지하는 내온동물에는 포유류 등이, 체온 유지에 필요한 열을 외부에서 얻는 외온동물에는 양서류와 파충류 등이 포함된다. 최소 수준 이상으로 열의 생성이나 방출이 요구되지 않는 환경에서 스트레스 없이 가만히 쉬고 있는 상태의 내온동물의 최소대사율을 기초대사율이라고 한다. 외온동물의 최소대사율은 내온동물과 달리 주변 온도에 따라 달라지는데, 이는 주변 온도가 물질대사와 체온을 변화시키기 때문이다. 어떤 온도에서 스트레스 없이 쉬고 있는 상태의 외온동물의 최소대사율을 그 온도에서의 표준대사율이라고 한다. 기본적인 신체 기능을 유지하는 데 필요한 에너지의 양은 외온동물보다 내온동물에서 더 크다.
>
> 내온동물의 물질대사율은 다양한 요인에 의해 영향을 받는데, 몸의 크기가 그 중 하나다. 몸집이 큰 포유동물은 몸집이 작은 포유동물보다 물질대사율이 크다. 몸집이 클수록 일반적으로 더 무겁다는 사실을 고려하면, 물질대사율은 몸무게가 클수록 크다고 볼 수 있다. 한편 포유동물에서 단위 몸무게당 기초대사율은 몸무게에 반비례하는 경향을 나타낸다. 이는 내온동물의 몸이 작을수록 안정적인 체온을 유지하는 에너지 비용이 커진다는 가설을 통해 설명될 수 있다. 이 가설은 동물의 몸집이 작을수록 부피 대비 표면적이 커져서 주변으로 열을 더 쉽게 빼앗기기 때문에 체온 유지를 위해 더 많은 에너지를 생산해야 할 필요가 있다는 생각에 근거를 두고 있다.

<보 기>

ㄱ. 툰드라 지역에 서식하는 포유류 중, 순록의 몸무게 1kg당 기초대사율은 같은 지역의 토끼의 그것보다 크다.
ㄴ. 양서류에 속하는 어떤 동물의 최소대사율이 주변 온도에 따라 뚜렷이 달라졌다.
ㄷ. 몸 크기가 서로 비슷한 악어와 성인 남성을 비교하였을 때, 전자의 표준대사율의 최댓값이 후자의 기초대사율의 1/20 미만이었다.

① ㄱ
② ㄷ
③ ㄱ, ㄴ
④ ㄴ, ㄷ
⑤ ㄱ, ㄴ, ㄷ

5급 공채 2022년도 (나)책형 8번

문 16. 다음 글에서 추론할 수 있는 것만을 <보기>에서 모두 고르면?

> 기계식 한글 타자기를 구현하는 것이 어려운 이유는 크게 두 가지이다.
>
> 첫째, 영문 타자기는 한 알파벳을 찍을 때마다 종이가 한 칸씩 움직인다. 그러나 한글은 자음과 모음을 조합하여 초성, 중성, 종성을 한 음절로 모아쓰는 문자이므로 타자기가 하나의 자음 또는 모음을 찍을 때마다 종이가 한 칸씩 움직인다면 받침을 제자리에 찍을 수 없다. 따라서 한글 타자기는 영문 타자기처럼 하나의 자음이나 모음을 찍을 때마다 종이가 움직이는 '움직글쇠'로만 구성되어서는 안 되며, 글쇠 중 일부는 자음 또는 모음이 찍혀도 종이가 움직이지 않는 '안움직글쇠'여야 한다.
>
> 둘째, 모아쓰는 과정에서 낱글자들의 모양이 조금씩 바뀌는 문제이다. 'ㄱ'이 초성으로 쓰일 때, 종성으로 쓰일 때는 물론, 어떤 모음과 어울려 쓰는지, 받침이 있는지 없는지에 따라 다른 모양을 갖는다. 중성에서 쓰이는 모음도 두 가지 이상의 다른 모양을 갖는다. 이러한 모양을 다 구현하는 타자기를 만들려면 적어도 300여 개의 글쇠가 필요하다.
>
> 이런 문제로 인해 한글 타자기는 적절한 글쇠의 수를 결정할 필요가 있었다. 다섯벌식 타자기의 경우, 'ㅗ'나 'ㅜ'처럼 가로로 긴 모음과 어울려 쓰는 초성 자음 한 벌, 나머지 모음('ㅣ'나 'ㅏ'처럼 세로로 긴 모음과 이 모음이 들어간 이중모음)과 어울려 쓰는 초성 자음 한 벌, 받침이 있을 때 쓰는 모음 한 벌, 받침이 없을 때 쓰는 모음 한 벌, 종성 자음 한 벌이 있다.
>
> 네벌식의 경우, 세로로 긴 모음과 어울려 쓰는 초성 자음 한 벌, 세로로 긴 모음이 들어간 이중모음과 어울려 쓰는 초성 자음 한 벌, 모음 한 벌이 있다. 가로로 긴 모음과 어울려 쓰는 초성 자음 한 벌은 다섯벌식 타자기와 같은 글쇠를 사용한다. 종성 자음은 가로로 긴 모음과 어울려 쓰는 초성 자음 글쇠를 기계적인 방법을 통해 글쇠가 찍히는 위치를 조정하는 방식으로 활용한다.

<보 기>

ㄱ. 한글 타자기의 받침이 있는 글자의 모음에 대한 글쇠는 움직글쇠이다.
ㄴ. 다섯벌식 한글 타자기에서 '밤'이라는 글자의 'ㅏ'를 쓰기 위해 사용하는 글쇠와 '나'라는 글자의 'ㅏ'를 쓰기 위해 사용하는 글쇠는 다르다.
ㄷ. 다섯벌식 한글 타자기에서 '꿈'이라는 글자의 'ㅁ'을 쓰기 위해 사용하는 글쇠와 '목'이라는 글자의 'ㅁ'을 쓰기 위해 사용하는 글쇠는 다르지만, 네벌식 한글 타자기에서는 같다.

① ㄱ
② ㄴ
③ ㄱ, ㄷ
④ ㄴ, ㄷ
⑤ ㄱ, ㄴ, ㄷ

제 3 회

5급 공채 2014년도 (A)책형 28번

문 17. 다음 실험 결과에 대한 해석으로 적절한 것만을 <보기>에서 모두 고르면?

소문에 관한 심리학 실험에서, 연구자는 아래 (가)의 내용을 피실험자 A에게 읽어 주었다. A는 들은 내용을 일단 기억하였다가 나중에 메모한 후, 자기가 메모한 내용을 다음 피실험자 B에게 읽어 주었다. B는 다시 피실험자 C에게 같은 방식으로 내용을 전달했다. 이러한 과정이 몇 차례 더 이루어진 후 얻은 최종 결과물이 (나)였다.

(가) 아버지와 어머니 그리고 세 자매로 이루어진 가족이 있었다. 막내를 제외한 자식들이 갑자기 죽었다. 어머니는 매우 슬픈 듯이 보였다. 하지만 그녀는 곧 모든 것을 잊어버리려 노력하면서 삶의 의욕을 보였다. 그때 막내마저 사라져 버렸다. 그런데 어머니가 아이를 감금해 두었다는 이야기가 돌기 시작했다. 조사를 해 보았더니 아이는 실제로 감금되어 있었다.

(나) 몇 주 전에 리옹에서 6마일 떨어진 작은 도시에서 기이한 일이 일어났다. 그 도시의 어느 명망 있는 집에 한 과부가 살고 있었다. 그녀가 데리고 있던 두 아이 중에서 사내아이는 아버지가 죽은 얼마 후 죽어 버렸다. 그런데 유난히 활달하고 붙임성이 좋던 딸이 오빠가 죽은 직후 집에서 사라져 버렸다. 어머니는 엄청난 절망에 빠졌다. 그녀는 온갖 수단을 동원하여 실종된 딸을 찾으려 애썼지만 결국 찾지 못했다. 세월이 지나면서 이 젊은 부인의 고통도 점차 수그러들었다. 그녀는 교제도 활발히 하고 봉사 활동도 하면서 슬픔을 잊으려 노력하였다. 그런데 경찰서에 익명의 제보가 들어왔는데 여기에는 믿기지 않는 내용이 담겨 있었다. 딸은 실종된 것이 아니라 어머니가 지금까지 3년 반 동안이나 가두어 두었다는 것이다. 경찰은 그 집을 수색하였고, 컴컴하고 섬뜩한 지하실로 연결되는 비밀문을 발견하였다. 그 곳에는 불쌍한 소녀가 거적때기 위에 부패된 상태로 놓여 있었다. 이 부인은 곧장 체포되었다. 그녀는 막대한 유산을 모두 사회단체에 기부하겠다고 서약한 남편이 죽은 후, 유산을 독차지하기 위해 이 사실을 알고 있던 유일한 증인인 아들을 살해한 것으로 밝혀졌다. 또한 우연히 범죄 현장을 목격했던 딸도 제거했던 것이다.

<보 기>

ㄱ. 소문이 전달되는 과정에서 이야기 속 선악의 구도가 분명해졌다.

ㄴ. 소문이 전달되는 과정에서 인물의 생사와 성별 같은 기본적인 사실이 변하였다.

ㄷ. 소문이 전달되는 과정에서 내용이 늘어났으나 구체성은 줄어들었다.

① ㄱ
② ㄷ
③ ㄱ, ㄴ
④ ㄴ, ㄷ
⑤ ㄱ, ㄴ, ㄷ

5급 공채 2018년도 (나)책형 10번

문 18. 다음 글에서 알 수 있는 것만을 <보기>에서 모두 고르면?

기존 암치료법은 암세포의 증식을 막는 데 초점이 맞춰져 있으나, 컴퓨터 설명 모형이 새로 나와 이와는 다른 암치료법이 개발될 수 있다는 가능성이 제시되었다. W 교수의 연구에 따르면, 종전의 공간 모형은 종양의 3차원 공간 구조를 잘 설명하지만 암세포들 간 유전 변이를 잘 설명하지는 못한다. 또 다른 종전 모형인 비공간 모형은 암세포들 간 유전 변이를 잘 설명해 종양의 진화 과정은 정교하게 그려냈지만 종양의 3차원 공간 구조는 잡아내지 못했다. 그러나 종양의 성장과 진화를 이해하려면 종양의 3차원 공간 구조뿐만 아니라 유전 변이를 잘 설명할 수 있어야 한다.

새로 개발된 컴퓨터 설명 모형은 왜 모든 암세포들이 그토록 많은 유전 변이들을 갖고 있으며, 그 가운데 약제 내성을 갖는 '주동자 변이'가 어떻게 전체 종양에 퍼지게 되는지를 잘 설명해준다. 이 설명의 열쇠는 암세포들이 이곳저곳으로 옮겨 다닐 수 있는 능력을 갖고 있다는 데 있다. W 교수는 "사실상 환자를 죽게 만드는 암의 전이는 암세포의 자체 이동 능력 때문"이라고 말한다. 종전의 공간 모형에 따르면 암세포는 빈곳이 있을 때만 분열할 수 있고 다른 세포를 올라 타고서만 다른 곳으로 옮겨갈 수 있다. 그래서 암세포가 분열할 수 있는 곳은 제한되어 있다. 하지만 새 모형에 따르면 암세포가 다른 세포의 도움 없이 빈곳으로 이동할 수 있다. 이런 식으로 암세포는 여러 곳으로 이동하여 그곳에서 증식함으로써 새로운 유전 변이를 얻게 된다. 바로 이 때문에 종양은 종전 모형의 예상보다 더 빨리 자랄 수 있고 이상할 정도로 많은 유전 변이들을 가질 수 있다.

<보 기>

ㄱ. 컴퓨터 설명 모형은 종전의 공간 모형보다 암세포의 유전 변이를 더 잘 설명한다.

ㄴ. 종전의 공간 모형은 컴퓨터 설명 모형보다 암세포의 3차원 공간 구조를 더 잘 설명한다.

ㄷ. 종전의 공간 모형과 비공간 모형은 암세포의 자체 이동 능력을 인정하지만 이를 설명할 수 없다.

① ㄱ
② ㄴ
③ ㄱ, ㄷ
④ ㄴ, ㄷ
⑤ ㄱ, ㄴ, ㄷ

문 19. 다음 글의 ㉠에 해당하는 사례만을 <보기>에서 모두 고르면?

'부재 인과', 즉 사건의 부재가 다른 사건의 원인이라는 주장은 일상 속에서도 쉽게 찾아볼 수 있다. 인과 관계가 원인과 결과 간에 성립하는 일종의 의존 관계로 분석될 수 있다면 부재 인과는 인과 관계의 한 유형을 표현한다. 예를 들어, 경수가 물을 주었더라면 화초가 말라죽지 않았을 것이므로 '경수가 물을 줌'이라는 사건이 부재하는 것과 '화초가 말라죽음'이라는 사건이 발생하는 것 사이에는 의존 관계가 성립한다. 인과 관계를 이런 의존 관계로 이해할 경우 화초가 말라죽은 것의 원인은 경수가 물을 주지 않은 것이며 이는 상식적 판단과 일치한다. 하지만 화초가 말라죽은 것은 단지 경수가 물을 주지 않은 것에만 의존하지 않는다. 의존 관계로 인과 관계를 이해하려는 견해에 따르면, 경수의 화초와 아무 상관없는 영희가 그 화초에 물을 주었더라도 경수의 화초는 말라죽지 않았을 것이므로 영희가 물을 주지 않은 것 역시 그 화초가 말라죽은 사건의 원인이라고 해야 할 것이다. 그러나 상식적으로 경수가 물을 주지 않은 것은 그가 키우던 화초가 말라죽은 사건의 원인이지만, 영희가 물을 주지 않은 것은 그 화초가 말라죽은 사건의 원인이 아니다. 인과 관계를 의존 관계로 파악해 부재 인과를 인과의 한 유형으로 받아들이면, 원인이 아닌 수많은 부재마저도 원인으로 받아들여야 하는 ㉠ <u>문제</u>가 생겨난다.

<보 기>

ㄱ. 어제 영지는 늘 타고 다니던 기차가 고장이 나는 바람에 지각을 했다. 그 기차가 고장이 나지 않았다면 영지는 지각하지 않았을 것이다. 하지만 영지가 새벽 3시에 일어나 직장에 걸어갔더라면 지각하지 않았을 것이다. 그러므로 어제 영지가 새벽 3시에 일어나 직장에 걸어가지 않은 것이 그가 지각한 원인이라고 보아야 한다.

ㄴ. 영수가 야구공을 던져서 유리창이 깨졌다. 영수가 야구공을 던지지 않았더라면 그 유리창이 깨지지 않았을 것이다. 하지만 그 유리창을 향해 야구공을 던지지 않은 사람들은 많다. 그러므로 그 많은 사람 각각이 야구공을 던지지 않은 것을 유리창이 깨어진 사건의 원인이라고 보아야 한다.

ㄷ. 햇빛을 차단하자 화분의 식물이 시들어 죽었다. 하지만 햇빛을 과다하게 쪼이거나 지속적으로 쪼였다면 화분의 식물은 역시 시들어 죽었을 것이다. 그러므로 햇빛을 쪼이는 것은 식물의 성장 원인이 아니라고 보아야 한다.

① ㄱ
② ㄴ
③ ㄱ, ㄷ
④ ㄴ, ㄷ
⑤ ㄱ, ㄴ, ㄷ

문 20. 다음 글에서 추론할 수 있는 것만을 <보기>에서 모두 고르면?

모든 구조물은 두 가지 종류의 하중을 지탱해야 한다. 정적 하중은 구조물 자체에 작용하는 중력과 함께 구조물에 늘 작용하는 모든 추가적인 힘을 말한다. 동적 하중은 교통, 바람, 지진 등 구조물에 일시적으로 작용하거나 순간순간 변하는 다양한 힘을 일컫는다. 예를 들어 댐은 평상시 가두어진 물의 압력에 의한 정적 하중을 주로 지탱하지만, 홍수가 나면 급류에 의한 동적 하중을 추가로 지탱해야 한다.

일시적으로 가해진 하중은 진동의 원인이다. 스프링을 예로 들어보자. 추가 매달린 스프링을 살짝 당기면 진동하는데, 이때 스프링 내부에서 변형에 저항하기 위해 생기는 저항력인 응력이 작용한다. 만약 스프링이 감당할 수 없을 만큼 세게 당기면 스프링은 다시 진동하지만 원래 상태로 돌아올 수 없게 된다. 구조물의 경우도 마찬가지로, 일시적으로 가한 동적 하중이 예상하지 못한 정도로 크게 작용하면 구조물에 매우 큰 진동이 발생하여 구조물이 응력의 한계를 벗어나 약해진 상태로 변형된다. 이때 구조물이 변형에 저항하는 한계를 '응력한계'라 한다.

구조물의 안전성을 확보하기 위해서는 한 가지 문제가 더 있다. 구조물의 공명 현상을 고려해야 하는 것이다. 공명 현상은 진동주기가 같은 진동끼리 에너지를 주고받는 현상이다. 하나의 구조물은 여러 개의 진동주기를 지니는데, 이는 구조물의 기하학적 구조, 구성 재료의 특성 등에 의해 결정된다. 따라서 같은 크기의 동적 하중이 작용하는 경우에도 공명 현상 발생 여부에 따라 구조물이 진동하는 정도가 달라진다.

지진이 일어나면 지진파가 생겨나고 지진파가 지표면에 도착하면 땅의 흔들림을 유발해 구조물에 동적 하중을 가하여 건물에 진동을 일으킨다. 이때 이 진동 자체만으로는 구조물에 별다른 영향을 미치지 못할 수 있다. 그러나 구조물의 진동주기와 지진파의 진동주기가 일치하면 공명 현상이 발생하여 지진파의 진동에너지가 구조물에 주입되어 구조물에 더 큰 진동을 유발하고 결국 변형을 발생시킬 수 있다. 지진 이외에 강한 바람도 공명 현상을 일으킬 수 있다. 건물 내진 설계나 내풍 설계 같은 것은 바로 이런 공명 현상으로 인한 피해를 막기 위한 예방 조치이다.

<보 기>

ㄱ. 구조물에 작용하는 일시적으로 가해지는 힘과 상시적으로 가해지는 힘은 모두 진동을 유발한다.

ㄴ. 지진이 일어났을 때, 구조물에 동적 하중이 가해지고 있으면 지진파가 공명 현상을 만들 수 없다.

ㄷ. 약한 지진파가 발생해도 구조물과 그 진동주기가 서로 일치하면 응력한계를 초과하는 진동을 유발할 수 있다.

① ㄱ
② ㄷ
③ ㄱ, ㄴ
④ ㄴ, ㄷ
⑤ ㄱ, ㄴ, ㄷ

제3회

5급 공채 2020년도 (나)책형 19, 20번

※ 다음 글을 읽고 물음에 답하시오. [문 21. ~ 문 22.]

"강한 인공지능과 약한 인공지능 가운데 어느 편이 더 강한가?" 하는 물음은 이상해 보인다. 마치 "초록색 물고기와 주황색 물고기 중 어느 것이 초록색에 가까운가?" 하는 싱거운 물음과 비슷하기 때문이다. 그러나 앞의 물음은 뒤의 물음과 성격이 다르다. 앞의 물음에서 '인공지능'이라는 명사를 수식하는 '강한'이라는 표현의 의미가 우리가 일반적으로 '강하다'는 말을 사용할 때의 그것과 다르기 때문이다. '강한 인공지능'이라는 표현은 철학자 썰이 인공지능을 논하며 제안했던 전문용어로, 인공지능이 말의 의미를 이해하는 능력이라는 특정한 속성을 지녔음을 의미한다. 반면에 '약한 인공지능'은 그런 속성을 지니지 못한 경우를 가리킨다. 이런 기준에 따르면 말의 의미를 이해하는 인공지능은 해낼 줄 아는 일이 별로 없더라도 '강한 인공지능'인 반면, 그런 능력이 없는 인공지능은 아무리 다양한 종류의 과업을 훌륭하게 해낼 수 있더라도 '약한 인공지능'이다.

일상적으로 가령 '어느 편이 강한가?'라고 묻는 상황에서 우리는 서로 겨루면 누가 이길 것인지를 궁금해 한다. 문제를 빠르게 해결하는 것이 중요한 상황에서 사람들은 다른 인공지능 프로그램보다 한층 더 빠르게 문제를 푸는 인공지능 프로그램을 강하다고 평가할 것이다. 단일한 인공지능 프로그램이 더 다양한 문제를 해결할 수 있을 때 더 강한 인공지능이라고 평가될 수도 있을 것이다. 그러나 인공지능에 관한 전문적인 논의에서는 이 개념을 학문적 토론의 세계에 처음 소개한 썰의 용어 사용을 존중할 필요가 있다. 썰이 주장한 것처럼 ㉠ <u>아무리 뛰어난 성능의 인공지능이라고 해도 자극의 외형적 구조를 다룰 뿐 말의 의미를 파악하지는 못한다.</u> 다시 말해 강한 인공지능이 실현될 가능성은 거의 없다. 이런 견해는 많은 비판을 받기도 했지만, 상당한 설득력을 지닌다. 인공지능 스피커에 탑재된 프로그램이 "오늘 날씨는 어제보다 차갑습니다. 외출할 때는 옷을 따뜻하게 입으세요."라고 말한다고 해서 그것이 '외출'이나 '차갑다'는 말의 의미를 이해하고 있으리라고 생각되지는 않는다. 인공지능으로 작동하는 번역기가 순식간에 한국어 문장을 번듯한 영어 문장으로 번역하는 것은 감탄스럽지만, 그것이 문장의 의미를 이해한다고 볼 이유를 제공하지는 않는다.

강한 인공지능과 비슷해 보이지만 구별해야 할 개념이 인공일반지능이다. 우리는 비록 아주 뛰어나게 잘 하지는 못해도 본 것을 식별하고, 기억하고, 기억을 활용하여 판단을 내리고, 말로 생각을 표현하고, 상대방의 표정에서 감정을 읽고 또 자기감정을 표현하는 등 온갖 능력을 발휘한다. 이처럼 하나의 인지 체계가 온갖 종류의 지적 능력을 발휘할 때 일반지능이라고 하는데, 인공지능 연구의 한 가지 목표는 인간처럼 일반지능의 성격을 실현하는 인공지능을 만드는 일이다. 일반지능을 갖춘 것처럼 보이는 인공지능을 우리는 '인공일반지능'이라고 부른다. ㉡ <u>일부 사람들은 이러한 지능이 강한 인공지능이라고 생각하지만 그것은 잘못된 생각이다.</u> 왜냐하면 일반지능을 갖춘 것처럼 보인다는 것과 일반지능을 갖춘 것과는 서로 다르기 때문에 전자로부터 후자는 따라 나오지 않으며, 마찬가지 이유로 말의 의미를 이해하는 것처럼 보인다는 것으로부터 말의 의미를 이해한다는 것이 따라 나오지 않기 때문이다.

문 21. 위 글의 내용과 부합하지 않는 것은?

① 인공지능 번역기에 탑재된 인공지능은 약한 인공지능이다.
② 가장 많은 종류의 문제를 해결하는 인공지능이 강한 인공지능이다.
③ 인간의 온갖 지적 능력을 발휘하는 것처럼 보이는 인공지능은 인공일반지능이다.
④ 약한 인공지능은 특정한 과업에서 강한 인공지능을 능가하는 역량을 발휘할 수 있다.
⑤ 강한 인공지능에서 '강한'이란 표현의 의미는 우리가 일반적으로 사용하는 '강한'의 의미와 다르다.

문 22. 위 글의 ㉠과 ㉡에 대한 평가로 적절한 것만을 <보기>에서 모두 고르면?

<보 기>

ㄱ. 최근 단일한 인공지능 프로그램의 활용 범위를 넓혀 말의 인지적, 감성적 이해 기능을 갖춘 인공지능을 만드는 일이 현실화되고 있다는 사실은 ㉠을 강화한다.
ㄴ. 인간의 개입 없이 바둑의 온갖 기법을 터득해 인간의 실력을 능가한 알파고 제로가 '바둑'이라는 말의 의미를 이해하지 못한다고 보는 것은 인간중심적 편견에 불과하다는 사실은 ㉠을 약화한다.
ㄷ. 말의 의미를 이해하는 것과 이해하는 것처럼 보이는 것은 전혀 구별될 수 없다는 사실은 ㉡을 약화한다.

① ㄱ
② ㄴ
③ ㄱ, ㄷ
④ ㄴ, ㄷ
⑤ ㄱ, ㄴ, ㄷ

문 23. 다음 글의 ㉠과 ㉡에 들어갈 문장을 <보기>에서 골라 바르게 짝지은 것은?

> 한편에서는 "C시에 건설될 도시철도는 무인운전 방식으로 운행된다."라고 주장하고, 다른 한편에서는 "C시에 건설될 도시철도는 무인운전 방식으로 운행되지 않는다."라고 주장한다고 하자. 이 두 주장은 서로 모순되는 것처럼 보인다. 하지만 양편이 팽팽히 대립한 회의가 "C시에 도시철도는 적합하지 않다고 판단되므로, 없던 일로 합시다."라는 결론으로 끝날 가능성도 있다는 사실을 우리는 고려해야 한다. C시에 도시철도가 건설되지 않을 경우에도 양편의 주장에 참이나 거짓이라는 값을 매겨야 한다면 어떻게 매겨야 옳을까?
>
> 한 가지 분석 방안에 따르면, "C시에 건설될 도시철도는 무인운전 방식으로 운행된다."라는 문장은 "[㉠]"라는 것을 의미하는 것으로 해석한다. 이렇게 해석할 경우, C시에 도시철도를 건설하지 않기로 했으므로 원래의 문장은 거짓이 된다. 이런 분석은 "C시에 건설될 도시철도는 무인운전 방식으로 운행되지 않는다."에 대해서도 똑같이 적용되어 그것에도 거짓이라는 값을 부여한다.
>
> 원래 문장, "C시에 건설될 도시철도는 무인운전 방식으로 운행된다."를 분석하는 둘째 방안도 있다. 이 방안에서는 우선 원래 문장은 "[㉡]"라는 것을 의미하는 것으로 해석한다. 그런 다음 이렇게 분석된 이 문장은 C시에 도시철도를 건설해 그것을 무인운전이 아닌 방식으로 운행하는 일은 없다는 주장과 같은 의미를 나타낸다고 이해한다. 이렇게 해석할 경우 원래의 문장은 참이 된다. 왜냐하면 C시에 도시철도를 건설하지 않기로 했으므로 C시에 도시철도를 건설해 그것을 무인운전이 아닌 방식으로 운행하는 일도 당연히 없을 것이기 때문이다. 이런 분석은 "C시에 건설될 도시철도는 무인운전 방식으로 운행되지 않는다."에 대해서도 똑같이 적용되어 그것에도 참이라는 값을 부여한다.

<보 기>

(가) C시에 도시철도가 건설되고, 그 도시철도는 무인운전 방식으로 운행된다.

(나) C시에 무인운전 방식으로 운행되는 도시철도가 건설되거나, 아니면 아무 도시철도도 건설되지 않는다.

(다) C시에 도시철도가 건설되면, 그 도시철도는 무인운전 방식으로 운행된다.

(라) C시에 도시철도가 건설되는 경우에만, 그 도시철도는 무인운전 방식으로 운행된다.

	㉠	㉡
①	(가)	(다)
②	(가)	(라)
③	(나)	(다)
④	(나)	(라)
⑤	(라)	(다)

문 24. 다음 ㉠에 대한 판단으로 적절한 것만을 <보기>에서 모두 고르면?

> 사람의 혈액은 혈구와 혈장으로 구성되어 있는데, 혈구에는 적혈구와 백혈구 그리고 혈소판이 포함되고 혈액의 나머지 액성 물질은 혈장에 포함된다. 혈장의 90%는 물로 구성되어 있으며 상당량의 무기질 및 유기질 성분들이 함유되어 있다. 혈구를 구성하는 물질 중 99% 이상이 적혈구이며 백혈구와 혈소판은 1% 미만을 차지한다. ㉠ 전체 혈액 중 적혈구가 차지하는 비율은 여성보다 남성이 약간 높다. 적혈구는 말초 조직에 있는 세포로 산소를 전달하고, 말초 조직에 있는 세포가 만든 이산화탄소를 폐로 전달하는 역할을 한다. 이러한 역할을 수행하는 적혈구의 수를 혈액 내에서 일정하게 유지하는 것은 정상 상태의 인체를 유지하는 데 매우 중요하다.
>
> 하지만 혈액을 구성하는 물질의 조성(組成)은 질병이나 주변 환경 그리고 인체의 상태에 따라 달라질 수 있다. 예를 들면 빈혈은 말초 조직에 있는 세포에서 필요로 하는 산소를 공급하는 적혈구의 수가 충분하지 않을 때 나타난다. 골수계 종양의 하나인 진성적혈구증가증에 걸리면 다른 혈액 성분에 비해 적혈구가 많이 생산된다. 적혈구 총량에는 변동 없이 혈장이 감소하는 가성적혈구증가증도 혈액의 조성에 영향을 준다. 또한 과도한 운동이나 심각한 설사로 체내 혈장의 물이 체내로 유입되는 물보다 더 많이 외부로 유출되면 심한 탈수 현상이 일어난다.

<보 기>

ㄱ. 심한 운동으로 땀을 많이 흘리면 ㉠이 정상 상태보다 높아진다.

ㄴ. 폐로 유입되는 산소의 농도가 높아지면 ㉠이 정상 상태보다 높아진다.

ㄷ. 진성적혈구증가증에 걸리면 ㉠이 정상 상태보다 높아지는 반면, 가성적혈구증가증에 걸리면 ㉠이 정상 상태보다 낮아진다.

① ㄱ
② ㄷ
③ ㄱ, ㄴ
④ ㄴ, ㄷ
⑤ ㄱ, ㄴ, ㄷ

5급 공채 2018년도 (나)책형 6번

문 25. 다음 A, B 학파에 대한 판단으로 적절하지 않은 것은?

> 비정규 노동은 파트타임, 기간제, 파견, 용역, 호출 등의 근로형태를 의미한다. IMF 외환위기 이후 정규직과 비정규직 사이의 차별이 사회문제로 대두되었는데 그 중 가장 심각한 문제가 임금차별이다. 정규직과 비정규직 사이의 임금수준 격차는 점차 커져 비정규직 임금이 2001년에는 정규직의 63% 수준이었다가 2016년에는 53.5% 수준으로 떨어졌다. 이 문제를 어떻게 해결할 것인가를 놓고 크게 두 가지 시각이 대립한다.
>
> A 학파는 차별적 관행을 고수하는 기업들은 비차별적 기업들과의 경쟁에서 자연적으로 도태되기 때문에 기업 간 경쟁이 임금차별 완화의 핵심이라고 이야기한다. 기업이 노동자 개인의 능력 이외에 다른 잣대를 바탕으로 차별하는 행위는 비합리적이기 때문에, 기업들 사이의 경쟁이 강화될수록 임금차별은 자연스럽게 줄어들 수밖에 없다는 것이다. 예를 들어 정규직과 비정규직 가릴 것 없이 오직 능력에 비례하여 임금을 결정하는 회사는 정규직 또는 비정규직이라는 이유만으로 무능한 직원들을 임금 면에서 우대하고 유능한 직원들을 홀대하는 회사보다 경쟁에서 앞서나갈 것이다.
>
> B 학파는 실제로는 고용주들이 비정규직을 차별한다고 해서 기업 간 경쟁에서 불리해지지는 않는 현실을 근거로 A 학파를 비판한다. B 학파에 따르면 고용주들은 오직 사회적 비용이라는 추가적 장애물의 위협에 직면했을 때에만 정규직과 비정규직 사이의 임금차별 관행을 근본적으로 재고한다. 여기서 말하는 사회적 비용이란, 국가가 제정한 법과 제도를 수용하지 않음으로써 조직의 정당성이 낮아짐을 뜻한다. 기업의 경우엔 조직의 정당성이 낮아지게 되면 조직의 생존 가능성 역시 낮아지게 된다. 그래서 기업은 임금차별을 줄이는 강제적 제도를 수용함으로써 사회적 비용을 낮추는 선택을 하게 된다는 것이다. 따라서 B 학파는 법과 제도에 의한 규제를 통해 임금차별이 줄어들 것이라고 본다.

① A 학파에 따르면 경쟁이 치열한 산업군일수록 근로형태에 따른 임금 격차는 더 적어진다.

② A 학파는 시장에서 기업 간 경쟁이 약화되는 것을 방지하기 위한 보완 정책이 수립되어야 한다고 본다.

③ A 학파는 정규직과 비정규직 사이의 임금차별이 어떻게 줄어드는가에 대해 B 학파와 견해를 달리한다.

④ B 학파는 기업이 자기 조직의 생존 가능성을 낮춰가면서까지 임금차별 관행을 고수하지는 않을 것이라고 전제한다.

⑤ B 학파에 따르면 다른 조건이 동일할 때 기업의 비정규직에 대한 임금차별은 주로 강제적 규제에 의해 시정될 수 있다.

제4회

강·약점 유형 확인을 위한

문항구성표

유형	문항 번호
유형 **01.** 정보확인	1, 2, 5, 9, 11, 13
유형 **02.** 정보추론	4, 6, 7, 8, 10, 14, 23, 24
유형 **03.** 형식논리	16, 17, 18
유형 **04.** 논증분석	3, 12, 15, 19, 20, 25
유형 **05.** 논증평가	21, 22

※ 회차별 유형 수록 비율은 본고사 예상 출제 경향을 고려하여 다양하게 구성하였습니다.

5급 공채 2020년도 (나)책형 2번

문 1. 다음 글에서 알 수 있는 것은?

> 조선 시대에는 역대 국왕과 왕비의 신주가 있는 종묘에서 정기적으로 제사를 크게 지냈으며, 그때마다 종묘제례악에 맞추어 '일무(佾舞)'라는 춤을 추는 의식을 행했다. 일무란 일정한 수의 행과 열을 맞추어 추는 춤으로 황제에 대한 제사의 경우에는 팔일무를 추는 것이 원칙이었고, 제후에 대한 제사에는 육일무를 추었다. 팔일무는 행과 열을 각각 8개씩 지어 모두 64명이 추는 춤이다. 육일무는 행과 열을 각각 6개씩 지어 추는 춤으로서, 참여하는 사람의 수는 36명이다. 대한제국을 선포하기 전까지 조선 왕조는 제후국의 격식에 맞추어 육일무를 거행했다.
>
> 일무에는 문무(文舞)와 무무(武舞)라는 두 가지 종류가 있는데, 문무를 먼저 춘 다음에 같은 사람들이 무무를 뒤이어 추는 것이 정해진 규칙이었다. 일무를 출 때는 손에 무구라는 도구를 들고 춤을 추게 했는데, 문무를 출 때는 왼손에 '약'이라는 피리를 들고 오른손에 '적'이라는 꿩 깃털 장식물을 들었다. 문무를 추는 사람은 이렇게 한 사람당 2종의 무구를 들고 춤을 추었다. 한편 중국 역대 왕조는 무무를 거행할 때 창, 검, 궁시(활과 화살)를 들고 춤을 추게 했다. 이에 비해 조선에서는 궁시를 무구로 쓰지 않았다. 조선에서는 무무를 출 때 앞쪽 세 줄에 선 사람들로 하여금 한 사람당 검 하나씩만 잡고 춤을 추게 했으며, 뒤쪽의 세 줄에 선 사람들은 한 사람당 창 하나씩만 잡은 채 춤을 추게 했다.
>
> 한편 1897년에 고종이 대한제국을 선포한 이후에는 황제국의 격식에 맞게 64명이 일무를 추었다. 그러나 일제 강점기에는 다시 36명이 일무를 추는 것으로 바뀌었다. 종묘에서 제사를 지내는 일은 광복 후 잠시 중단되었다가, 1960년대에 종묘제례악이 중요무형문화재로 지정됨에 따라 복원되었다. 복원된 종묘제례의 일무는 팔일무였으며, 예전처럼 먼저 문무를 추고 뒤이어 무무를 추는 방식을 지켰다. 문무를 출 때 손에 드는 무구는 조선 시대의 것과 동일했고, 무무를 출 때 앞의 네 줄에 선 사람들은 검을 들되 뒤의 네 줄에 선 사람들은 창을 들게 했다. 종묘제례 행사는 1969년부터 전주 이씨 대동종약원이 맡아 오늘날까지 정기적으로 시행하고 있는데, 그 형식은 1960년대에 복원된 것을 그대로 따르고 있다.

① 대한제국 시기에는 종묘제례에서 문무를 출 때 궁시를 들지 않고 검과 창만 들었다.

② 일제 강점기 때 거행된 종묘제례에서는 문무를 육일무로 추었고, 무무는 팔일무로 추었다.

③ 조선 시대에는 종묘제례에서 무무를 출 때 한 사람당 4종의 무구를 손에 들고 춤을 추게 했다.

④ 조선 시대에 종묘제례를 거행할 때에는 육일무를 추도록 하되 제후국의 격식에 맞추어 무무만 추었다.

⑤ 오늘날 시행되고 있는 종묘제례 행사에서 문무를 추는 사람들은 한 사람당 2종의 무구를 손에 들고 춤을 춘다.

5급 공채 2021년도 (가)책형 1번

문 2. 다음 글의 내용과 부합하는 것은?

> 화원(畵員)이란 조선시대의 관청인 도화서 소속의 직업 화가를 말한다. 화원은 임금의 초상화인 어진과 공신초상, 의궤와 같은 궁중기록화, 궁중장식화, 각종 지도, 청화백자의 그림, 왕실 행사를 장식하는 단청 등 왕실 및 조정이 필요로 하는 모든 종류의 회화를 제작하고 여러 도화(圖畵) 작업을 담당하였다. 그림과 관련된 온갖 일을 한 화원들은 사실상 거의 막노동에 가까운 일을 했던 사람들이다.
>
> 고된 노역과 적은 녹봉에도 불구하고 이들은 왜 어려서부터 그림 공부를 하여 도화서에 들어가려고 한 것일까? 그림에 재능이 있는 사람이 화원이 되려고 한 이유는 생각보다 간단하다. 화원이 된다는 것은 국가가 인정한 20~30명의 최상급 화가 중 한 사람이 된다는 것을 의미한다. 비록 중인이지만 화원이 되면 종9품에서 종6품 사이의 벼슬을 받는 하급 관료가 되는 것이다. 따라서 화원이 된 사람은 국가가 인정한 최상급 화가라는 자격과 함께, 경제적으로는 별 도움이 되는 것은 아니지만 관료라는 지위를 갖게 된다.
>
> 실상 화원은 국가가 주는 녹봉으로 생활했던 사람들이 아니었다. 이들은 낮에는 국가를 위해 일했으나 퇴근 후에는 사적으로 주문을 받아 작품을 제작하였다. 화원들은 벌어들이는 돈의 대부분을 사적 주문에 의한 그림 제작을 통해 획득하였다. 국가 관료라는 지위와 최상급 화가라는 명예는 그림 시장에서 그들의 작품에 보다 높은 가치를 부여하였고, 녹봉에만 의지하는 다른 하급 관료보다 경제적으로 풍요롭게 만들었다. 반면 도화서에 들어가지 못한 일반 화가들은 경제적으로 곤궁하였다. 이들은 일정한 수입이 없었으며 그때그때 값싼 그림을 팔아 생활하였다. 따라서 화원과 비교해 볼 때 시정(市井)의 직업 화가들의 경제 여건은 늘 불안정하였다. 이런 이유로 화원 집안에서는 대대로 화원을 배출하려고 노력했고, 조선후기에는 몇몇 가문이 도화서 화원직을 거의 독점하게 되었다.

① 일반 직업 화가들은 화원 밑에서 막노동에 가까운 일을 담당하였으나 신분은 중인이었다.

② 화원은 국가 관료라는 지위를 가졌으나 경제적 여건은 일반 하급 관료에 비해 좋지 않은 편이었다.

③ 임금의 초상화를 그리는 도화서 소속 화가는 다른 화원에 비해 국가가 인정한 최상급 화가라는 자격을 부여받았다.

④ 도화서 소속 화가는 수입의 가장 많은 부분을 사적으로 주문된 그림을 제작하는 데서 얻었다.

⑤ 적은 녹봉에도 불구하고 화원이 되려는 경쟁이 치열했으므로 화원직의 세습은 힘들었다.

문 3. 다음 글의 ㉠을 이끌어내기 위하여 추가해야 할 전제로 가장 적절한 것은?

> 사진작가 슬레이터는 '나루토'라는 이름의 원숭이에게 카메라를 빼앗긴 일이 있었는데 다시 찾은 그의 카메라에는 나루토의 모습이 찍힌 사진이 저장되어 있었다. 슬레이터는 나루토가 찍은 사진을 자신의 책을 통해 소개하였는데, 이 사진이 인터넷에 무단으로 돌아다니면서 나루토의 사진이 저작권의 대상이 되느냐가 논란이 되었다.
>
> 논란의 초점은 나루토의 사진이 과연 '셀카'인가 하는 것이었다. 셀카는 자신의 모습을 담으려는 의도로 스스로 찍은 사진이며, 그렇기에 셀카는 저작권의 대상이 된다는 것이 통념이다. 나루토가 찍은 사진이 셀카가 아니라면 저작권의 대상이 되지 않을 것이다. 나루토가 찍은 사진이 셀카로 인정받으려면, 그가 카메라를 사용하여 그 자신의 사진을 찍었을 뿐 아니라 찍을 때 자기 모습을 찍으려는 의도가 있어야 하고 그 의도를 실현할 능력이 있어야 한다. 슬레이터는 나루토가 이런 의미의 셀카를 찍었다고 주장한다. 하지만 이는 인간의 행위를 원숭이에 투사하는 바람에 빚어진 오해다. 자아가 없는 나루토가 한 일은 단지 카메라를 조작하는 인간의 행위를 흉내 낸 것뿐이기 때문이다. 따라서 ㉠ <u>나루토의 사진은 저작권의 대상이 될 수 없다</u>. 나루토는 그저 카메라를 특별히 잘 다루는 원숭이였을 뿐이다.

① 자아를 가지지 않으면서 인간의 행위를 흉내 낼 수는 없다.
② 자기 모습을 찍으려는 의도가 있다는 것은 자아를 가졌다는 것이다.
③ 자기 모습을 찍으려는 의도를 실현할 능력이 있는 경우에만 자아를 가진다.
④ 자기 모습을 찍으려는 의도가 있다는 것은 그 사진에 대한 저작권이 있다는 것이다.
⑤ 자기 모습을 찍으려는 의도를 실현할 능력이 없으면서 인간의 행위를 흉내 낼 수는 없다.

문 4. 다음 글의 ㉠~㉤에 들어갈 말로 적절하지 않은 것은?

> 한국어 특수조사 중 '은/는'은 그 의미를 추출하기가 가장 어려운 종류에 속한다. 특히 주어 자리에 쓰였을 때 주격조사 '이/가'와 그 용법이 어떻게 다른지를 가려내는 일은 만만치 않다. 일단, 주어 자리가 아닐 때 '은/는'의 의미는 비교적 선명하게 드러난다. 예컨대 "이 꽃이 그늘에서는 잘 자란다."는 이 꽃이 그늘이 아닌 곳에서는 잘 자라지 않는다는 전제를 깔고 있음을 나타낸다. [㉠]가 그 예이다.
>
> 주어 자리에 쓰이는 '은/는' 역시 대조의 의미를 나타내기도 한다. [㉡]에서 주어 자리에 쓰인 것들은 의미상 대조된다. 그러나 이러한 경우를 제외하고서 주어 자리의 '은/는'이 그 의미가 항상 잘 파악되는 것은 아니다. 앞의 예에서처럼 대조되는 두 항을 한 문장에서 말한다면 상대적으로 쉽게 파악되지만, 그렇지 않은 경우에는 말하지 않은 나머지 한쪽에 무엇이 함축되어 있는지가 주어 이외의 자리에서만큼 쉽게 떠오르지 않기 때문이다.
>
> 주격조사 '이/가'는 특수조사가 아니기 때문에 어떤 특별한 의미를 대표할 필요가 없다. 다른 것은 전혀 고려하지 않고 단지 바람 부는 현상을 말할 때 [㉢]라고 해서는 안 되는 것이다. '은/는'의 경우 특별한 의미를 지니는데, 그 의미는 궁극적으로 '대조'와 관련되어 있겠지만 그것으로 모두 설명되지는 않는다. 그래서 관점을 달리하여 '알려진 정보'의 관점에서 설명하기도 하는데, 새로 등장하는 대상이 아니라 이미 알려진 대상일 경우에 '은/는'을 쓴다는 것이다. 이렇게 볼 때 [㉣]는 어색하다.
>
> '은/는'과 주격조사의 차이를 초점에서 찾기도 한다. 발화의 상황에서 이미 알려진 정보는 초점의 대상이 아닐 테니, '은/는'의 경우 서술어 쪽에 초점이 놓인다는 것이다. "소나무는 상록수이다."라고 하면 "여러분이 아는 소나무로 말할 것 같으면"의 뜻으로 하는 말이므로 소나무는 이미 초점의 대상에서 벗어나 있고 '상록수이다'에 초점이 놓인다. [㉤]에서는 서술어 대신 '영미'에 초점이 놓이며 "여러 아이 중에서"의 뜻이 함축되어 있다.

① ㉠: "그 작가는 원고를 만년필로는 쓰지 않는다."
② ㉡: "소나무는 상록수이고, 낙엽송은 그렇지 않다."
③ ㉢: "바람은 분다."
④ ㉣: "그 사람이 결국 시험에 합격하였다."
⑤ ㉤: "영미는 노래를 잘 한다."

제 4 회

5급 공채 2021년도 (가)책형 24번

문 5. 다음 글에서 알 수 있는 것은?

국제노동기구(ILO)의 노동기준에 관한 협약들은 그 중요성과 특성을 기준으로 하여 핵심협약, 거버넌스협약, 일반협약으로 나뉜다.

핵심협약은 1998년의 '노동에 있어서 기본적 원칙들과 권리에 관한 선언'에서 열거한 4개 원칙인 결사·자유원칙, 강제노동 금지원칙, 아동노동 금지원칙, 차별 금지원칙과 관련된 협약들을 말한다. ILO는 각국이 비준한 핵심협약 이행 현황에 대한 감시·감독 체계를 갖추고 있으며, 핵심협약을 비준하지 않고 있는 회원국에게는 미비준 이유와 비준 전망에 관한 연례 보고서 제출 의무를 부과하고 있다.

거버넌스협약은 노동정책 결정과 노동기준 집행 등 거버넌스와 관련된 협약으로 2008년의 '공정한 세계화를 위한 사회적 정의에 관한 선언'에서 열거한 근로감독 협약, 고용정책 협약, 노사정 협의 협약 등이 있다. ILO는 미비준한 거버넌스협약에 대해 회원국에 별도의 보고 의무를 부과하지 않는 대신, 회원국들과 외교적 협의를 통해 거버넌스협약 비준 확대에 노력하고 있다.

일반협약은 핵심협약과 거버넌스협약을 제외한 ILO의 노동기준에 관한 모든 협약을 가리키는데, 일반협약은 핵심협약과 거버넌스협약의 세부 주제별 기준들을 구체적으로 규정한다. 예를 들어 핵심협약에서 차별 금지원칙을 선언하거나 그 대강을 규정하면 일반협약에서는 각 산업별, 직역별에서의 근로시간 관련 구체적 차별 금지 및 그 예외를 규정하는 방식이다. 다만 일반협약은 ILO 내 다른 협약에 대해 우선 적용되지 않는다는 특성을 지닌다.

우리나라는 1991년 12월 ILO에 가입한 이후 순차적으로 ILO 노동기준에 관한 협약들을 비준하고 있다. 최근까지 아동노동 금지원칙 및 차별 금지원칙 관련 협약을 비준하였고 2021년 2월에는 결사·자유원칙 관련 협약에 대한 비준 절차가 진행 중이다. 거버넌스협약은 근로감독 협약을 제외하고는 모두 비준되었고, 비준된 핵심협약과 관련된 일반협약은 대부분 비준되었다.

① 우리나라는 고용정책 협약 및 그 세부 주제에 관한 일반협약을 모두 비준하였다.
② 우리나라는 매년 ILO에 강제노동 금지원칙에 관한 협약의 미비준 이유와 비준 전망에 대하여 보고서를 제출하여야 한다.
③ 우리나라에서 2021년 2월에 비준 절차가 진행 중인 협약은 공정한 세계화를 위한 사회적 정의에 관한 선언에 열거되어 있다.
④ ILO의 2008년 선언문에 포함된 근로감독 협약은 ILO의 다른 협약에 대해 우선 적용되지 않는다.
⑤ ILO는 노사정 협의 협약을 비준하지 않은 국가들에 대해 미비준 이유와 비준 전망에 대한 연례 보고서를 제출하도록 요구한다.

5급 공채 2021년도 (가)책형 8번

문 6. 다음 글의 ㉠과 ㉡에 들어갈 내용을 적절하게 짝지은 것은?

우리는 전체 집단에서 특정 표본을 추출할 때 표본이 무작위로 선정되었을 것이라 기대하지만, 실제로 항상 그런 것은 아니다. 이 같은 표본 선정의 쏠림 현상, 즉 표본의 편향성은 종종 올바른 판단을 저해한다. 2차 세계대전 중 전투기의 보호 장비 개선을 위해 미국의 군 장성들과 수학자들 사이에서 이루어졌던 논의는 그 좋은 사례이다. 미군은 전투기가 격추되는 것을 막기 위해 전투기에 철갑을 둘렀다. 기체 전체에 철갑을 두르면 너무 무거워지기에 중요한 부분에만 둘러야 했다. 교전을 마치고 돌아온 전투기에는 많은 총알구멍이 있었지만, 기체 전체에 고르게 분포된 것은 아니었다. 총알구멍은 동체 쪽에 더 많았고 엔진 쪽에는 그다지 많지 않았다. 군 장성들은 철갑의 효율을 높일 수 있는 기회를 발견했다. [㉠] 생각이었다.

반면, 수학자들은 이와 같은 장성들의 생각에 반대하면서 다음과 같은 주장을 펼쳤다. 만일 피해가 전투기 전체에 골고루 분포된다면 분명히 엔진 덮개에도 총알구멍이 났을 텐데, 돌아온 전투기의 엔진 부분에는 총알구멍이 거의 없었다. 왜 이러한 현상이 발생한 것일까? 총알구멍이 엔진에 난 전투기는 대부분 격추되어 돌아오지 못한다. 엔진에 총알을 덜 맞은 전투기가 많이 돌아온 것은, 엔진에 총알을 맞으면 귀환하기 어렵기 때문이다. 병원 회복실을 가보면, 가슴에 총상을 입은 환자보다 다리에 총상을 입은 환자가 더 많다. 이것은 가슴에 총상을 입은 사람들이 회복하지 못했기 때문이다.

이 사례에서 군 장성들은 자신도 모르게 복귀한 전투기에 관한 어떤 가정을 하고 있었다. 그것은 기지로 복귀한 전투기가 [㉡] 것이었다. 군 장성들은 복귀한 전투기를 보호 장비 개선 연구를 위한 중요한 자료로 사용하고자 했다. 그러나 만약 잘못된 표본에 근거하여 정책을 결정한다면, 오히려 전투기의 생존율을 낮추는 결과를 초래할 수 있다.

① ㉠: 전투기에서 가장 중요한 엔진 쪽에만 철갑을 둘러도 충분한 보호 효과를 볼 수 있다는
㉡: 출격한 전투기 일부에서 추출된 편향된 표본이라는
② ㉠: 전투기에서 총알을 많이 맞는 동체 쪽에 철갑을 집중해야 충분한 보호 효과를 볼 수 있다는
㉡: 출격한 전투기 일부에서 추출된 편향된 표본이라는
③ ㉠: 전투기에서 가장 중요한 엔진 쪽에만 철갑을 둘러도 충분한 보호 효과를 볼 수 있다는
㉡: 출격한 전투기 전체에서 무작위로 추출된 표본이라는
④ ㉠: 전투기에서 총알을 많이 맞는 동체 쪽에 철갑을 집중해야 충분한 보호 효과를 볼 수 있다는
㉡: 출격한 전투기 전체에서 무작위로 추출된 표본이라는
⑤ ㉠: 전투기의 철갑 무게를 감당할 만큼 충분히 강력한 엔진을 달아야 한다는
㉡: 출격한 전투기 전체에서 무작위로 추출된 표본이라는

문 7. 다음 글에서 ㉠의 물음이 생기는 이유로 가장 적절한 것은?

서울에 거주하는 초등학생 중에서 휴대전화를 가지고 있는 학생들은 얼마나 될까? 서울에 거주하는 초등학생 중에서 일부를 표본으로 삼아 조사해보니 이 중 60%가 휴대전화를 갖고 있다는 자료가 나왔다고 하자. 이 경우에 '서울에 거주하는 초등학생'을 이 표본 조사의 '준거집합'이라고 한다. 철수는 서울에 거주하는 초등학생이다. 이 경우에 철수가 휴대전화를 갖고 있을 확률을 묻는다면, 우리는 60%라고 해야 할 것이다. 그런데 서울에 거주하는 초등학생이면서 차상위계층의 자녀 중에서는 얼마나 많은 학생들이 휴대전화를 갖고 있을까? 이 경우에 준거집합은 '서울에 거주하는 초등학생이면서 차상위계층의 자녀'가 될 것이다. 앞서 삼은 표본 조사에서 차상위계층의 자녀만을 추려서 살펴보니 이 중 50%의 학생들이 휴대전화를 갖고 있다는 결과가 나왔다. 철수는 서울에 거주하는 초등학생일 뿐만 아니라 그의 가족은 차상위계층에 속한다. 이 경우 철수가 휴대전화를 갖고 있을 확률을 묻는다면, 우리는 50%라고 해야 할 것 같다. 마지막으로, 같은 표본 조사에서 이번에는 서울 거주 초등학생이면서 외동아이인 아이들의 집합에 대해서 조사해 보았는데, 70%가 휴대전화를 갖고 있었다는 결과가 나왔다. 철수는 서울 거주 초등학생이면서 외동아이이다. 이 경우에 철수가 휴대전화를 갖고 있을 확률을 우리는 70%라고 해야 할 것이다.

철수는 서울에 거주하는 초등학생이면서 차상위계층의 자녀이고 또한 외동아이인 것으로 확인되었다. 그렇다면 ㉠ <u>철수가 휴대전화를 갖고 있을 확률은 얼마라고 해야 하는가?</u>

① 한 사람이 다양한 준거집합에 속할 수 있기 때문이다.
② 준거집합이 클수록 표본 조사의 결과를 더 신뢰할 수 있기 때문이다.
③ 준거집합이 작을수록 표본 조사의 결과를 더 신뢰할 수 있기 때문이다.
④ 표본의 크기가 준거집합의 크기에 따라 달라지기 때문이다.
⑤ 표본을 추출하는 방법이 얼마나 무작위적인가에 따라서 표본 조사의 결과가 변화하기 때문이다.

문 8. 다음 글의 흐름에 맞지 않는 곳을 ㉠~㉤에서 찾아 수정할 때 가장 적절한 것은?

진화 과정에서 빛을 방출하는 일부 원생생물은 그렇지 않은 원생생물보다 어떤 점에서 생존에 더 유리했을까? 요각류라고 불리는 동물이 밤에 발광하는 원생생물인 와편모충을 먹는다는 사실은 이러한 의문을 풀어줄 실마리를 제공한다. 와편모충이 만든 빛은 요각류를 잡아먹는 어류를 유인할 수 있다. 이때 ㉠ <u>발광하는 와편모충을 잡아먹는 요각류가 발광하지 않는 와편모충만을 잡아먹는 요각류보다</u> 그들의 포식자인 육식을 하는 어류에게 잡아먹힐 위험성이 더 높아질 것이다.

연구자들은 실험실의 커다란 수조 속에 요각류와 요각류의 포식자 중 하나인 가시고기를 같이 두어 이 가설을 검증하였다. 수조의 절반에는 발광하는 와편모충을 넣고 다른 절반에는 발광하지 않는 와편모충을 넣었다. 연구자들은 방을 어둡게 한 상태에서 요각류는 와편모충을, 그리고 가시고기는 요각류를 잡아먹게 하였다. 몇 시간 후 ㉡ <u>연구자들은 수조 속 살아남은 요각류의 수를 세었다.</u>

그 결과는 예상과 같았다. 가시고기는 수조에서 ㉢ <u>빛을 내지 않는 와편모충이 있는 쪽보다 빛을 내는 와편모충이 있는 쪽에서 요각류를 더 적게 먹었다.</u> 이러한 결과는 원생생물이 자신을 잡아먹는 동물에게 포식 위협을 증가시킴으로써 잡아먹히는 것을 회피할 수 있음을 시사한다. ㉣ <u>요각류에게는 빛을 내는 와편모충을 계속 잡는 것보다 도망치는 편이 더 이익이다.</u> 이때 발광하는 와편모충은 요각류의 저녁 식사가 될 확률이 낮아지므로, 자연선택은 이들 와편모충에서 생물발광이 유지되도록 하였다.

만약 우리가 생물발광하는 원생생물이 자라고 있는 해변을 밤에 방문한다면 원생생물이 내는 불빛을 보게 될 것이다. 원생생물이 내는 빛은 ㉤ <u>포식자인 육식동물들에게 원생생물을 잡아먹는 동물이 근처에 있을 수 있다는 신호가 된다.</u>

① ㉠을 "발광하지 않는 와편모충을 잡아먹는 요각류가 발광하는 와편모충만을 잡아먹는 요각류보다"로 고친다.
② ㉡을 "연구자들은 수조 속 살아남은 와편모충의 수를 세었다."로 고친다.
③ ㉢을 "빛을 내지 않는 와편모충이 있는 쪽보다 빛을 내는 와편모충이 있는 쪽에서 요각류를 더 많이 먹었다."로 고친다.
④ ㉣을 "요각류에게는 도망치는 것보다 빛을 내는 와편모충을 계속 잡는 편이 더 이익이다."로 고친다.
⑤ ㉤을 "포식자인 육식동물들에게 자신들의 먹이가 되는 원생생물이 많이 있음을 알려주는 신호가 된다."로 고친다.

5급 공채 2020년도 (나)책형 27번

문 9. 다음 글에서 추론할 수 있는 것만을 <보기>에서 모두 고르면?

'공립학교 인종차별 금지 판결의 준수를 종용하면서, 어떤 법률에 대해서는 의도적으로 그 준수를 거부하니 이는 기괴하다.'라고 할 수 있습니다. '어떤 법률은 준수해야 한다고 하면서도 어떤 법률에 대해서는 그를 거부하라 할 수 있습니까?'라고 물을 수도 있습니다. 하지만 이에는 '불의한 법률은 결코 법률이 아니다.'라는 아우구스티누스의 말을 살펴 답할 수 있습니다. 곧, 법률에는 정의로운 법률과 불의한 법률, 두 가지가 있습니다.

이 두 가지 법률 간 차이는 무엇입니까? 법률이 정의로운 때가 언제이며, 불의한 때는 언제인지 무엇을 보고 결정해야 합니까? 우리 사회에서 통용되는 법률들을 놓고 생각해 봅시다. 우리 사회에서 지켜야 할 법률이라는 점에서 정의로운 법률과 불의한 법률 모두 사람에게 적용되는 규약이기는 합니다. 하지만 정의로운 법률은 신의 법, 곧 도덕법에 해당한다는 데에 동의할 것으로 믿습니다. 그렇다면 불의한 법률은 그 도덕법에 배치되는 규약이라 할 것입니다. 도덕법을 자연법이라 표현한 아퀴나스의 말을 빌리면, 불의한 법률은 결국 사람끼리의 규약에 불과합니다. 사람끼리의 규약이 불의한 이유는 그것이 자연법에 기원한 것이 아니기 때문입니다.

인간의 성품을 고양하는 법률은 정의롭습니다. 인간의 품성을 타락시키는 법률은 물론 불의한 것입니다. 인종차별을 허용하는 법률은 모두 불의한 것인데 그 까닭은 인종차별이 영혼을 왜곡하고 인격을 해치기 때문입니다. 가령 인종을 차별하는 자는 거짓된 우월감을, 차별당하는 이는 거짓된 열등감을 느끼게 되는데 여기서 느끼는 우월감과 열등감은 영혼의 본래 모습이 아니라서 올바른 인격을 갖추지 못하도록 합니다.

따라서 인종차별은 정치 · 사회 · 경제적으로 불건전할 뿐 아니라 죄악이며 도덕적으로 그른 것입니다. 분리는 곧 죄악이라 할 것인데, 인간의 비극적인 분리를 실존적으로 드러내고, 두려운 소외와 끔찍한 죄악을 표출하는 상징이 인종차별 아니겠습니까? 공립학교 인종차별 금지 판결이 올바르기에 그 준수를 종용할 수 있는 한편, 인종차별을 허용하는 법률은 결단코 그르기에 이에 대한 거부에 동참해달라고 호소하는 바입니다.

<보 기>

ㄱ. 인간의 성품을 고양하는 법률은 도덕법에 해당한다.
ㄴ. 사람끼리의 규약에 해당하는 법률은 자연법이 아니다.
ㄷ. 인종차별적 내용을 포함하지 않는 모든 법률은 신의 법에 해당한다.

① ㄱ
② ㄷ
③ ㄱ, ㄴ
④ ㄴ, ㄷ
⑤ ㄱ, ㄴ, ㄷ

5급 공채 2021년도 (가)책형 10번

문 10. 다음 글에 비추어 볼 때, <실험>에서 추론한 것으로 적절한 것만을 <보기>에서 모두 고르면?

A식물은 머리카락 모양의 털을 잎 표피에서 생산한다. 어떤 A식물은 털에서 당액을 분비하여 잎이 끈적하다. 반면 다른 A식물의 잎은 털의 모양은 비슷하지만 당액이 분비되지 않으므로 매끄럽다. 만약 자연에서 두 표현형이 같은 장점을 갖고 있다면 끈적한 A식물과 매끄러운 A식물은 1 : 1의 비율로 나타나야 한다. 하지만 A식물의 잎을 갉아먹는 B곤충이 있는 환경에서는 끈적한 식물과 매끄러운 식물이 1 : 1로 발견되는 반면, B곤충이 없는 환경에서는 끈적한 식물보다 매끄러운 식물이 더 많이 발견된다. 끈적한 식물은 종자 생산에 사용해야 할 광합성 산물의 일정량을 끈적한 당액의 분비에 소모한다. B곤충이 잎을 갉아먹으면 A식물의 광합성 산물의 생산량이 줄어든다. A식물이 만들어 내는 종자의 수는 광합성 산물의 양에 비례한다. 한 표현형이 다른 표현형보다 종자를 많이 생산하면 그 표현형을 가진 개체가 더 많이 나타난다.

<실 험>

B곤충으로부터 보호되는 환경에서 끈적한 A식물과 매끄러운 A식물을, 종자를 생산할 수 있을 만큼 성장시킨다. 그렇게 기른 두 종류의 A식물을 각각 절반씩 나누어, 절반은 B곤충의 침입을 허용하는 환경에, 나머지 절반은 B곤충을 차단하는 환경에 두었다. B곤충이 침입하는 조건에서 매끄러운 개체는 끈적한 개체보다 잎이 더 많이 갉아먹혔다. 매끄러운 개체와 끈적한 개체가 생산한 종자의 수 사이에 의미 있는 차이는 나타나지 않았다. 한편 B곤충이 없는 조건에서는 끈적한 개체가 매끄러운 개체보다 종자를 45% 더 적게 생산했다.

<보 기>

ㄱ. B곤충이 없는 환경에 비해 B곤충이 있는 환경에서, 매끄러운 식물의 종자 수가 감소한 정도는 끈적한 식물의 종자 수가 감소한 정도보다 컸다.
ㄴ. B곤충이 있는 환경에서 매끄러운 식물이 생산하는 광합성 산물은, B곤충이 없는 환경에서 매끄러운 식물이 생산하는 광합성 산물보다 양이 더 많았다.
ㄷ. B곤충이 있는 환경에서, 끈적한 식물이 매끄러운 식물보다 종자 생산에 소모한 광합성 산물의 양이 더 많았다.

① ㄱ
② ㄴ
③ ㄱ, ㄷ
④ ㄴ, ㄷ
⑤ ㄱ, ㄴ, ㄷ

문 11. 다음 글의 미첼의 이론에서 추론할 수 있는 것은?

> 1783년 영국 자연철학자 존 미첼은 빛은 입자라는 생각과 뉴턴의 중력이론을 결합한 이론을 제시하였다. 그는 우선 별들이 어떻게 보일 것인지 사고 실험을 통해 예측하였다.
>
> 별의 표면에서 얼마간의 초기 속도로 입자를 쏘아 올려 아무런 방해 없이 위로 올라간다고 가정해보자. 만약에 초기 속도가 충분히 빠르지 않으면 별의 중력은 입자의 속도를 점점 느리게 할 것이며, 결국 그 입자를 별의 표면으로 되돌아가게 할 것이다. 만약 초기 속도가 충분히 빠르면 입자는 중력을 극복하고 별을 탈출할 수 있을 것이다. 이렇게 입자가 별을 탈출할 수 있는 최소한의 초기 속도는 '탈출 속도'라고 불린다. 미첼은 뉴턴의 중력이론을 이용해서 탈출 속도를 계산할 수 있었으며, 그 속도가 별 질량을 별의 둘레로 나눈 값의 제곱근에 비례한다는 것을 유도하였다.
>
> 이를 바탕으로 미첼은 '임계 둘레'라는 것도 추론해냈다. 임계 둘레란 탈출 속도와 빛의 속도를 같게 만드는 별의 둘레를 말한다. 빛 입자는 다른 입자들처럼 중력의 영향을 받는다. 그로 인해 빛은 임계 둘레보다 작은 둘레를 가진 별에서는 탈출할 수 없다. 그런 별에서 약 30만 km/s의 초기 속도로 빛 입자를 쏘아 올렸을 때 입자는 우선 위로 날아갈 것이다. 그런 다음 멈출 때까지 느려지다가, 결국 별의 표면으로 되돌아갈 것이다. 미첼은 임계 둘레를 쉽게 계산할 수 있었다. 태양과 동일한 질량을 가진 별의 임계 둘레는 약 19km로 계산되었다. 이러한 사고 실험을 통해 미첼은 임계 둘레보다 작은 둘레를 가진 암흑의 별들이 무척 많을 테고, 그 별들에선 빛 입자가 빠져나올 수 없기에 지구에서는 볼 수 없을 것으로 추측했다.

① 임계 둘레 이하의 둘레를 가진 별에 사는 존재는 임계 둘레보다 큰 둘레를 가진 별에서 오는 빛을 관찰할 수 없다.
② 빛보다 빠른 초기 속도로 쏘아 올린 입자가 있다면, 그 입자는 모두 별에서 탈출할 수 있다.
③ 별의 질량이 커지더라도 별의 둘레가 변하지 않는다면 탈출 속도는 빨라지지 않는다.
④ 임계 둘레 이하의 둘레를 가진 별의 표면에서는 빛을 쏘아 올릴 수 없다.
⑤ 별의 질량이 커질수록 그 별의 임계 둘레는 커진다.

문 12. 다음 글의 <논증>에 대한 분석으로 적절한 것만을 <보기>에서 모두 고르면?

> 철학자 A에 따르면, "오늘 비가 온다."와 같이 참, 거짓을 판단할 수 있는 문장만 의미가 있다. A는 이러한 문장과 달리 신의 존재에 대한 문장은 진위를 판단할 수 없고 따라서 무의미하다고 말한다. 하지만 그는 자신이 무신론자도 불가지론자도 아니라고 한다. 다음은 이와 관련된 A의 논증이다.
>
> <논 증>
>
> 무신론자에 따르면 ㉠ "신이 존재하지 않는다."가 참이다. 불가지론자는 신의 존재 여부를 알 수 없다고 말한다. 무신론자의 견해는 신의 존재를 주장하는 문장이 무의미하다는 것과 양립할 수 없다. ㉡ "신이 존재한다."가 무의미하다면, "신이 존재하지 않는다."도 마찬가지로 무의미하다. 그 이유는 ㉢ 의미가 있는 문장이어야만 그 문장의 부정문도 의미가 있다는 것이 성립하기 때문이다. 따라서 "신이 존재한다."가 무의미하다면, "신이 존재하지 않는다."가 참이라는 무신론자의 주장은 받아들일 수 없다. 한편 불가지론자는 ㉣ "신이 존재한다."가 참인지 거짓인지 알 수 없다고 주장한다. 이 주장은 "신이 존재한다."가 의미가 있다는 것을 전제하고 있다. 그러므로 불가지론자의 주장도 "신이 존재한다."가 무의미하다는 것과 양립할 수 없다.

<보 기>

ㄱ. ㉡과 ㉢으로부터 "신이 존재하지 않는다."가 무의미하다는 것이 도출된다.
ㄴ. ㉡의 부정으로부터 ㉠과 ㉣ 중 적어도 하나가 도출된다.
ㄷ. "의미가 없는 문장은 참인지 거짓인지 알 수 없다."라는 전제가 추가되면 ㉡으로부터 ㉣이 도출된다.

① ㄴ
② ㄷ
③ ㄱ, ㄴ
④ ㄱ, ㄷ
⑤ ㄱ, ㄴ, ㄷ

다직다공 75+ 5급 공채 2022년도 (나)책형 19번, 20번

※ 다음 글을 읽고 물음에 답하시오. [문 13. ~ 문 14.]

㉠ 역관계 원리(IRP)란 임의의 진술 P가 참일 확률과 P가 전달하는 정보량 사이의 역관계에 관한 것이다. IRP에 따르면 정보란 예측 불가능성과 관계가 있다. 동전 던지기에서 동전의 앞면이 나올 가능성이 더 커지게 조작할수록 '그 동전의 앞면이 나올 것이다.'라는 진술 H의 정보량은 적어진다. 그렇게 가능성이 점점 커진 끝에 만약 그 동전을 어떻게 던져도 무조건 앞면만 나오게 될 정도까지 조작을 가한다면 결국 동전 던지기와 관련하여 예측 불가능성이 완전히 사라지게 되는 것이고, 그럴 때 진술 H의 정보량은 0이 된다. 하지만 이런 원리는 두 가지 문제에 직면한다.

IRP에 따르면 P가 참일 확률이 더 커질수록 정보의 양은 더 줄어든다. 만약 누군가가 '언젠가는 코로나 바이러스가 퇴치될 것'이라고 말한다면, '코로나 바이러스가 한 달 내에 퇴치될 것'이라고 말하는 것보다 정보량이 적다. 왜냐하면, 후자의 메시지가 더 많은 상황을 배제하기 때문이다. 이제 P가 항상 참인 진술이라고 해 보자. 이 경우 P가 참일 확률은 가장 높은 100%가 된다. 그리고 IRP에 따르면 P가 항상 참인 진술이라면 그것의 정보량은 0이다. 만약 누군가에게 '코로나 바이러스가 미래에 퇴치된다면, 코로나 바이러스는 미래에 퇴치될 것이다.'라고 들었다면, 어떤 상황도 배제하지 않는 진술을 들은 것이다.

여기서 논리학에서 중요시되는 '논리적 타당성' 개념을 고려해 보자. 전제 X_1, X_2, …, X_n으로부터 결론 Y로의 추론이 논리적으로 타당하다는 것은 전제들이 모두 참이면 결론도 반드시 참이라는 것이다. 이것을 달리 말하면 'X_1이고 X_2이고 …X_n이면, Y이다.'라는 조건문이 그 어떤 경우에도 항상 참이 되는 진술이라는 것이다. 항상 참인 진술의 정보량은 0이므로, 논리적으로 타당한 모든 추론이 제공하는 정보량은 0이라는 결론이 나오게 된다. 이는 우리의 직관에 들어맞지 않는다. 이것이 소위 '연역의 스캔들'이라고 불리는 문제이다.

또 다른 문제를 살펴보자. IRP에 따르면 P가 참일 확률이 낮을수록 P는 더 많은 정보량을 지닌다. 누군가에게 '코로나 바이러스가 호흡기 질환을 일으킨다.'라는 말을 듣는 것이 '코로나 바이러스가 소화기 질환을 일으키거나 호흡기 질환을 일으킨다.'라는 말을 듣는 것보다 정보량이 더 많다. 그 이유는 전자를 만족시키는 상황들이 후자보다 더 적기 때문이다. 그렇다면 우리가 P의 확률을 계속해서 떨어뜨린다고 해 보자. 그러면 우리는 P의 확률이 0%가 되는 단계에 도달할 것이다. 이것은 P가 항상 거짓인 진술이 되었다는 의미이다. 하지만 IRP에 따르면, 이때가 P가 최대의 정보량을 지니는 상황이다. 이처럼 또 다른 반직관적 결론에 도달하게 되는 문제를 소위 '바 - 힐렐 - 카르납 역설'이라고 부른다.

문 13. 위 글의 ㉠에 따른 판단으로 적절한 것은?

① P가 참일 확률이 Q가 참일 확률보다 크다면, Q가 제공하는 정보량은 P보다 더 많지만 예측 불가능성은 P가 Q보다 더 크다.
② 어떤 추론의 전제들이 모두 참이면서 결론이 거짓인 것이 불가능하다면, 그 추론은 최대의 정보량을 제공한다.
③ P가 배제하는 상황은 Q도 모두 배제한다면, Q의 정보량은 P의 정보량보다 적지 않다.
④ P의 정보량이 0보다 크기 위해서는 P의 예측 불가능성이 완전히 사라져야 한다.
⑤ 논리적으로 타당하지 않은 추론의 정보량은 0보다 클 수 없다.

다직다공 75+

문 14. 다음 <조건>을 받아들일 때, <사례>에 대해 적절하게 평가한 것만을 <보기>에서 모두 고르면?

<조 건>

IRP를 받아들이되, 임의의 진술이 0보다 큰 정보량을 갖기 위해서는 그것이 참일 수 있어야 한다.

<사 례>

저녁 식사에 손님들이 오기로 했으나 정확히 몇 명이 올지는 아직 모르는 상태에서 다음과 같은 진술들을 듣는다.

A: 적어도 손님 한 명이 오거나 아무도 오지 않을 것이다.
B: 적어도 손님 세 명이 올 것이다.
C: 손님이 두 명 이상 올 것이다.
D: 손님이 다섯 명 이하로 올 것이다.
E: 적어도 손님 한 명이 오고 또한 아무도 오지 않을 것이다.

<보 기>

ㄱ. 0보다 큰 정보량을 지닌 진술의 개수는 3이다.
ㄴ. 전제가 B이고 결론이 C인 추론과 "D이면 A이다."라는 조건문의 정보량은 다르다.
ㄷ. "C이고 D이다."라는 진술의 정보량은 E의 정보량과 같다.

① ㄱ
② ㄴ
③ ㄱ, ㄷ
④ ㄴ, ㄷ
⑤ ㄱ, ㄴ, ㄷ

문 15. 다음 논쟁에 대한 분석으로 적절한 것만을 <보기>에서 모두 고르면?

> 갑: 신의 존재는 확신할 수 없지만, 신을 믿는 선택을 하지 않는 것은 비합리적이다. 신을 믿는 선택을 한다고 해 보자. 신이 존재한다면 사후에 무한한 행복을 얻게 될 것이고, 신이 존재하지 않는다면 생전에 얻은 행복이 전부이며 그 양은 유한할 것이다. 신이 존재할 확률은 적어도 0보다는 클 것이다. 그렇다면 신을 믿는 선택을 통해 얻게 될 행복의 기댓값은 무한대가 될 것이다. 이제 신을 믿지 않는 선택을 한다고 해 보자. 그러면 행복은 생전에 얻은 것이 전부일 것이며 그 값은 유한하므로 신을 믿지 않는 선택을 통해 얻게 될 행복의 기댓값은 유한하다. 우리는 기댓값이 최대가 아닌 선택을 하는 것은 비합리적이라는 일반 원칙을 받아들인다. 따라서 신을 믿는 선택을 하지 않는 것은 비합리적이다.
>
> 을: 그 일반 원칙은 나도 받아들인다. 하지만 신을 믿는 선택을 하지 않는 것이 늘 비합리적인 것은 아니다. 동전을 던져 앞면이 나오면 신의 존재를 믿고, 뒷면이 나오면 믿지 않는 식으로 신의 존재에 관한 믿음 여부를 결정한다고 해 보자. 이때 앞면이 나오면, 신을 믿게 되고 행복의 기댓값은 무한대가 될 것이다. 뒷면이 나오면, 신을 믿지 않게 될 것이고 행복의 기댓값은 유한할 것이다. 앞면이 나올 확률은 1/2이므로 1/2의 확률로 무한한 기댓값을 얻게 된다. 무한한 기댓값을 얻을 확률이 0보다 높기만 하면 결과적으로 신의 존재에 대한 믿음을 동전 던지기로 결정하는 선택의 최종 기댓값 역시 무한대가 된다. 그렇다면 동전 던지기로 신을 믿을지 안 믿을지 결정하는 것이 비합리적이라고 말할 수 없다.

〈보 기〉

ㄱ. 갑과 을은 합리적인 사람은 최대의 기댓값을 가지는 선택을 할 것이라는 점에 동의한다.

ㄴ. 갑은 신을 믿는 선택을 하지 않는 것이 비합리적이라는 것에 동의하지만 을은 그렇지 않다.

ㄷ. 을의 논증에 따르면, 당첨 확률이 매우 낮지만 0보다는 큰 로또 복권에 당첨되면 신을 믿고, 그렇지 않으면 신을 믿지 않기로 하는 것은 신을 믿는 선택만큼 합리적이다.

① ㄱ
② ㄷ
③ ㄱ, ㄴ
④ ㄴ, ㄷ
⑤ ㄱ, ㄴ, ㄷ

문 16. 다음 글의 내용이 참일 때 반드시 참인 것은?

> 프랜차이즈 회사 갑은 올해 우수매장을 선정했는데 선정 과정에 본사 경영진이 개입했다는 주장이 있지만 이는 아직 불분명하다. 본사 경영진이 우수매장 선정에 개입했다면, A매장이 선정되었을 것이다. 한편 B 매장이 선정되었다면, 우수매장 선정에 본사 경영진이 개입했다는 주장이 거짓임이 밝혀진 셈이다. 최종 선정된 우수매장 후보는 A와 B 매장 둘뿐이며 이 중 한 군데만이 선정될 상황이었다. 만약 A 매장이 우수매장으로 선정되었다면, 갑의 매장 대부분이 본사 직영점이라는 주장이 거짓임이 밝혀졌을 것이다. 또한, B 매장이 우수매장으로 선정되었다면, 갑의 매장은 모두 방역 클린 매장이라는 주장과 모두 친환경 매장이라는 주장이 둘 다 거짓인 것은 아니다. 10년째 영업 중인 갑의 B 매장은 방역 클린 매장이지만 친환경 매장은 아니다.

① 갑의 올해 우수매장 선정에 본사 경영진의 개입이 없었다면, A 매장이 선정되었을 것이다.
② 갑의 매장 대부분이 본사 직영점이라면, 갑의 매장은 모두 방역 클린 매장이다.
③ 갑의 매장 중에는 본사 직영점도 아니고 친환경 매장도 아닌 곳이 있다.
④ 우수매장으로 선정된 곳은 방역 클린 매장이자 친환경 매장이다.
⑤ 갑의 매장 중 방역 클린 매장이 아닌 곳도 있다.

5급 공채 2022년도 (나)책형 12번

문 17. 다음 글의 내용이 참일 때 반드시 참인 것은?

> 수습 사무관 갑, 을, 병, 정을 A, B, C, D 네 도시 중 필요한 도시에 배치해 연수 프로그램을 시행하였다. 이와 관련해 다음과 같은 사실이 알려져 있다.
>
> ○ 세 명 이상의 수습 사무관이 배치되는 도시는 없다.
> ○ 두 도시 이상에 배치되는 수습 사무관은 아무도 없다.
> ○ 갑이 A시에 배치되면, 을은 C시에 배치되지 않는다.
> ○ 갑은 B시에 배치되지 않는다.
> ○ 을과 병은 같은 시에 배치된다.
> ○ 병이 B시에 배치되면, 갑은 D시에 배치되지 않는다.
> ○ D시에는 한 명이 배치된다.

① 갑이 C시에 배치되면, 병은 A시에 배치된다.
② 을이 B시에 배치되지 않으면, 정은 D시에 배치된다.
③ 병이 C시에 배치되면, 갑은 D시에 배치되지 않는다.
④ 정이 D시에 배치되면, 갑은 A시에 배치된다.
⑤ 정이 D시에 배치되지 않으면, 을은 B시에 배치되지 않는다.

5급 공채 2022년도 (나)책형 30번

문 18. 다음 글의 내용이 참일 때 반드시 거짓인 것은?

> 갑, 을, 병 세 사람이 A, B, C, D, E, F, G, H의 총 8권의 고서를 나누어 소장하고 있다. 이와 관련해 다음과 같은 사실이 알려져 있다.
>
> ○ 갑이 가장 많은 고서를 소장하고 있으며, 그 다음은 을이며, 병은 가장 적은 수의 고서를 소장하고 있다.
> ○ A, B, C, D, E는 서양서이며, F, G, H는 동양서이다.
> ○ B를 소장한 이는 D도 소장하고 있으나 C는 소장하고 있지 않다.
> ○ E를 소장한 이는 F도 소장하고 있으나 그 외 다른 동양서를 소장하고 있지는 않다.
> ○ G를 소장한 이는 서양서를 소장하고 있지 않다.
> ○ H는 갑이 소장하고 있다.

① 갑은 A와 D를 소장하고 있다.
② 을은 3권의 책을 소장하고 있다.
③ 병은 G를 소장하고 있다.
④ C를 소장한 이는 E도 소장하고 있다.
⑤ D를 소장한 이는 F도 소장하고 있다.

5급 공채 2020년도 (나)책형 13번

문 19. 다음 갑~병의 견해에 대한 분석으로 적절한 것만을 <보기>에서 모두 고르면?

> 갑: 현대 사회에서 '기술'이라는 용어는 낯설지 않다. 이 용어는 어떻게 정의될 수 있을까? 한 가지 분명한 사실은 우리가 기술이라고 부를 수 있는 것은 모두 물질로 구현된다는 것이다. 기술이 물질로 구현된다는 말은 그것이 물질을 소재 삼아 무언가 물질적인 결과물을 산출한다는 의미이다. 나노기술이나 유전자조합기술도 당연히 이 조건을 만족하는 기술이다.
>
> 을: 기술은 반드시 물질로 구현되는 것이어야 한다는 말은 맞지만 그렇게 구현되는 것들을 모두 기술이라고 부를 수는 없다. 가령, 본능적으로 개미집을 만드는 개미의 재주 같은 것은 기술이 아니다. 기술로 인정되려면 그 안에 지성이 개입해 있어야 한다. 나노기술이나 유전자조합기술을 기술이라 부를 수 있는 이유는 둘 다 고도의 지성의 산물인 현대과학이 그 안에 깊게 개입해 있기 때문이다. 더 나아가 기술에 대한 우리의 주된 관심사가 현대 사회에 끼치는 기술의 막강한 영향력에 있다는 점을 고려할 때, '기술'이란 용어의 적용을 근대 과학혁명 이후에 등장한 과학이 개입한 것들로 한정하는 것이 합당하다.
>
> 병: 근대 과학혁명 이후의 과학이 개입한 것들이 기술이라는 점을 부인하지 않는다. 하지만 그런 과학이 개입한 것들만 기술로 간주하는 정의는 너무 협소하다. 지성이 개입해야 기술인 것은 맞지만 기술을 만들어내기 위해 과학의 개입이 꼭 필요한 것은 아니다. 오히려 기술은 과학과 별개로 수많은 시행착오를 통해 발전해 나가기도 한다. 이를테면 근대 과학혁명 이전에 인간이 곡식을 재배하고 가축을 기르기 위해 고안한 여러 가지 방법들도 기술이라고 불러야 마땅하다. 따라서 우리는 '기술'을 더 넓게 적용할 수 있도록 정의할 필요가 있다.

<보 기>

ㄱ. '기술'을 적용하는 범위는 셋 중 갑이 가장 넓고 을이 가장 좁다.

ㄴ. 을은 '모든 기술에는 과학이 개입해 있다.'라는 주장에 동의하지만, 병은 그렇지 않다.

ㄷ. 병은 시행착오를 거쳐 발전해온 옷감 제작법을 기술로 인정하지만, 갑은 그렇지 않다.

① ㄱ
② ㄴ
③ ㄱ, ㄷ
④ ㄴ, ㄷ
⑤ ㄱ, ㄴ, ㄷ

5급 공채 2022년도 (나)책형 34번

문 20. 다음 글의 A와 B에 대한 분석으로 적절한 것만을 <보기>에서 모두 고르면?

> 기체에 고전역학의 운동방정식을 직접 적용해야 하는지에 대하여 물리학자 A와 B는 다음과 같은 의견을 제시했다.
>
> A: 기체 상태 변화를 예측하기 위해서 고전역학을 직접 적용할 필요가 없다. 작은 부피의 기체에도 엄청나게 많은 수의 분자가 포함되어 있고, 이들은 복잡하게 운동하므로 개별 분자의 운동을 예측하기 위해서는 방대한 양의 고전역학의 운동방정식을 풀어야 한다. 반면, 기체 상태 변화를 예측하는 데 쓰이는 거시적 지표인 온도, 압력, 밀도 등의 물리량은 평균적 분자운동에 관한 것이기 때문에, 그것들을 얻기 위해 각 분자의 운동을 분석할 필요가 없다. 개별 분자의 운동을 정확히 알지 못하더라도 분자의 집단적인 운동은 통계적 방법만으로 분석할 수 있다.
>
> B: 모든 개별 분자의 운동 상태를 결정하는 것은 어렵지만 필요하다. 기체와 관련된 대부분의 현상에서, 개별 분자가 아닌 분자 집단에 대한 분석을 통해 평균속도를 포함한 기체 상태 변화에 대한 정보를 알아낼 수 있다는 사실에는 동의한다. 하지만 통계적 방법을 적용하기 어려운 상황에서는 기체 상태 변화를 정확히 예측할 수 없는 경우가 있다는 것에 주목해야 한다. 이때에는 분자와 분자의 충돌이나 각 분자의 운동에 대한 개별 방정식을 푸는 것이 필요하다. 외부에서 주어지는 힘 등의 조건을 이용하여 운동방정식을 계산하면 어떤 경우라도 개별 분자들의 위치와 속도를 포함하여 기체에 대한 완전한 정보를 얻을 수 있으므로, 이런 상황을 설명하는 데에도 아무 문제가 없다. 이런 정보들을 종합하면 모든 기체 상태 변화와 관련된 거시적 지표의 변화를 예측할 수 있다.

<보 기>

ㄱ. A는 개별 기체 분자의 운동을 완전히 예측하는 것이 불가능하다는 것에 동의한다.

ㄴ. B는 개별 기체 분자의 운동과 관련된 값을 계산하는 것보다는 이들의 집단적 운동을 탐구하는 것이 더 다양한 기체 상태 변화를 예측할 수 있다는 것에 동의한다.

ㄷ. 기체 분자 집단의 운동을 통계적 방법으로 분석하는 것으로는 기체 상태 변화 예측이 불가능한 경우가 있다는 것에 A는 동의하지 않지만, B는 동의한다.

① ㄴ
② ㄷ
③ ㄱ, ㄴ
④ ㄱ, ㄷ
⑤ ㄱ, ㄴ, ㄷ

제4회

5급 공채 2020년도 (나)책형 38번

문 21. 다음 글의 논지를 강화하는 것만을 <보기>에서 모두 고르면?

> 인간이 발전시켜온 생각이나 행동의 역사를 놓고 볼 때, 인간이 지금과 같이 놀라울 정도로 이성적인 방향으로 발전해 올 수 있었던 것은 이성적이고 도덕적 존재로서 자신의 잘못을 스스로 시정할 수 있는 능력 덕분이다. 인간은 토론과 경험에 힘입을 때에만 자신의 과오를 고칠 수 있다. 단지 경험만으로는 부족하다. 경험을 해석하기 위해서는 토론이 반드시 있어야 한다. 인간이 토론을 통해 내리는 판단의 힘과 가치는, 판단이 잘못되었을 때 그것을 고칠 수 있다는 사실로부터 비롯되며, 잘못된 생각과 관행은 사실과 논쟁 앞에서 점차 그 힘을 잃게 된다. 따라서 민주주의 국가에서는 자유로운 토론이 보장되어야 한다. 자유로운 토론이 없다면 잘못된 생각의 근거뿐 아니라 그러한 생각 자체의 의미에 대해서도 모르게 되기 때문이다.
>
> 어느 누구에게도 다른 사람들의 의사 표현을 통제할 권리는 없다. 다른 사람의 생각을 표현하지 못하게 억누르려는 권력은 정당성을 갖지 못한다. 가장 좋다고 여겨지는 정부일지라도 그럴 자격을 갖고 있지 않다. 흔히 민주주의 국가에서는 여론을 중시한다고 한다. 하지만 그 어떤 정부라 하더라도 여론의 힘을 빌려 특정 사안에 대한 토론의 자유를 제한하려 하는 행위를 해서는 안 된다. 그런 행위는 여론에 반(反)해 사회 구성원 대다수가 원하는 토론의 자유를 제한하려는 것만큼이나 나쁘다. 인류 전체를 통틀어 단 한 사람만이 다른 생각을 가지고 있다고 해도, 그 사람에게 침묵을 강요하는 것은 옳지 못하다. 이는 어떤 한 사람이 자신과 의견이 다른 나머지 사람 모두에게 침묵을 강요하는 것만큼이나 용납될 수 없는 일이다. 권력을 동원해서 억누르려는 의견은 옳은 것일 수도, 옳지 않은 것일 수도 있다. 그런데 정부가 자신이 옳다고 가정함으로써 다른 사람들이 그 의견을 들어볼 기회까지 봉쇄한다면 그것은 사람들이 토론을 통해 잘못을 드러내고 진리를 찾을 기회를 박탈하는 것이다. 설령 그 의견이 잘못된 것이라 하더라도 그 의견을 억압하는 것은 토론을 통해 틀린 의견과 옳은 의견을 대비시킴으로써 진리를 생생하고 명확하게 드러낼 수 있는 대단히 소중한 기회를 놓치는 결과를 낳게 된다.

<보 기>

ㄱ. 축적된 화재 사고 기록들에 대해 어떠한 토론도 이루어지지 않았음에도 불구하고 화재 사고를 잘 예방하였다.
ㄴ. 정부가 사람들의 의견 표출을 억누르지 않는 사회에서 오히려 사람들이 가짜 뉴스를 더 많이 믿었다.
ㄷ. 갈릴레오의 저서가 금서가 되어 천문학의 과오를 드러내고 진리를 찾을 기회가 한동안 박탈되었다.

① ㄱ
② ㄷ
③ ㄱ, ㄴ
④ ㄴ, ㄷ
⑤ ㄱ, ㄴ, ㄷ

다시|다잡 75+

5급 공채 2017년도 (가)책형 37번

문 22. 다음 ㉠을 약화하는 것만을 <보기>에서 모두 고르면?

> 2001년 인간 유전체 프로젝트가 완료된 후, 영국의 일요신문 『옵저버』는 "드디어 밝혀진 인간 행동의 비밀, 열쇠는 유전자가 아니라 바로 환경"이라는 제목의 기사를 실었다. 유전체 연구 결과, 인간의 유전자 수는 애당초 추정치인 10만 개에 크게 못 미치는 3만 개로 드러났다. 해당 기사는 인간 유전체 프로젝트의 핵심 연구자였던 크레이그 벤터 박사의 ㉠ 주장을 다음과 같이 인용하였다. "유전자 결정론이 옳다고 보기에는 유전자 수가 턱없이 부족합니다. 인간 행동과 형질의 놀라운 다양성은 우리의 유전자 속에 들어있지 않다는 것이죠. 환경에 그 열쇠가 있습니다. 우리의 행동 양식은 유전자가 환경과 상호작용함으로써 비로소 결정되죠. 인간은 유전자의 지배를 받는 존재가 아닌 것이죠. 우리는 자유의지를 발휘할 수 있는 존재인 것입니다." 여러 신문들이 같은 기사를 실었다. 이를 계기로, 본성 대 양육이라는 해묵은 논쟁은 인간의 행동을 결정하는 것이 유전인지 아니면 환경인지 하는 논쟁의 형태로 재점화되었다. 인간이란 결국 신체를 구성하는 물질에 의해 구속받는 존재인지 아니면 인간에게 자유의지가 허락되는지를 놓고도 열띤 토론이 벌어졌다.

<보 기>

ㄱ. 자유의지가 없는 동물 중에는 인간보다 더 많은 유전자 수를 가지고 있는 경우도 있다.
ㄴ. 유전자에게 지배되지 않더라도 인간의 행동이 유전자와 환경의 상호작용으로 결정된다면, 그 행동은 인간 스스로의 자유로운 의지에 따라 행한 것이라고 볼 수 없다.
ㄷ. 다양한 인간 행동은 일정한 수의 유형화된 행동 패턴들의 중층적 조합으로 분석될 수 있고, 발견된 인간 유전자의 수는 유형화된 행동 패턴들을 모두 설명하기에 적지 않다.

① ㄱ
② ㄴ
③ ㄱ, ㄷ
④ ㄴ, ㄷ
⑤ ㄱ, ㄴ, ㄷ

문 23. 다음 글에 비추어 볼 때, <사례>에 대해 추론한 것으로 적절한 것만을 <보기>에서 모두 고르면?

우리는 여러 대상들에 대하여 다른 선호를 가지고 있다. 그러면 이 선호를 어떻게 비교할 수 있을까? 예를 들어 생각해 보자. 갑은 한식, 중식, 일식, 양식 각각에 대한 선호도를 정량화할 수는 없지만, 그 좋아하는 정도는 한식이 제일 크고 일식이 제일 작다는 것은 분명히 알고 있다. 그러면 실제로 한식과 일식을 좋아하는 정도와 상관없이, 이를 각각 1과 0으로 둔다. 그리고 다음의 두 가지 대안을 놓고 선택하게 하면, 한식 · 일식에 비추어 다른 음식을 좋아하는 순위도 알 수 있다.

A: 무조건 중식을 먹는다.
B: 한식을 먹을 확률이 0.7, 일식을 먹을 확률이 0.3인 추첨을 한다.

B를 선택할 때 갑이 느끼는 만족의 기댓값은 0.7이다. 따라서 갑이 A와 B 가운데 어떤 선택이라도 상관없다고 생각한다면, 그가 중식을 좋아하는 정도는 0.7이 된다. 한편, 갑이 둘 중 B를 선택한다면 그가 중식을 좋아하는 정도는 0.7보다 작고, A를 선택한다면 그 정도는 0.7보다 크다.

이와 같은 방식을 다른 음식에도 적용하면, 모든 음식의 선호를 비교할 수 있다. 우리가 어떤 음식을 얼마나 좋아하는지 비록 그 절대적 정도를 알 수는 없어도, 다른 음식을 통하여 선호의 순위를 따져볼 수는 있는 것이다.

<사 례>

을이 한식, 중식, 일식, 양식 중 좋아하는 정도는 양식이 제일 크고 중식이 제일 작다. 을은 C와 D 중 D를 선택하고, E와 F 중 어떤 대안을 선택해도 상관하지 않는다.

C: 무조건 한식을 먹는다.
D: 양식을 먹을 확률이 0.8, 중식을 먹을 확률이 0.2인 추첨을 한다.
E: 무조건 일식을 먹는다.
F: 양식을 먹을 확률이 0.3, 중식을 먹을 확률이 0.7인 추첨을 한다.

<보 기>

ㄱ. 을은 일식보다 한식을 더 좋아할 것이다.
ㄴ. 을은 E보다 "양식을 먹을 확률이 0.5, 중식을 먹을 확률이 0.5인 추첨을 한다."라는 대안을 선택할 것이다.
ㄷ. 을의 음식 선호도가 중식이 제일 높고 양식이 제일 낮은 것으로 바뀌고 각 대안에 대한 선택 결과는 <사례>와 동일하다면, 을은 한식보다 일식을 더 좋아할 것이다.

① ㄱ ② ㄴ
③ ㄱ, ㄷ ④ ㄴ, ㄷ
⑤ ㄱ, ㄴ, ㄷ

문 24. 다음 글에서 추론할 수 있는 것은?

두 국가에서 소득을 얻은 개인이 두 국가 모두의 거주자로 간주되면, 두 국가에서 벌어들인 소득 합계에 대한 세금을 두 국가 모두에 납부해야 한다. 이러한 이중 부과는 불합리하다. 이에, 다음 <기준>에 따라 <사례>의 개인 갑~정을 X국과 Y국 중 어느 국가의 거주자인지 결정하고자 한다. 갑~정의 국적은 각 하나씩이며, 네 명 모두 X국과 Y국에서만 소득을 얻는다. <기준>의 각 항목은 거주국이 결정될 때까지 '첫째'부터 순서대로 적용하되, 항목에 명시된 '경우'에 해당하지 않으면 적용하지 않는다. 거주국이 결정되면 그 뒤의 항목들은 고려하지 않는다.

<기 준>

첫째, 소득을 얻는 국가 중 한 국가에만 영구적인 주소가 있는 경우, 그 국가의 거주자로 본다. 둘째, 소득을 얻는 두 국가 모두에 영구적인 주소가 있는 경우, 더 중요한 이해관계를 가지는 쪽 국가의 거주자로 본다. 셋째, 소득을 얻는 두 국가 중 어느 쪽에도 영구적인 주소가 없거나 어느 쪽 국가에도 더 중요한 이해관계를 가지지 않는 경우에는 통상적으로 거주하는, 즉 1년의 50%를 초과하여 거주하는 국가의 거주자로 본다. 넷째, 소득을 얻는 두 국가 중 어느 쪽에도 통상적으로 거주하지 않는 경우, 국적에 따라 거주국을 결정한다.

<사 례>

○ X국 국적자 갑은 X국 법인의 회장으로 재직하여 X국에 더 중요한 이해관계를 가지며, 어느 나라에도 영구적인 주소가 없으나 1년에 약 3개월은 X국에 거주하고 나머지는 Y국에 거주한다.
○ Z국 국적자 을은 Y국 법인의 이사로 재직하여 Y국에 더 중요한 이해관계를 가진다. 을은 Y국에 통상적으로 거주하며 그가 유일하게 영구적인 주소를 가진 X국에는 1년에 4개월 정도 거주하는데 그 기간에는 영상회의로 Y국 법인의 업무에 참여한다.
○ Y국 국적자 병은 X국과 Y국에 각각 영구적인 주소를 가지며 1년 중 X국에 1/4, Y국에 3/4을 체류한다. 병은 Y국에 체류할 때는 주로 휴식을 취하지만 X국에 체류하는 동안에는 X국의 공장을 운영하는 등, X국에 더 중요한 이해관계를 가진다.
○ Y국 국적자 정은 Z국에만 영구적인 주소를 가지나, 거주는 X국과 Y국에서 정확히 50%씩 한다. 정은 X국과 Y국 중 어느 쪽에도 더 중요한 이해관계를 가지지 않는다.

① 갑과 병은 거주국이 같다고 결정된다.
② 갑~정 중 거주국이 결정되지 않는 사람이 있다.
③ 갑~정 중 국적이 Z국인 사람은 Y국의 거주자로 결정된다.
④ 갑~정 중 Z국에 영구적인 주소를 가지는 사람의 거주국은 X국으로 결정된다.
⑤ 갑~정 중, X국의 거주자로 결정된 사람의 수와 Y국의 거주자로 결정된 사람의 수는 같다.

5급 공채 2019년도 (가)책형 37번

문 25. 다음 글의 A와 B에 대한 평가로 적절한 것만을 <보기>에서 모두 고르면?

지구중심설을 고수하던 프톨레마이오스의 추종자 A와 B는 '지구가 태양 주위를 1년 주기로 공전하고 있다'는 지구 공전 가설에 대하여 나름의 논증으로 대응한다.

A: 오른쪽 눈을 감고 본 세상과 왼쪽 눈을 감고 본 세상은 사물의 상대적 위치가 미묘하게 다르다. 지구 공전 가설이 옳다면, 지구의 공전 궤도 상에서 서로 가장 멀리 떨어진 두 위치에서 별을 관측한다면 별의 위치가 다르게 보일 것이다. 그러나 별은 늘 같은 위치에 있는 것으로 관측된다. 그러므로 지구 공전 가설은 틀렸다.

B: 바람과 반대 방향으로 빠르게 달리는 마차에서 보면 빗방울은 정지한 마차에서 볼 때보다 더 비스듬하게 떨어지는 것으로 보이지만 마차가 같은 속도로 바람과 같은 방향으로 달릴 때에는 그보다는 덜 비스듬하게 떨어지는 것으로 보인다. 지구 공전 가설이 옳다면 지구의 운동 속도는 상당히 빠를 것이고 반년이 지나면 운동 방향이 반대가 될 것이다. 그러므로 지구의 운동 방향에 따라 별빛이 기울어지는 정도가 변할 것이고 별의 가시적 위치가 달라질 것이다. 그러나 별은 늘 같은 위치에 있는 것으로 관측된다. 그러므로 지구 공전 가설은 틀렸다.

<보 기>

ㄱ. A와 B 모두 일상적 경험에 착안하여 얻은 예측과 별을 관측한 결과를 근거로 지구 공전 가설을 평가했다.

ㄴ. A와 B 모두 당시 관측 기술의 한계로 별의 위치 변화가 관측되지 않았을 가능성을 고려하지 않았다.

ㄷ. 지구가 공전하면 별의 위치가 달라져 보일 이유를, A는 관측자의 관측 위치가 달라진 것에서, B는 관측자의 관측 대상에 대한 운동 방향이 뒤바뀐 것에서 찾았다.

① ㄱ
② ㄷ
③ ㄱ, ㄴ
④ ㄴ, ㄷ
⑤ ㄱ, ㄴ, ㄷ

MEMO

2023년도 대비　　7급 공채 | 민간경력자채용

메가피셋

잘고른 N제

PART 2 75+

피셋 평균 합격선보다 높은 75점 이상의 점수를 맞기 위해
대비해야 하는 고난도 문항을 선별 구성하였습니다.

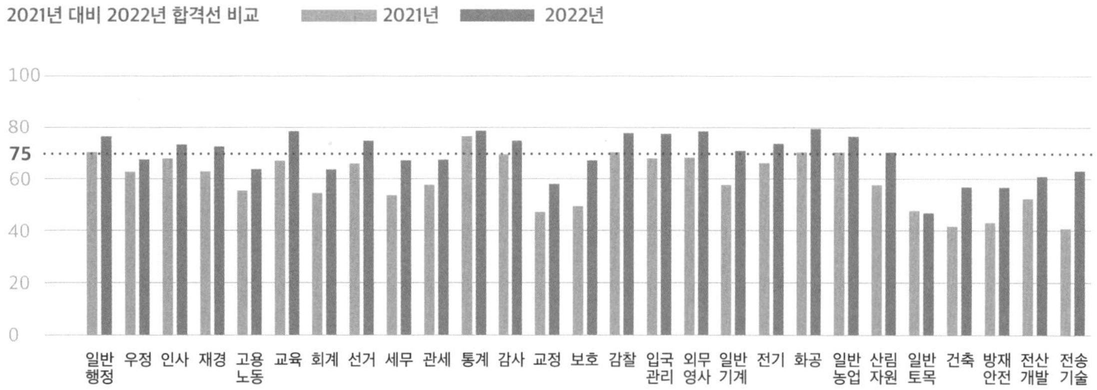

PART 2 75+ 추천 수험생

❶ 위 표에서 확인한 나의 희망 직렬의 합격선이 75점 이상인 수험생

❷ 합격선이 높은 직렬은 아니지만, 안정적인 PSAT 합격을 희망하는 수험생

❸ PART 1: 60+ 학습 후, 심화 문항풀이를 통해 PSAT 완벽 대비를 원하는 수험생

★ PART 2: 75+ 학습을 통해, 고난도 문항에 대한 문항 적응력 및 완벽한 풀이 능력을 배양하세요.

제5회

강·약점 유형 확인을 위한
문항구성표

유형	문항 번호
유형 **01.** 정보확인	1, 2, 3, 4, 5
유형 **02.** 정보추론	17, 18, 21
유형 **03.** 형식논리	6, 7, 8, 9
유형 **04.** 논증분석	10, 12, 15, 25
유형 **05.** 논증평가	11, 13, 14, 16, 19, 20, 22, 23, 24

※ 회차별 유형 수록 비율은 본고사 예상 출제 경향을 고려하여 다양하게 구성하였습니다.

5급 공채 2019년도 (가)책형 3번

문 1. 다음 글에서 알 수 있는 것은?

조선 시대에 설악산이라는 지명이 포함하는 영역은 오늘날의 그것과 달랐다. 오늘날에는 대청봉, 울산바위가 있는 봉우리, 한계령이 있는 봉우리를 하나로 묶어 설악산이라고 부른다. 그런데 조선 시대의 자료 중에는 현재의 대청봉만 설악산이라고 표시하고 울산바위가 있는 봉우리는 천후산으로, 그리고 한계령이 있는 봉우리는 한계산으로 표시한 것이 많다.

요즘 사람들은 설악산이나 계룡산과 같이 잘 알려진 산에 수많은 봉우리가 포함되어 있는 것이 당연하다고 생각하는데, 고려 시대까지만 해도 하나의 봉우리는 다른 봉우리와 구별된 별도의 산이라는 인식이 강했다. 이런 생각은 조선 전기에도 이어졌다. 그러나 조선 후기에 해당하는 18세기에는 그 인식에 변화가 나타나기 시작했다. 18세기 중엽에 제작된 지도인 『여지도』에는 오늘날 설악산이라는 하나의 지명으로 포괄되어 있는 범위가 한계산과 설악산이라는 두 개의 권역으로 구분되어 있다. 이 지도에 표시된 설악산의 범위와 한계산의 범위를 합치면 오늘날 설악산이라고 부르는 범위와 동일해진다. 그런데 같은 시기에 제작된 『비변사인 방안지도 양양부 도엽』이라는 지도에는 설악산, 천후산, 한계산의 범위가 모두 따로 표시되어 있고, 이 세 산의 범위를 합치면 오늘날의 설악산 범위와 같아진다.

한편 18세기 중엽에 만들어진 『조선팔도지도』에는 오늘날과 동일하게 설악산의 범위가 표시되어 있고, 그 범위 안에 '설악산'이라는 명칭만 적혀 있다. 이 지도에는 한계산과 천후산이라는 지명이 등장하지 않는다. 김정호는 『대동지지』라는 책에서 "옛날 사람들 중에는 한계령이 있는 봉우리를 한계산이라고 부른 이도 있었으나, 사실 한계산은 설악산에 속한 봉우리에 불과하다."라고 설명하였다. 현종 때 만들어진 『동국여지지』에는 "설악산 아래에 사는 사람들은 다른 지역 사람들이 한계산이라 부르는 봉우리를 설악산과 떨어져 있는 별도의 산이라고 생각하지 않고, 설악산 안에 있는 봉우리라고 생각한다."라는 내용이 나온다. 김정호는 이를 참고해 『대동지지』에 위와 같이 썼던 것으로 보인다. 『조선팔도지도』에는 천후산이라는 지명이 표시되어 있지 않은데, 이는 이 지도를 만든 사람이 조선 전기에 천후산이라고 불리던 곳을 대청봉과 동떨어진 별도의 산이라고 생각하지 않았음을 뜻한다.

① 『여지도』에 표시된 설악산의 범위와 『대동지지』에 그려져 있는 설악산의 범위는 동일하다.
② 『동국여지지』에 그려져 있는 설악산의 범위와 『조선팔도지도』에 표시된 설악산의 범위는 동일하다.
③ 『조선팔도지도』에 표시된 대로 설악산의 범위를 설정하면 그 안에 한계령이 있는 봉우리가 포함된다.
④ 『대동지지』와 『비변사인 방안지도 양양부 도엽』에는 천후산과 한계산이 서로 다른 산이라고 적혀 있다.
⑤ 『여지도』에 표시된 천후산의 범위와 『비변사인 방안지도 양양부 도엽』에 표시된 천후산의 범위는 동일하다.

5급 공채 2022년도 (나)책형 22번

문 2. 다음 글에서 추론할 수 있는 것은?

영조 3년 6월 2일, 좌부승지 신택이 왕에게 주청하기를, "국경을 지키며 감시하는 파수는 무엇보다 중요한 일입니다. 그런데 압록강 중류에 위치한 강계(江界) 경내에서 국경 파수꾼들이 근무하는 파수보는 백여 곳이나 됩니다. 그곳의 파수는 평안도 지역에 거주하는 백성 중에서 군역을 져야 하는 사람들이 순번을 돌아가며 담당하는데, 파수는 5월부터 9월까지만 하고 겨울 추위가 오기 전에 철수합니다. 파수꾼이 복무하는 달은 다섯 달에 불과하지만, 그 기간 동안 식량도 제공되지 않고, 호랑이의 습격을 받기도 합니다. 그런 까닭에 파수보에 나가는 것을 마치 죽을 곳에 가는 것처럼 꺼리는 사람이 많습니다. 그나마 백성들이 파수를 나갈 때 위안으로 삼는 것은 선왕 때부터 산삼을 캘 수 있도록 허락했다는 사실 하나입니다. 선왕께서는 파수보에 배치된 파수꾼 중 파졸 2명과 지휘자인 파장만 파수보에 남고, 나머지는 부근의 산지에서 산삼을 캘 수 있도록 허락했습니다. 그 후 파졸들은 캐낸 산삼 중 일부는 세금으로 내고, 남은 것을 팔아 파수보에 있는 동안 사용할 식량이나 의복을 마련했습니다. 그런데 평안병사로 임명된 김수는 그런 사정도 모른 채 올해 3월 부임하자마자 파수보에 배치된 어떤 사람도 보를 떠나서는 안 되며 모든 인원은 보에서 소임을 다하라고 명령하고, 그 명령을 어긴 사람을 처벌했습니다. 이런 조치가 취해지니 민심이 동요하고, 몰래 파수보를 벗어나 사라지는 파졸까지 생겨나고 있습니다. 이는 아주 난처한 일이니, 제 소견으로는 규정에 정해진 파수보 정원 9명 중 파장을 제외한 파졸 8명은 절반씩 나누어 한 무리는 파수보를 지키게 하고, 나머지 한 무리는 산삼을 캐게 하되 저녁에는 반드시 파수보로 돌아와 다음날 교대로 근무할 수 있도록 하는 것이 좋을 듯합니다."라고 하였다.

이 말을 듣고 왕이 말하기를, "평안병사가 올 초에 내린 조치를 몇 달 지나지 않아 거두어들이도록 하는 것은 참 난감한 일이다. 하지만 좌부승지가 이렇게 간곡하게 말하니 거절할 수 없겠다."라고 하고 비변사에 명령하여 좌부승지의 의견대로 즉시 시행하게 조치하였다. 이후 강계 파수보에 관한 제반 사항은 영조 대에 그대로 유지되었다.

① 영조 4년 한 해 동안 파졸 1인이 파수보에 있는 시간은 영조 2년보다 2배로 늘었을 것이다.
② 강계의 파수보에 배치된 파졸은 평안도 지역의 군역 대상자 중에서 평안병사가 선발하였을 것이다.
③ 영조 4년 한 해 동안 강계 지역에서 채취된 산삼의 수량은 2년 전에 비해 절반으로 줄었을 것이다.
④ 김수의 부임 이전에 강계에 배치된 파졸들의 최대 사망 원인은 굶주림과 호랑이에 의한 피해였을 것이다.
⑤ 영조 3년 5월에 비해 다음 해 5월 강계의 파수보에서 파수 근무해야 하는 1일 인원수가 줄어들었을 것이다.

문 3. 다음 글에서 추론할 수 있는 것은?

지금까지 관찰된 모든 에메랄드가 초록이었다면, 우리는 귀납 추론을 통해, 다음에 관찰될 에메랄드도 초록이라고 예측할 것이다. 이러한 추론 및 예측 행위를 두고 "과거 사례들에 부여한 규칙성을 미래에 투사한다."라고 표현한다. 다시 말해 우리는 과거 사례들에 부여한 '에메랄드는 초록임'이라는 규칙성을 미래에 투사하여, 미래 사례들에도 '에메랄드는 초록임'을 부여하게 된다. 만일 우리의 예측이 잘 들어맞을 경우, 우리가 부여한 규칙성은 미래에 투사할 수 있는 규칙성이 된다. 하지만 과거 관찰 사례들에 부여한 규칙성들이 모두 미래에 투사할 수 있는 규칙성인 것은 아니다. 우연의 일치 때문에 일어난 규칙성은 미래에 투사할 수 없는 규칙성이다. '에메랄드는 초록임'은 투사할 수 있는 규칙성일까?

귀납 추론 과정에서 도입하는 투사 행위에는 수수께끼가 있다. 예컨대 일상생활에서는 사용하지 않지만, 어떤 학자가 '초랑'이라는 낱말을 고안했다고 생각해 보자. 색깔을 나타내는 낱말 '초랑'은 우리가 잘 알고 있는 낱말 '초록'과 '파랑'을 통해 다음과 같이 정의된다.

> 만일 한 사물의 색깔이 이미 관찰되었고 초록이거나, 아직 관찰되지 않았고 파랑일 경우, 그 사물의 색깔은 초랑이다. 그 역도 성립한다.

이 정의에 따르면, 지금까지 관찰된 모든 에메랄드는 초랑이다. 왜냐하면 이미 관찰된 에메랄드의 색깔은 초록이었기 때문이다. 그런데 우리는 '에메랄드는 초랑임'을 미래에 투사할 수 있을까? 달리 말해 '에메랄드는 초랑임'은 미래에 투사할 수 있는 규칙성일까? 그래서 "모든 에메랄드는 초랑이다."라고 결론내릴 수 있을까?

한 보석 전문가가 아직 관찰되지 않은 에메랄드의 색깔을 예측하고자 한다. 그가 '에메랄드는 초랑임'을 미래에 투사한다고 해보자. 그가 '에메랄드는 초랑임'을 미래에 투사하면, 그는 아직 관찰되지 않은 그 에메랄드가 초랑이라고 예측한다. 마찬가지로 그가 '에메랄드는 초록임'을 미래에 투사하면, 그는 그 에메랄드가 초록이라고 예측한다. 이 두 가지 투사는 동일한 관찰 사례와 동일한 귀납 추론을 사용하였다. 그렇다면 그 결과는 같은가? '에메랄드는 초록임'을 투사한 예측은 그 에메랄드가 초록이라는 것을 말한다. 한편, 정의에 의해서 '에메랄드가 초랑임'을 투사한 예측은 그 에메랄드가 파랑이라는 것을 말한다. 그럼 어떤 예측이 올바른가?

두 가지 예측 과정은 사용한 관찰 사례들과 추론 방식에서는 아무런 차이가 없다. 두 과정의 유일한 차이는 하나는 '초록'이라는 용어를 사용하는 것이고 다른 하나는 '초랑'이라는 용어를 사용하는 것이다. 아직 관찰되지 않은 에메랄드가 두 가지 색깔을 갖는 것은 불가능하다. 만일 두 예측 가운데 하나만 참이라면, '에메랄드가 초록임'과 '에메랄드가 초랑임' 중 하나는 미래에 투사할 수 있는 규칙성이고 다른 하나는 미래에 투사할 수 없는 규칙성이다.

① 고안된 낱말이 포함된 규칙성은 미래에 투사할 수 없는 규칙성이다.
② 과거 사례들에 부여한 규칙성을 미래 사례들에 투사하는 것은 오류이다.
③ 규칙성을 미래에 투사할 수 있는지 여부는 우리가 어떤 용어를 사용하는지와 무관하다.
④ 미래에 투사할 수 있는 규칙성과 미래에 투사할 수 없는 규칙성은 귀납 추론을 통해 식별된다.
⑤ 똑같은 관찰 사례와 똑같은 추론 방식을 쓴다 하더라도 한 사물의 색깔에 대해 다르게 예측할 수 있다.

5급 공채 2021년도 (가)책형 9번

문 4. 다음 글에서 추론할 수 없는 것은?

조직 구성원의 발언은 조직과 구성원 양측에 긍정적 효과를 가져올 수 있다. 구성원들은 발언을 함으로써 스스로 통제할 수 있다는 느낌을 가지게 되어 직무 스트레스가 줄고 조직에 대해 긍정적 태도를 가질 수 있다. 동시에 발언은 발언자의 조직 내 이미지를 실추시키거나 다양한 보복을 불러올 우려가 없지 않다. 한편 침묵은 조직의 발전 기회를 놓치게 하거나 조직을 위기에 처하게 할 수 있을 뿐만 아니라, 구성원 자신들에게도 부정적 영향을 미칠 수 있다. 침묵은 구성원들로 하여금 스스로를 가치 없는 존재로 느끼게 만들고, 관련 상황을 통제하지 못한다는 인식을 갖게 함으로써, 구성원들의 정신건강과 신체에 악영향을 미칠 수 있다. 구성원들은 조직에서 우려되는 이슈들을 인지하였을 때, 이를 발언으로 표출할지 아니면 침묵으로 표출하지 않을지 선택할 수 있는데, 해당 조직의 문화 아래에서 보복과 관련한 안전도와 변화 가능성에 대한 실효성 등을 고려하여 판단한다.

침묵의 유형들은 다음과 같다. 먼저, 묵종적 침묵은 조직의 부정적 이슈 등과 관련된 정보나 의견 등을 가지고 있지만 이를 알리거나 표출할 행동 유인이 없어 표출하지 않는 행위를 가리킨다. 이러한 침묵은 문제 있는 현실을 바꾸려는 의지를 상실한 체념의 의미를 내포하고 있어, 방관과 유사하다. 묵종적 침묵은 발언을 해도 소용이 없을 것이라는 조직에 대한 불신으로부터 나오는 행위이다.

방어적 침묵은 외부 위협으로부터 자신을 보호하거나 자신을 향한 보복을 당하지 않기 위해 조직과 관련된 부정적인 정보나 의견을 억누르는 적극적인 성격의 행위를 가리킨다. 기존에 가진 것을 지키기 위한 것뿐만 아니라, 침묵함으로써 추가적인 이익을 보고자 하는 것도 방어적 침묵의 행동 유인으로 포함하여 보기 때문에 자기보신적 행위라고 할 수 있다.

친사회적 침묵은 조직이나 다른 구성원의 이익을 보호하려는 목적에서 조직과 관련된 부정적 정보나 의견 등을 표출하지 않고 억제하는 행위로서, 다른 사람을 배려한 이타주의적인 침묵을 가리킨다. 이는 본인의 사회적 관계를 위한 경우에는 해당되지 않고, 철저하게 '나'를 배제한 판단 아래에서 이뤄지는 행위이다.

① 구성원들의 발언이 조직의 의사결정에 반영되는 정도가 커질수록, 조직의 묵종적 침묵은 감소할 것이다.
② 발언의 영향으로 자신의 안전이 걱정되어 침묵하는 경우는 방어적 침묵에 해당한다.
③ 발언의 실효성이 낮을 것으로 판단하여 침묵하는 경우는 묵종적 침묵에 해당한다.
④ 발언자에 대한 익명성을 보장하는 경우, 조직의 친사회적 침묵은 감소할 것이다.
⑤ 발언의 안전도와 실효성이 낮은 조직일수록 구성원의 건강은 악화될 수 있다.

5급 공채 2016년도 (4)책형 27번

문 5. 다음 글에서 추론할 수 있는 것은?

'핸드오버'란 이동단말기가 이동함에탈출욕구가 상승해서 따라 기존 기지국에서 이탈하여 새로운 기지국으로 넘어갈 때 통화가 끊기지 않도록 통화 신호를 새로운 기지국으로 넘겨주는 것을 말한다. 이런 핸드오버는 이동단말기, 기지국, 이동전화교환국 사이의 유무선 연결을 바탕으로 실행된다. 이동단말기가 기지국에 가까워지면 그 둘 사이의 신호가 점점 강해지는데 반해, 이동단말기와 기지국이 멀어지면 그 둘 사이의 신호는 점점 약해진다. 이 신호의 세기가 특정값 이하로 떨어지게 되면 핸드오버가 명령되어 이동단말기와 새로운 기지국 간의 통화 채널이 형성된다. 이 과정에서 이동전화교환국과 기지국 간 연결에 문제가 발생하면 핸드오버가 실패하게 된다.

핸드오버는 이동단말기와 기지국 간 통화 채널 형성 순서에 따라 '형성 전 단절 방식'과 '단절 전 형성 방식'으로 구분될 수 있다. FDMA와 TDMA에서는 형성 전 단절 방식을, CDMA에서는 단절 전 형성 방식을 사용한다. 형성 전 단절 방식은 이동단말기와 새로운 기지국 간의 통화 채널이 형성되기 전에 기존 기지국과의 통화 채널을 단절하는 것을 말한다. 이와 반대로 단절 전 형성 방식은 이동단말기와 기존 기지국 간의 통화 채널이 단절되기 전에 새로운 기지국과의 통화 채널을 형성하는 방식이다. 이런 핸드오버 방식의 차이는 각 기지국이 사용하는 주파수 간 차이에서 비롯된다. 만약 각 기지국이 다른 주파수를 사용하고 있다면, 이동단말기는 기존 기지국과의 통화 채널을 미리 단절한 뒤 새로운 기지국에 맞는 주파수를 할당 받은 후 통화 채널을 형성해야 한다. 그러나 각 기지국이 같은 주파수를 사용하고 있다면, 그런 주파수 조정이 필요 없으며 새로운 통화 채널을 형성하고 나서 기존 통화 채널을 단절할 수 있다.

① 단절 전 형성 방식의 각 기지국은 서로 다른 주파수를 사용한다.
② 형성 전 단절 방식은 단절 전 형성 방식보다 더 빨리 핸드오버를 명령할 수 있다.
③ 이동단말기와 기존 기지국 간의 통화 채널이 단절되면 핸드오버가 성공한다.
④ CDMA에서는 하나의 이동단말기가 두 기지국과 동시에 통화 채널을 형성할 수 있지만 FDMA에서는 그렇지 않다.
⑤ 이동단말기 A와 기지국 간 신호 세기가 이동단말기 B와 기지국 간 신호 세기보다 더 작다면 이동단말기 A에서는 핸드오버가 명령되지만 이동단말기 B에서는 핸드오버가 명령되지 않는다.

LEET 추리논증 2011학년도 홀수형 22번

문 6. 다음 추론이 타당하기 위해서 추가로 필요한 진술은?

> 사고 자동차가 1번 도로를 지나왔다면, 이 자동차는 A마을에서 왔거나 B마을에서 왔을 것이다. 자동차가 A마을에서 왔다면, 자동차 밑바닥에 흙탕물이 튀었을 것이고 자동차 모습을 담은 폐쇄회로 카메라가 적어도 하나 있을 것이다. 자동차가 B마을에서 왔다면, 도로 정체를 만났을 것이고 적어도 검문소 한 곳을 통과했을 것이다. 자동차가 도로 정체를 만났다면 자동차 모습을 담은 폐쇄회로 카메라가 적어도 하나 있을 것이다. 자동차가 적어도 검문소 한 곳을 통과했다면 자동차 밑바닥에 흙탕물이 튀었을 것이다. 따라서 자동차는 1번 도로를 지나오지 않았다.

① 자동차 밑바닥에 흙탕물이 튀었을 것이다.
② 자동차는 도로 정체를 만나지 않았을 것이다.
③ 자동차가 적어도 검문소 한 곳을 통과했을 것이다.
④ 자동차는 검문소를 한 곳도 통과하지 않았을 것이다.
⑤ 자동차 모습을 담은 폐쇄회로 카메라는 하나도 없을 것이다.

입법고시 2017년도 (가)책형 16번

문 7. 다음 글에서 의열단 내의 변절자는 모두 몇 명인가?

> 일본 경찰의 지속적인 추적으로 인해 다수의 의열단원이 체포되는 상황이 벌어졌다. 의열단의 단장인 약산 김원봉 선생은 의열단 내 변절자가 몇 명이나 되는지 알아보고자 세 명의 간부에게 물었다.
> “서른 명 이상입니다.” 첫 번째 간부가 말했다.
> “제 생각은 다릅니다. 서른 명보다는 적습니다.” 두 번째 간부가 말했다.
> 그러자 세 번째 간부가 고개를 저으며 말했다.
> “적어도 한 명 이상입니다.”
> 다만, 약산 선생은 세 명의 간부는 모두 변절자가 아니지만, 오직 한 명만 상황을 정확히 파악하고 있다는 것을 알고 있다.

① 0명
② 1명
③ 2명
④ 3명
⑤ 30명 이상

제5회

입법고시 2016년도 (가)책형 7번

문 8. 다음 (가)와 (나)는 별개의 상황으로 설정된 것이다. 각 조건에 따를 때 옳은 것은?

> (가) 수사 과정에서 세 명의 도둑 용의자가 다음과 같은 진술을 하였다.
> 갑: 저는 도둑질을 하지 않았습니다.
> 을: 병은 확실히 도둑질을 하지 않았습니다.
> 병: 도둑질을 한 사람은 바로 저입니다.
> 그런데 나중에 세 명 중 두 명은 거짓말을 했다고 자백하였고, 도둑은 한 명이라는 것이 밝혀졌다.
>
> (나) 수사 과정에서 세 명의 도둑 용의자가 다음과 같은 진술을 하였다.
> A: 저는 결코 도둑질을 하지 않았습니다.
> B: A의 말은 참말입니다.
> C: 제가 도둑질을 하였습니다.
> 그런데 나중에 도둑은 한 명이고 그 도둑은 거짓말을 했다는 것이 밝혀졌다.

① 갑은 참말을 하였다.
② B는 거짓말을 하였다.
③ A는 참말을 하였다.
④ 병은 도둑질을 하였다.
⑤ 을과 A가 도둑질을 하였다.

LEET 추리논증 2010학년도 홀수형 11번

문 9. 다음 글로부터 추리한 것으로 옳은 것은?

> 어떤 회사의 사원 평가 결과 모든 사원이 최우수, 우수, 보통 중 한 등급으로 분류되었다. '최우수'에 속한 사원은 모두 45세 이상이었다. 그리고 35세 이상의 사원은 '우수'에 속하거나 자녀를 두고 있지 않았다. '우수'에 속한 사원은 아무도 이직 경력이 없다. '보통'에 속한 사원은 모두 대출을 받고 있으며, 무주택자인 사원 중에는 대출을 받고 있는 사람이 없다. 이 회사의 직원 A는 자녀를 두고 있으며 이직 경력이 있는 사원이다.

① A는 35세 미만이고 무주택자이다.
② A는 35세 이상이고 무주택자이다.
③ A는 35세 미만이고 주택을 소유하고 있다.
④ A는 45세 미만이고 무주택자이다.
⑤ A는 45세 이상이고 주택을 소유하고 있다.

문 10. 다음 A~F에 대한 평가로 적절하지 않은 것은?

어느 때부터 인간으로 간주할 수 있는가와 관련된 주제는 인문학뿐만 아니라 자연과학에서도 흥미로운 주제이다. 특히 태아의 인권 취득과 관련하여 이러한 주제는 다양하게 논의되고 있다. 과학적으로 볼 때, 인간은 수정 후 시간이 흐름에 따라 수정체, 접합체, 배아, 태아의 단계를 거쳐 인간의 모습을 갖추게 되는 수준으로 발전한다. 수정 후에 태아가 형성되는 데까지는 8주 정도가 소요되는데 배아는 2주경에 형성된다. 10달의 임신 기간은 태아 형성기, 두뇌의 발달 정도 등을 고려하여 4기로 나뉘는데, 1~3기는 3개월 단위로 나뉘고 마지막 한 달은 4기에 해당한다. 이러한 발달 단계의 어느 시점에서부터 그 대상을 인간으로 간주할 것인지에 대해서는 다양한 견해들이 있다.

A에 따르면 태아가 산모의 뱃속으로부터 밖으로 나올 때 즉 태아의 신체가 전부 노출이 될 때부터 인간에 해당한다. B에 따르면 출산의 진통 때부터는 태아가 산모로부터 독립해 생존이 가능하기 때문에 그때부터 인간에 해당한다. C는 태아가 형성된 후 4개월 이후부터 인간으로 간주한다. 지각력이 있는 태아는 보호받아야 하는데 지각력에 있어서 필수 요소인 전뇌가 2기부터 발달하기 때문이다. D에 따르면 정자와 난자가 합쳐졌을 때, 즉 수정체부터 인간에 해당한다. 그 이유는 수정체는 생물학적으로 인간으로 태어날 가능성을 갖고 있기 때문이다. E에 따르면 합리적 사고를 가능하게 하는 뇌가 생기는 시점 즉 배아에 해당하는 때부터 인간에 해당한다. F는 수정될 때 영혼이 생기기 때문에 수정체부터 인간에 해당한다고 본다.

① A가 인간으로 간주하는 대상은 B도 인간으로 간주한다.
② C가 인간으로 간주하는 대상은 E도 인간으로 간주한다.
③ D가 인간으로 간주하는 대상은 E도 인간으로 간주한다.
④ D가 인간으로 간주하는 대상을 F도 인간으로 간주하지만, 그렇게 간주하는 이유는 다르다.
⑤ 접합체에도 영혼이 존재할 수 있다는 연구결과를 얻더라도 F의 견해는 설득력이 떨어지지 않는다.

문 11. 다음 글에 대한 평가로 옳지 않은 것은?

㉠ 개념 역할 의미론에 따르면, 단어의 의미 이해는 그 단어의 사용 규칙을 따를 줄 아는 능력에 의존한다. 단어의 사용 규칙을 따른다는 것은 단지 그 규칙대로 단어를 사용한다기보다 그 규칙에 대한 이해를 기반으로 사용한다는 것을 의미한다. 그렇다면, 단어의 사용 규칙을 이해하지 못하고 있다는 것은 곧 그 단어의 의미를 이해하지 못한다는 말이 된다.

하지만 이 이론을 반박하기 위해 ㉡ 다음 논증이 제기되었다. 가령 '뾰족하다'라는 단어의 의미를 이해하려 한다고 해 보자. 이 이론에 근거할 때, 그 단어의 의미를 이해하려면 그 단어의 사용 규칙을 이해해야 한다. 그런데 그런 이해가 성립하려면, 우선 그 규칙이, 이를테면, ㉢ "'뾰족하다'는 무언가를 뚫을 수 있는 끝이 매우 가느다란 사물에 적용하라"와 같이 언어적으로 명료하게 표현되어야 할 것이다. 하지만 문제는 이 규칙을 표현하는 데에도 여러 개의 단어가 사용되었다는 것이다. 이 규칙을 이해하려면 그런 여러 단어의 의미를 모두 이해해야 할 것이며, 예를 들어, 이 규칙에 들어 있는 '뚫다'의 의미를 이해하지 못한다면 이 규칙을 이해할 수 없을 것이다. 그렇다면 '뚫다'의 의미를 이해하기 위해 무엇이 필요한가? 바로 그 단어의 사용 규칙에 대한 이해이다. 그런데 '뚫다'라는 단어의 사용 규칙도 여러 단어로 구성되어 있을 것이고, 그 규칙을 이해하기 위해서는 그 규칙을 표현하는 데 사용된 단어들의 의미를 또 이해해야 할 것이며, 이런 식의 퇴행은 무한히 거듭될 것이다. 이런 퇴행이 일어난다는 것은 궁극적으로 우리가 '뾰족하다'라는 단어의 의미를 이해하지 못한다는 뜻이며, 그런 문제는 다른 모든 단어에 똑같이 발생할 것이다. 따라서 개념 역할 의미론을 받아들이면, 우리가 사용하는 그 어떤 단어에 대해서도 그 의미를 이해하는 사람은 아무도 없다는 매우 불합리한 결론을 얻게 된다.

① 한국인 못지않게 한국어를 완벽히 구사하는 인공지능이 등장하더라도, ㉠은 약화되지 않는다.
② 단어의 사용 규칙이 반드시 언어적으로 표현되어야 하는 것이 아니라면, ㉡은 약화된다.
③ ㉢에 들어 있는 모든 단어의 의미를 이해하고 있는 사람이 실제로 있다면, ㉠은 강화된다.
④ 어떤 진술 안에 의미를 이해하지 못하는 단어가 포함되어 있어도 그 진술의 의미를 이해하는 것이 가능하다면, ㉡은 약화된다.
⑤ 어떤 단어의 의미를 이해하지 못하는 행위자가 그 단어를 사용 규칙대로 쓰고 있는 모습이 관찰되더라도, ㉠은 약화되지 않는다.

5급 공채 2015년도 (인)책형 15번

문 12. 다음 글에 대한 분석으로 적절한 것만을 <보기>에서 모두 고르면?

어떤 사람들은 강한 존재가 약한 존재를 먹고 산다는 것을 의미하는 '약육강식'에 근거하여 동물을 잡아먹는 것을 도덕적으로 정당화하고자 한다. 그들의 논증은 다음과 같다. ⓐ 약육강식은 자연법칙이다. 그러므로 ⓑ 생태계 피라미드에서 상층의 존재들은 하층의 존재들을 마음대로 이용해도 된다. 그런데 ⓒ 인간은 생태계 피라미드에서 가장 높은 위치에 있는 존재이다. 결론적으로 ⓓ 인간은 다른 동물들을 얼마든지 잡아먹어도 된다. 그런데 이러한 논증에는 여러 문제점이 있고, 그것들에 대해서 다음과 같이 지적할 수 있다.

(가) 자연법칙이란 보편적으로 받아들여지는 것이다. 설령 약육강식을 자연법칙으로 받아들이던 시기가 있었다고 할지라도 오늘날에 그것을 자연법칙으로 받아들이는 사람은 거의 없다.

(나) 어떤 행동이 자연법칙에 따르는 것이라고 해서 그 행동이 도덕적으로 옳은 것이라는 결론으로 나아갈 수는 없다. 사실에 대한 판단에서 도덕적인 판단을 이끌어내는 것은 오류이기 때문이다.

(다) 물론 인간은 지금 자신의 지능을 활용하여 다른 동물들을 잡아먹거나 포획할 수 있다. 하지만 먼 옛날에는 오히려 인간이 육식동물들의 좋은 먹잇감이었다. 이런 점만 생각해 보아도 생태계 피라미드라는 것은 인간의 입장에서 만들어 놓은 일종의 형식이지 그러한 피라미드가 실제로 존재하는 것은 아니라는 것을 알 수 있다.

(라) 인간이 생태계에서 가장 높은 위치에 있다는 이유로 다른 존재를 잡아먹는 것이 도덕적으로 허용된다고 해보자. 그렇다면, 생태계에서 인간보다 높은 위치에 있는 존재가 나타날 경우 그들이 인간을 잡아먹는 것도 도덕적인 잘못이 아니라고 결론지어야 한다. 그러나 이러한 결론에 동의할 사람은 없다. 즉, 생태계에서 인간보다 높은 위치의 존재가 나타났다고 할지라도 그들이 인간을 잡아먹는 것을 도덕적으로 허용하는 사람은 없다는 것이다.

<보 기>

ㄱ. (가)의 주장이 참이면, ⓐ는 거짓이다.
ㄴ. (나)의 주장은, ⓑ에서 ⓓ를 이끌어내는 것이 오류라는 것이다.
ㄷ. (다)의 주장이 참이면, ⓒ가 거짓이다.
ㄹ. (라)의 주장은, ⓑ와 ⓒ를 받아들일 경우 우리가 받아들이기 힘든 결론이 도출된다는 것이다.

① ㄱ, ㄴ
② ㄱ, ㄷ
③ ㄷ, ㄹ
④ ㄱ, ㄷ, ㄹ
⑤ ㄴ, ㄷ, ㄹ

5급 공채 2022년도 (나)책형 38번

문 13. 다음 글의 ㉠과 ㉡에 대한 평가로 적절한 것만을 <보기>에서 모두 고르면?

A국의 어업 규제는 일정 정도의 크기에 이르지 못한 개체는 잡을 수 없게 하고 있다. 이러한 규제는 ㉠ 큰 개체를 보호하면 그렇지 않은 경우보다 개체 수의 회복이 느리고, 작은 개체를 보호하면 그렇지 않은 경우보다 개체 수의 회복이 빠르다는 가설에 근거하고 있다. 이 가설을 받아들인다면 작은 개체를 많이 잡게 되면 개체 수의 회복이 어려울 것이다. 반면 큰 개체를 많이 잡게 되면, 그 후 작은 개체가 성장하고 번식하여 개체 수가 더 빨리 회복될 수 있을 것이다. 그러나, A국의 생태학자들은 크기를 이용한 이러한 규제가 인위적 선택에 의한 진화적 부작용을 유발할 수 있다는 우려를 나타내고 있다. 이들은 진화이론에 기반하여 도출한 ㉡ 정해진 크기에 해당하는 개체만 잡으면 세대가 지날수록 집단에서 그와 다른 크기의 개체의 비율이 점차 증가한다는 가설을 적용해야 한다고 주장한다. 이 가설을 바탕으로 생태학자들은 현재의 어업 규제와 같이 일정 크기 이상의 개체만 잡게 되면 결국 크기가 작은 개체만 남게 되어, 어족 자원의 질은 나빠질 것이라고 말한다.

이러한 쟁점과 관련하여 한 어류 생태학자는 연안에 서식하는 어류 X를 이용해 실험하였다. 그는 3개의 큰 물탱크를 준비하여 각 탱크에 1,000마리의 X를 넣고, 탱크 각각에 다음 처리를 하였다.

처리 1: 크기가 작은 순으로 900마리의 개체를 제거한다.
처리 2: 크기가 큰 순으로 900마리의 개체를 제거한다.
처리 3: 900마리의 개체를 무작위로 선택하여 제거한다.

이런 처리 이후, 각 탱크에서 개체 수가 회복되기까지 기다렸다. 그런 다음 같은 방식으로 각 탱크의 개체 중 90%를 제거하였다. 이런 식의 시도를 총 4번 반복하였다.

<보 기>

ㄱ. 탱크 속 개체 수가 회복되는 시간과 개체의 평균 크기를 비교했을 때, 처리 1을 한 탱크와 처리 3을 한 탱크 간의 유의미한 차이가 없었다면, ㉠은 강화되지만 ㉡은 약화된다.
ㄴ. 처리 2를 한 탱크 속 개체의 수가 처리 3을 한 탱크 속 개체의 수보다 빠르게 회복되었지만, 처리 2를 한 탱크 속 개체의 평균 크기는 처리 3을 한 탱크 속 개체의 평균 크기보다 작아졌다면, ㉠과 ㉡ 모두 강화된다.
ㄷ. 처리 3을 한 탱크 속 개체의 수가 처리 1을 한 탱크 속 개체의 수보다 빠르게 회복되었지만, 처리 3을 한 탱크 속 개체의 평균 크기는 처리 1을 한 탱크 속 개체의 평균 크기보다 커졌다면, ㉠은 강화되지만 ㉡은 약화된다.

① ㄱ
② ㄴ
③ ㄱ, ㄷ
④ ㄴ, ㄷ
⑤ ㄱ, ㄴ, ㄷ

입법고시 2019년도 (가)책형 40번

문 14. 다음 실험의 결과에 대한 반박의 논거로 옳지 않은 것은?

왜 참새는 벌새처럼 작거나 오리만큼 크지 않고 현재의 참새만한가? 이 질문의 답을 찾고자 연구팀은 사전에 잘 조사된 작은 섬 세 개를 골라 그곳에 사는 참새를 포획하였다. 이 연구에서는 참새들에 대해 인위적인 '선택'을 일으켜 진화를 초래하고, 이들 참새가 이후에 다시 원상태로 돌아가는지를 장기간 관찰하는 것이다. 인위적인 선택이란 인공 선택으로, 유기체의 특정 형질에 인위적으로 조작을 가하여 그 특정 형질을 가진 개체들의 수를 늘리고 이 형질을 유전되게 하는 것이다. 실험실이 아닌 자연을 연구 장소로 선택하는 것에는 어려움이 있다. 작은 섬이지만 100~300마리에 이르는 참새를 모두 붙잡는 것은 힘들어 약 90%를 포획하는 데 그쳤다. 잡은 참새는 쓰지 않는 농가의 창고에 일시적으로 가두었고 그들 중 일부는 탈출에 성공했다. 연구자들은 이런 변수를 보완하기 위해 모든 새의 혈액에서 유전자를 채취하여 분석했다.

연구팀은 실험군인 A섬에서는 상대적으로 큰 참새들을 골라 풀어주었고, 대조군인 B섬에서는 반대로 비교적 작은 개체들만 풀어주었다. 선택에서 배제된 새들은 섬에서 멀리 떨어진 본토에 풀어주었다. 연구팀은 2002년부터 2005년까지 매년 새를 포획하여 크기에 대한 인공 선택을 한 후에 풀어주기를 되풀이했고, 2006년부터 2012년까지는 인공 선택을 멈추고 자연적으로 참새가 어떻게 변화하는지 관찰했다. 11년 동안 계속된 이 실험에서 연구팀은 인공 선택으로 두 섬 각각에서 몸의 크기를 결정하는 유전적 구성을 변화시켰다. 실제로 상대적으로 큰 개체를 방사한 A섬의 참새는 몸의 크기—연구에서는 몸의 크기를 대표하는 발목마디의 길이—가 자연적인 유전 변화로 초래된 것보다 훨씬 커졌다. B섬에서는 반대로 몸의 크기가 현저하게 작아졌다.

그러나 이번 연구의 핵심은 인공 선택으로 크기가 다른 개체를 만드는 단계가 아니라 그 다음 단계였다. 즉 인공적으로 크기가 달라진 참새에 대해 인위적 영향을 중단하고 마음대로 번식하게 한다면 어떻게 변해갈 것인지가 관심거리였다. 불과 4년 동안 몇 세대 만에 평균보다 커진 참새와 작아진 참새 모두 원래 크기로 돌아갔다. 말하자면 참새는 오리가 아니라 참새 크기일 때 생존 조건에 가장 이상적으로 적응한다는 것이 밝혀졌다. 참새의 크기가 아주 크다면 체중에 비교하여 표면적이 작아진다. 따라서 추운 곳에서 살기에 유리해진다. 그러나 그와 동시에 포식자에게는 적합한 먹잇감이 될 것이다. 물론 이상적인 참새의 크기를 결정하는 요인은 이보다 많을 것이지만 이 연구에서는 그 요인이 정확히 무엇인지는 모른다. 변화된 상황에 참새가 매우 빨리 적응한다는 사실은 분명하다. 다른 많은 종도 그와 같을 것이다. 예를 들어 기후 변화는 먹이 등 다른 많은 조건을 바꿔놓아 결국 선택에 대한 압력을 변화시킬 것이다. 그 상황에서 어떤 개체는 생존에 유리하여 더 잘 번식하고 자신의 유전자를 후손에 더 많이 넘겨줄 것이다.

① 실험에서 배제된 참새들이 A섬이나 B섬까지 이동할 수 있었음이 밝혀졌다.

② 지난 4년간 A섬에는 참새의 포식자가 줄어들었지만 B섬에는 계속 늘어났다.

③ 참새의 포식자는 참새의 크기보다 색깔에 더 예민하게 반응하는 경향을 보였다.

④ 참새의 크기가 선택되었을 때 참새의 크기에 상응하는 유전자의 발현 빈도가 높아졌다.

⑤ 참새가 아닌 다른 조류에 대한 실험에서는 변화된 몸이 그 크기를 유지하였다.

입법고시 2022년도 (가)책형 5번

문 15. 다음 글에 관한 설명으로 옳은 것만을 <보기>에서 모두 고른 것은?

오늘날 가장 중요한 인본주의 분파는 자유주의적 인본주의다. 이 사상은 '인간성'은 개별 인간의 속성이며 개인의 자유는 더할 나위 없이 신성하다고 믿는다. 자유주의자에 따르면, 인간성의 신성한 성질은 모든 개별 사피엔스의 내면에 갖춰져 있다. 개개인의 내면은 세상에 의미를 부여하며, 모든 윤리적·정치적 권위의 원천이 된다. 만일 우리가 윤리적·정치적 딜레마와 마주친다면, 우리는 자신의 내면을 돌아보고 내면에서 울리는 목소리—인간성의 목소리—를 들어야 한다. 자유주의적 인본주의의 주된 계명들은 이런 내면의 목소리가 지닌 자유를 침입이나 손상으로부터 보호하기 위한 것이다. 이런 계명들을 통칭하여 '인권'이라고 부른다.

또 다른 중요한 분파는 사회주의적 인본주의다. 사회주의자들은 '인간성'이 개인주의적인 것이 아니라 집단적인 것이라고 믿는다. 이들이 신성하게 보는 것은 개별 인간의 내면의 목소리가 아니라 전체 호모사피엔스 종이다. 자유주의적 인본주의가 개개인의 최대한의 자유를 추구하는 데 반해, 사회주의적 인본주의는 모든 인간의 평등을 추구한다.

마지막 분파는 진화론적 인본주의로, 가장 유명한 예는 국가사회주의, 즉 나치다. 나치가 다른 인본주의 분파와 구별되는 점은 '인간성'에 대해 진화론에 깊이 감화된 색다른 정의를 갖고 있었다는 점이다. 나치는 다른 인본주의자들과 달리 인류를 보편적이고 영원한 무엇이 아니라 진화하거나 퇴화할 수 있는, 변하기 쉬운 종으로 보았다. 인간은 초인으로 진화할 수도, 인간 이하로 퇴화할 수도 있었다.

<보 기>

ㄱ. "부자가 가난한 자에 비해 특권을 누리는 것은 타당하지 않다. 왜냐하면 이는 우리가 부자에게나 가난한 자에게나 똑같이 적용되는 모든 인간의 자연적 본질보다 돈을 더 중시한다는 의미가 되기 때문이다."는 진술은 사회주의적 인본주의에 부합한다.

ㄴ. "유럽에서 살인은 인간성이라는 신성한 본성에 대한 침해로 여겨진다. 유럽인들은 질서를 회복하기 위해 고문하고 처형하지 않는다."는 진술은 자유주의적 인본주의에 부합한다.

ㄷ. "호모사피엔스의 등장 자체가, 네안데르탈인 같은 '하등한' 집단은 멸종한 데 반해 고대 인류 중 한 '우월한' 집단은 진화하면서 일어난 일이다."라는 주장은 사회주의적 인본주의의 바탕이 된다.

ㄹ. "인간이라는 유기체의 내적 작동방식을 연구하는 과학자들은 거기서 아무런 영혼도 발견하지 못했다. 인간의 행동은 자유의지가 아니라 호르몬, 유전자, 시냅스에 의해 결정된다는 주장을 펴는 과학자들이 점점 늘고 있다."는 주장은 진화론적 인본주의를 반박하고 있다.

① ㄱ, ㄴ
② ㄱ, ㄷ
③ ㄴ, ㄷ
④ ㄴ, ㄹ
⑤ ㄷ, ㄹ

LEET 추리논증 2012학년도 홀수형 23번

문 16. 다음 글에 나타난 입장을 비판하는 논거로 적절하지 않은 것은?

가설A는 D_1을 증거로 확보한 후 D_2를 성공적으로 예측했다. 반면 가설 B는 D_1과 D_2 모두를 증거로 확보한 후에 구성됐다. B는 D_1과 D_2에 대한 사후 설명을 제시한 것이다. 이제 두 가설 모두 증거 D_1과 D_2를 근거로 하고 있어, 확보된 증거는 동등하다. 이 경우 사람들은 가설A가 더 좋다는 입장을 취한다. 즉 같은 증거라도 그 증거가 사전에 성공적으로 예측된 경우가 사후에 설명되는 경우보다 가설을 지지하는 힘이 더 크다는 것이다. 다음 과학사의 사례는 이 입장을 뒷받침한다.

멘델레예프는 60개의 화학원소들을 원자의 무게에 따라 배열할 때 원자가 등의 성질이 주기적으로 반복된다는 점을 알아내 주기율표를 창안하고, 그 표의 빈 칸을 채우는 세 원소의 존재를 예측했다. 당시 학계는 주기율표가 단지 사후 설명을 제시하는 것으로 보고 평가를 보류하고 있다가 그의 예측대로 두 원소가 발견되자 놀라움을 표하며 세 번째 원소가 발견되기도 전에 데비 메달을 수여하였다.

① 예측에 성공한 주체는 과학자이지 가설이 아니며, 예측의 성공이 과학자들에게 끼치는 심리적 효과는 가설을 지지하는 증거의 힘과는 무관한 문제이다.

② 멘델레예프의 예측은 우연의 결과일 수도 있고, 과학사에서 보면 그러한 예측의 우연적 성공마저도 더 좋은 다른 이론에 의해 적절히 설명되는 경우가 많다.

③ 예측에 성공했다는 것 자체가 그 가설의 구성 과정이 과학적으로 신뢰할 만하다는 좋은 증거인 반면, 사후 설명은 가설 구성 과정의 신뢰성에 대한 적절한 증거가 아니다.

④ 증거가 가설을 지지하는 힘은 오직 가설과 증거 사이에 성립하는 논리적 관계에 따라 평가되어야 하며, 가설을 창안한 과학자가 그 증거를 알게 된 시점과는 무관한 문제이다.

⑤ 과학의 실제 현장에서는 방대하고 다양한 증거들을 적절히 설명하는 가설을 찾는 일 자체가 어렵고, 예측에 성공했다는 사실이 가설이 옳다는 결정적 증거가 되지 못하는 경우가 많다.

문 17. 다음의 계산법 C에 따라 확률을 계산했을 때 잘못 판단한 것은?

안을 볼 수 없는 항아리에 공이 하나 이상 들어 있다. 공은 검은 공이거나 하얀 공이다. 우리는 공을 하나씩 꺼낼 텐데, 항아리에서 공 하나를 꺼내면 색깔을 확인하자마자 곧바로 항아리에 다시 넣어야 한다. 첫째로 꺼낸 공이 검정이고 둘째로 꺼낸 공도 검정이었다고 해보자. 셋째로 꺼낼 공이 검정일 확률은 얼마일까?

우리는 항아리에 검은 공이 얼마나 들어 있는지 전혀 모른다. 다만 꺼낼 공의 색깔이 검정이거나 하양이라는 사실만 알 뿐이다. 논리적으로 생각해 볼 때 새로 꺼낼 공이 검정일 확률과 하양일 확률은 같다. 이는 논리 요소만 고려한 계산인데 이를 '계산법 A'라 하자. 이에 따라 계산하면 첫째 공과 둘째 공이 모두 검정일 때, 셋째 공이 검정일 확률은 1 / 2이다.

하지만 공을 모두 N번 꺼내어 이 중에서 검은 공을 n번 꺼냈다고 생각해보자. 총 N번 경험에서 검은 공을 n번 경험한 셈이다. 이런 경험을 고려해 볼 때 우리는 항아리 속의 전체 공에서 검은 공의 비율이 n / N이라고 보아야 한다. 따라서 N+1번째 꺼낼 공이 검정일 확률은 n / N이다. 이 계산은 경험 요소만을 고려한 계산인데 이를 '계산법 B'라 하자. 첫째 공과 둘째 공이 모두 검정일 때, 셋째 공이 검정일 확률은 2 / 2이다. 물론 공을 꺼낸 횟수가 증가할수록 검은 공이 나올 확률이 1 / 2로 수렴하지 않는다면, 항아리에 검은 공과 하얀 공이 애초에 똑같은 비율로 들어 있지 않았다고 보아야 한다.

제3의 견해는 논리 요소와 경험 요소 모두를 고려해 확률을 계산한 '계산법 C'이다. 이를 고안한 철학자 C는 두 요소의 각 확률 값 1 / 2과 n / N에서 분자는 분자끼리, 분모는 분모끼리 더하여 확률을 얻었다. 첫째 공과 둘째 공이 모두 검정일 때, 셋째 공이 검정일 확률은 아래와 같다.

$$\frac{1+2}{2+2}=\frac{3}{4}$$

① 바로 직전에 나온 공의 색깔은 이후에 꺼낼 공이 바로 그 색깔을 지닐 확률을 변화시킨다.
② 공을 꺼낸 횟수가 증가함에 따라, 검은 공이 나올 확률 값은 증가와 감소를 반복할 수 있다.
③ 공을 꺼낸 횟수가 유한한 한, 새로 꺼낼 공이 검정일 확률은 0이 되지도 1이 되지도 않는다.
④ 공을 꺼낸 횟수가 매우 클 경우, 검은 공이 나올 확률은 계산법 B에 따른 값과 거의 비슷해진다.
⑤ 지금까지 검은 공이 나온 횟수와 하얀 공이 나온 횟수가 같다 하더라도, 새로 꺼낼 공이 검정일 확률은 1 / 2이 아닐 수 있다.

문 18. 다음 글의 ㉠~㉢에 들어갈 말을 바르게 나열한 것은?

다음 세대에 유전자를 남기기 위해서는 반드시 암수가 만나 번식을 해야 한다. 그런데 왜 이성이 아니라 동성에게 성적으로 끌리는 사람들이 낮은 빈도로나마 꾸준히 존재하는 것일까? 진화심리학자들은 이 질문에 대해서 여러 가지 가설로 동성애 성향이 유전자를 통해 다음 세대로 전달된다고 설명한다. 그 중 캄페리오 - 치아니는 동성애 유전자가 X염색체에 위치하고, 동성애 유전자가 남성에게 있으면 자식을 낳아 유전자를 남기는 번식이 감소하지만, 동성애 유전자가 여성에게 있으면 여타 조건이 동일한 상황에서 자식을 많이 낳아 유전자를 많이 남기기 때문에 동성애 유전자가 계속 유지된다고 주장하였다. 인간은 23쌍의 염색체를 갖는데, 그 중 한 쌍이 성염색체로 남성은 XY염색체를 가지며 여성은 XX염색체를 가진다. 한 쌍의 성염색체는 아버지와 어머니로부터 각각 하나씩 받아서 쌍을 이룬다. 즉 남성 성염색체 XY의 경우 X염색체는 어머니로부터 Y염색체는 아버지로부터 물려받고, 여성 성염색체 XX는 아버지와 어머니로부터 각각 한 개씩의 X염색체를 물려받는다. 만약에 동성애 남성이라면 동성애 유전자가 X염색체에 있고 그 유전자는 어머니로부터 물려받은 것이다. 따라서 캄페리오 - 치아니의 가설이 맞다면 확률적으로 동성애 남성의 [㉠] 한 명이 낳은 자식의 수가 이성애 남성의 [㉡] 한 명이 낳은 자식의 수보다 [㉢].

	㉠	㉡	㉢
①	이모	이모	많다
②	고모	고모	많다
③	이모	고모	적다
④	고모	고모	적다
⑤	이모	이모	적다

제5회

LEET 추리논증 2022학년도 홀수형 38번

문 19. 다음 글을 평가한 것으로 적절한 것만을 <보기>에서 있는 대로 고른 것은?

아이에게 생기는 자폐증의 주요한 원인 중 하나는 임신 중 엄마의 비정상적인 면역 활성화로 여겨지고 있다. 엄마의 장에 존재하는 수지상 세포(dendritic cell, DC)는 체내에 바이러스가 감염되면 활성화된다. 이 DC는 장에 존재하는 T_H17 면역 세포를 활성화시키는데, 이때 T_H17에서 분비되는 IL-17 단백질이 태아에 전달되어 뇌 발달을 저해한다는 것이다. 최근 ㉠ 엄마의 장에 공생하는 특정 장내 세균의 존재 유무가 이러한 비정상적 면역 활성화에 중요하다는 가설이 제기되었다. 장내 세균의 명확한 역할은 알 수 없지만, 엄마에게 특정 장내 세균이 없을 때에는 위와 같은 면역 활성화가 일어나지 않는다는 것이다. 이를 검증하기 위해 다음 실험을 계획하였다.

〈실험〉

○ 다음과 같이 네 종류의 임신한 생쥐 군(X1, X2, Y1, Y2)을 준비하였다.

생쥐 군	장내 특정 공생 세균	바이러스 감염 여부
X1	있음	감염됨
X2	있음	감염되지 않음
Y1	없음	감염됨
Y2	없음	감염되지 않음

○ 일정 시간 후 각 생쥐의 장에서 DC와 T_H17 세포를 분리하였다. 각 세포에는 바이러스나 세균이 섞이지 않도록 하였다. 분리된 각 DC와 T_H17을 섞어 배양한 후 IL-17의 분비량을 측정하였다.

○ 각 생쥐에서 태어난 새끼들의 자폐 성향을 분석하였다.

〈보 기〉

ㄱ. X1의 DC를 X2의 T_H17과 배양했을 때 IL-17이 생산되고 X1의 DC를 Y2의 T_H17과 배양했을 때 IL-17이 생산되지 않는다면, ㉠이 강화된다.

ㄴ. X1의 DC를 Y2의 T_H17과 배양했을 때 IL-17이 생산되고 Y1의 DC를 Y2의 T_H17과 배양했을 때 IL-17이 생산되지 않는다면, ㉠이 강화된다.

ㄷ. X1에서 태어난 새끼들은 자폐 성향을 보이고 Y2에서 태어난 새끼들은 자폐 성향을 보이지 않는다면, ㉠이 강화된다.

① ㄱ
② ㄷ
③ ㄱ, ㄴ
④ ㄴ, ㄷ
⑤ ㄱ, ㄴ, ㄷ

LEET 추리논증 2023학년도 홀수형 37번

문 20. 다음 논증에 대한 평가로 옳은 것만을 <보기>에서 있는 대로 고른 것은?

단어 '잡아먹다'는 입과 소화기관이 있는 동물에 대해서만 사용해야 한다는 직관이 이 단어의 의미를 결정하는 좋은 근거인지는 의심스럽다. 이 단어를 입도 소화기관도 없는 대상에 대해서도 사용할 수 있다는 과학적 근거가 있다. 다음 수학 모형 M은 그 근거를 설명한다.

$$(1)\quad \frac{dP}{dt} = b(aV)P - mP$$

$$(2)\quad \frac{dP}{dt} = rV - (aV)P$$

수학 모형은 실제에 제대로 적용될 때 의미를 획득할 수 있다. M은 특정 지역에 사는 상어와 대구의 개체군 크기 변화 관계를 예측하기 위해 만들어졌으며, 실제로 이 예측은 성공적이었다. (1)은 시간에 따른 상어 개체군의 크기 변화를, (2)는 시간에 따른 대구 개체군의 크기 변화를 각각 나타낸다. (1)에서 $b(aV)P$의 의미는 '상어에게 잡아먹히는 대구의 수에 비례해서 증가하는 상어 개체군'으로 해석된다. 최근 식물학자들은 M으로 기생식물인 겨우살이와 참나무의 개체군 크기 변화 관계를 성공적으로 예측했다. 그렇다면 상어와 대구 사이의 관계에 대한 해석은 겨우살이와 참나무 사이의 관계에도 일관되게 적용되어야 한다. 겨우살이와 참나무의 관계에 M을 적용하면, $b(aV)P$는 '겨우살이에게 잡아 먹히는 참나무의 수에 비례해서 증가하는 겨우살이 개체군'을 의미한다. M의 적용이 상어 사례에서 겨우살이 사례로 확장 된다는 사실은 단어 '잡아먹다'의 의미를 확장할 수 있다는 과학적 근거이다.

〈보 기〉

ㄱ. 입 없이 먹이를 몸 안으로 흡수하는 생물의 행동에 대한 일상적 설명에는 단어 '잡아먹다'가 잘 쓰이지 않는다는 사실은 이 논증을 약화한다.

ㄴ. 동물의 입과 소화기관과 유사한 구조를 가진 식충식물에 대해서는 '잡아먹다'라는 표현이 일상적으로 사용된다는 사실은 이 논증을 약화한다.

ㄷ. 질병을 일으키는 박테리아와 사람 사이의 관계에 M이 잘 적용되어, "크기가 작은 박테리아가 사람을 잡아먹는다"는 진술이 생물학자들 사이에 일반적으로 사용되기 시작한다면, 이 논증은 강화된다.

① ㄱ
② ㄷ
③ ㄱ, ㄴ
④ ㄴ, ㄷ
⑤ ㄱ, ㄴ, ㄷ

5급 공채 2022년도 (나)책형 39번, 40번

※ 다음 글을 읽고 물음에 답하시오. [문 21.~문 22.]

갑은 ㉠ <u>환원 개념을 통해 과학 이론들의 통일과 진보를 설명할 수 있다</u>고 제안한다. 그에 따르면, 이론 S1이 이론 S2로 환원된다는 것은 S1을 구성하는 모든 법칙을 S2를 구성하는 법칙들로 설명할 수 있다는 것이다. 여기서 설명 가능성이란 환원되는 이론 S1의 법칙들이 환원하는 이론 S2의 법칙들로부터 연역적으로 도출될 수 있어야 한다는 도출 가능성을 의미한다.

연역적 도출로서의 환원은 과학 이론들의 통일에 대해 설득력 있는 그림을 제공한다. 통일 과학을 구성하는 다양한 과학 분야들은 층위를 달리하는 계층 질서를 형성하게 되고, 이 계층 질서의 위쪽에 있는 상부 과학은 기저 역할을 하는 하부 과학으로 환원된다. 즉, [(가)] 과학의 법칙들로부터 [(나)] 과학의 법칙들이 연역적으로 도출되는 것이다. 연역적 도출이라는 관계를 부분과 전체의 관계로 이해하면, 전체에서 부분이 도출되어야 하므로 [(다)] 과학은 [(라)] 과학의 부분이 된다. 또한 이런 그림을 시차를 두고 등장한 과학 이론들에 적용함으로써 과학의 진보를 설명할 수도 있다. 역사 속의 선행 이론과 후행 이론 사이에 연역적 도출로서의 환원 관계가 성립함으로써 과학 변동의 형태가 선행 이론이 후행 이론에 포함되는 관계를 드러낼 때, 그것을 과학의 진보라 부를 수 있다는 것이다.

환원되는 이론 S1과 환원하는 이론 S2 사이에 일부 공유되지 않는 이론적 어휘가 있어서 온전한 포함관계가 성립할 수 없어 보이는 경우도 이런 환원 개념을 적용할 수 있을까? 갑은 그런 경우에는 [(마)]에서는 사용하지 않지만 [(바)]에서는 사용하는 용어를 연결해 주는 소위 '교량 원리'를 도입하면 된다고 주장한다. 예를 들어, 고전역학을 양자역학으로 환원할 때, 양자역학에서 사용하지 않는 고전역학 용어인 '입자'를 양자역학에서 사용하는 '양자 파동함수'라는 용어로 바꾸어주는 가교 역할로서 '입자란 양자 파동함수가 뭉쳐 있는 상태이다.'라는 교량 원리를 도입하면 된다는 것이다.

하지만 을은 ㉡ <u>위와 같은 환원 개념으로는 과학의 통일과 진보를 온전히 설명할 수 없다</u>고 비판한다. 그에 따르면, 갑처럼 어떤 이론을 다른 이론으로 환원한다고 할 때 후자의 법칙으로부터 전자의 법칙을 연역적으로 도출해 낸 결과물이 전자의 법칙과 같아 보이지만, 실은 결코 같을 수가 없다. 연역적 도출은 단지 형식 논리에 따른 계산의 결과물일 뿐이기 때문이다. 예를 들어, 뉴턴 역학의 법칙에서 갈릴레오의 자유 낙하 운동 법칙이 연역적으로 도출된다고 하더라도 그 둘이 같은 것은 아니다. 갈릴레오의 자유 낙하 운동 법칙에서는 가속도가 일정하다고 간주하지만, 뉴턴 역학의 법칙으로부터 도출되는 자유 낙하 운동 법칙에서는 낙하 과정에서 가속도가 미세하나마 꾸준히 변화하는 것으로 간주하기 때문이다. 두 법칙에 따른 계산 결과의 차이가 측정하기 어려울 정도로 미세하다 할지라도 두 법칙의 개념적 내용은 엄연히 다른 것이다. 을에 따르면, 교량 원리에도 마찬가지 문제가 있다. '입자란 양자 파동함수가 뭉쳐 있는 상태이다.'와 같은 모범적인 교량 원리가 제시되더라도, 고전역학의 입자 개념과 양자 파동함수가 뭉쳐 있는 상태로 정의되는 입자 개념이 결코 동일시될 수 없다는 것이다. 심지어 두 이론이 공유하는 용어들도 저마다 그 의미가 다를 수 있다. 예를 들어, 고전역학과 상대성이론은 '질량'이라는 용어를 공유하지만, 질량은 고전역학에서는 각 물체가 지닌 고유한 상수인 반면, 상대성이론에서는 물체의 운동에 따라 바뀌는 변수이기 때문이다.

문 21. 위 글의 (가)~(바)에 들어갈 말을 적절하게 나열한 것은?

	(가)	(나)	(다)	(라)	(마)	(바)
①	하부	상부	상부	하부	S1	S2
②	하부	상부	하부	상부	S1	S2
③	상부	하부	하부	상부	S1	S2
④	하부	상부	상부	하부	S2	S1
⑤	상부	하부	하부	상부	S2	S1

문 22. 위 글의 ㉠과 ㉡에 대한 평가로 적절한 것만을 <보기>에서 모두 고르면?

<보 기>

ㄱ. 두 이론 사이에 연역적 도출을 통한 환원 관계가 성립했다는 판단은 그 두 이론이 공유하는 용어들의 개념적 내용이 같다는 것을 함축한다는 주장이 받아들여지면, ㉠은 강화되고 ㉡은 약화된다.

ㄴ. 뉴턴 역학에는 중세 운동 이론에 등장하는 '임페투스'라는 용어를 연결할 수 있는 원리가 존재하지 않음에도 불구하고 후행 이론인 뉴턴 역학을 선행 이론인 중세 운동 이론으로부터의 과학적 진보로 평가한다는 주장이 받아들여지면, ㉠은 약화되고 ㉡은 강화된다.

ㄷ. 원래는 별개의 영역을 다루는 것으로 알려져 있던 두 이론이 나중에 교량 원리를 이용한 제3의 이론으로부터 둘 다 연역적으로 도출됨으로써 그 세 이론 사이에 포함관계를 형성하게 된 역사적 사례가 다수 존재한다는 주장이 받아들여지면, ㉠은 강화되고 ㉡은 약화된다.

① ㄱ
② ㄷ
③ ㄱ, ㄴ
④ ㄴ, ㄷ
⑤ ㄱ, ㄴ, ㄷ

제5회

5급 공채 2013년도 (인)책형 15번

문 23. 다음 논증에 대한 평가로 적절한 것을 <보기>에서 모두 고르면?

우리의 생각과 판단은 언어에 의해 결정되는가 아니면 경험에 의해 결정되는가? 즉 언어결정론이 옳은가 아니면 경험결정론이 옳은가? 언어결정론자들은 우리의 생각과 판단이 언어를 반영하고 있고 실제로 언어에 의해 결정된다고 주장한다. 에스키모인들의 눈에 관한 언어를 생각해보자. 언어결정론자들의 주장에 따르면 에스키모인들은 눈에 관한 다양한 언어 표현들을 갖고 있어서 눈이 올 때 우리가 미처 파악하지 못한 미묘한 차이점들을 찾아낼 수 있다. 또 언어결정론자들은 '노랗다', '샛노랗다', '누르스름 하다' 등 노랑에 대한 다양한 우리말 표현들이 있어서 노란 색들의 미묘한 차이가 구분되고 그 덕분에 색에 관한 우리의 인지 능력이 다른 언어 사용자들보다 뛰어나다고 본다. 이렇듯 언어결정론자들은 사용하는 언어에 의해서 우리의 사고 능력이 결정된다고 말한다.

정말 그럴까? 모든 색은 명도와 채도에 따라 구성된 스펙트럼 속에 놓이고, 각각의 색은 여러 언어로 표현될 수 있다. 이러한 사실에 비추어보면 우리말이 다른 언어에 비해 보다 풍부한 색 표현을 갖고 있다고 볼 수 없다. 나아가 더 풍부한 표현을 가진 언어를 사용함에도 불구하고 인지 능력이 뛰어나지 못한 경우들도 발견할 수 있다. 따라서 우리의 생각과 판단은 언어가 아닌 경험에 의해 결정된다고 보는 것이 옳다. 언어결정론자들의 주장과 달리, 다양한 언어적 표현은 다양한 경험에 비롯된 것이라고 보는 것이 옳다.

<보 기>

ㄱ. 위 논증은 다른 언어에 비해 풍부한 표현을 가진 언어가 있다는 것을 부정하고 있다.
ㄴ. 위 논증은 언어와 경험 외에 우리의 생각과 판단을 결정하는 또 다른 요인이 있을 수 있다는 점을 고려하지 않고 있다.
ㄷ. 위 논증은 경험에 의해 인지능력이 결정되는 방식을 제시하여 자신의 주장을 정당화하고 있다.

① ㄱ
② ㄴ
③ ㄱ, ㄴ
④ ㄴ, ㄷ
⑤ ㄱ, ㄴ, ㄷ

5급 공채 2017년도 (가)책형 35번

문 24. 다음 논증에 대한 평가로 적절한 것만을 <보기>에서 모두 고르면?

평범한 사람들은 어떤 행위가 의도적이었는지의 여부를 어떻게 판단할까? 다음 사례를 생각해보자.

사례 1: "새로운 사업을 시작하면 수익을 창출할 것이지만, 환경에 해를 끼치게 될 것입니다"라는 보고를 받은 어느 회사의 사장은 다음과 같이 대답했다. "환경에 해로운지 따위는 전혀 신경 쓰지 않습니다. 가능한 한 많은 수익을 내기를 원할 뿐입니다. 그 사업을 시작합시다." 회사는 새로운 사업을 시작했고, 환경에 해를 입혔다.

사례 2: "새로운 사업을 시작하면 수익을 창출할 것이고, 환경에 도움이 될 것입니다"라는 보고를 받은 어느 회사의 사장은 다음과 같이 대답했다. "환경에 도움이 되는지 따위는 전혀 신경 쓰지 않습니다. 가능한 한 많은 수익을 내기를 원할 뿐입니다. 그 사업을 시작합시다." 회사는 새로운 사업을 시작했고, 환경에 도움이 되었다.

위 사례들에서 사장이 가능한 한 많은 수익을 내는 것을 의도했다는 것은 분명하다. 그렇다면 사례 1의 사장은 의도적으로 환경에 해를 입혔는가? 사례 2의 사장은 의도적으로 환경에 도움을 주었는가? 일반인을 대상으로 한 설문조사 결과, 사례 1의 경우 '의도적으로 환경에 해를 입혔다'고 답한 사람은 82%에 이르렀지만, 사례 2의 경우 '의도적으로 환경에 도움을 주었다'고 답한 사람은 23%에 불과했다. 따라서 특정 행위 결과를 행위자가 의도했는가에 대한 사람들의 판단은 그 행위 결과의 도덕성 여부에 대한 판단에 의존한다고 결론 내릴 수 있다.

<보 기>

ㄱ. 위 설문조사에 응한 사람들의 대부분이 환경에 대한 영향과 도덕성은 무관하다고 생각한다는 사실은 위 논증을 약화한다.
ㄴ. 위 설문조사 결과는, 부도덕한 의도를 가지고 부도덕한 결과를 낳는 행위를 한 행위자가 그런 의도 없이 같은 결과를 낳는 행위를 한 행위자보다 그 행위 결과에 대해 더 큰 도덕적 책임을 갖는다는 것을 지지한다.
ㄷ. 두 행위자가 동일한 부도덕한 결과를 의도했음이 분명한 경우, 그러한 결과를 달성하지 못한 행위자는 도덕적 책임을 갖지 않지만 그러한 결과를 달성한 행위자는 도덕적 책임을 갖는다고 판단하는 사람이 많다는 사실은 위 논증을 강화한다.

① ㄱ
② ㄴ
③ ㄱ, ㄷ
④ ㄴ, ㄷ
⑤ ㄱ, ㄴ, ㄷ

문 25. 다음 글에 대한 추론으로 적절하지 않은 것만을 <보기>에서 모두 고른 것은?

당신은 친구의 애인이 바람을 피우고 있다는 사실을 알아버렸다. 이 사실을 친구에게 이야기해 줘야 할까? 당신은 지금 큰 딜레마에 빠진 상태다. 애인이 한눈파는 것도 모른 채 행복에 빠져 있는 친구의 환상을 깨야 할지 아니면 진실을 감춰야 할지 갈등하고 있는 당신. 친구에게 애인이 거짓말을 하고 있다는 것을 알리는 것도 가슴 아픈 일일 테고, 친구에게 그 사실을 숨기는 것도 불편한 일이다. 친구에게 솔직할 의무가 있다고 생각하면서, 사실 당신은 진실이 친구의 마음을 얼마나 아프게 할지도 알고 있다. 게다가 친구가 진실을 알고 난 뒤 어떤 반응을 보일지도 알 수 없으니 이러지도 저러지도 못하는 상황이다. 한 가지 확실한 것은 당신이 어떤 결정을 내리든 좋은 의도로 그랬다는 것을 친구가 알아주길 바라고 있다는 것이다.

이 문제에 대해 철학자들의 조언을 구한다면, 쉬운 답은 기대하지 않는 것이 좋을 것이다. 철학자들은 이 문제를 통해 인간이 도덕적으로 옳고 그른 것을 어떻게 판단하는가 하는 근본적인 문제까지 파고들기 때문이다. 아마 당신은 다른 많은 사람들과 마찬가지로 거짓말은 의심의 여지없이 나쁘고, 항상 진실만을 말해야 한다는 가르침을 받으며 자랐을 것이다. 철학에서는 이를 의무론(deontology)이라고 한다. 절대적인 도덕 법칙이 있을 때 그에 따라 행동하는 것이 당연한 인간의 의무라는 것이다. 그 법칙을 어긴 행동은 도덕적으로 그른 것이 된다. 이런 관점으로 도덕성을 바라본 철학자 중 가장 유명한 이로 임마누엘 칸트를 들 수 있다. 그는 자연의 보편적 법칙이 될 수 있는 준칙에 따라 행동하라는 '정언 명령'을 주장했다. 이에 따르면 거짓말같이 일반적으로 그릇된 행동이라 여기는 것은 그 어떤 경우라도 예외 없이 잘못이다.

이런 흑백 이분론적 접근법은 상당히 명쾌해 보이지만, 흑과 백 사이의 회색 지대는 정말 없는 걸까? 만약 친구가 당신에게 자신의 애인이 자신을 속이고 있는 경우 솔직히 말해줄 것을 부탁했다면, 당신에게는 친구에게 진실을 말해줄 도덕적 의무가 있다. 하지만 친구가 그런 부탁을 하지 않았다면, 친구에게 침묵한다 해도 사실 당신이 거짓말을 하고 있는 것도 아니다. 하지만 그렇다고 진실을 말하고 있는 것도 아니다. 어쩌면 진실을 숨겨서는 안 된다거나 모든 사람에게 항상 모든 것을 말해야 된다는 것이 도덕법칙일 수도 있겠지만, 설마 다른 사람들과는 전혀 상관없는 것까지 다 말해야 한다는 것일까?

이 딜레마에서 도덕법칙에 따르는 것은 보이는 것처럼 단순한 해결책이 아니다. 그런 이유로 이와는 완전히 다른 접근법인 결과주의를 고려할 수도 있을 것이다. 결과주의란 르네상스 이후 등장한 대부분의 윤리 철학의 기반으로, 행동의 도덕적 옳고 그름을 그 결과로 판단하는 것을 말한다. 이 관점은 특히 옳고 그름에 관한 종교적 율법과 극명한 대조를 이룬다. 결과주의 중에서도 말할 것인가 혹은 말하지 말 것인가와 관련된 것으로 제러미 벤담의 이론을 꼽을 수 있다. 그는 특정 행동의 옳고 그름은 그것이 가져올 행복과 고통을 합산해 '공리'를 측정함으로써 판단해야 한다고 주장했다.

친구의 애인이 바람을 피우고 있다는 것을 알게 된 경우, 친구에게 그 사실을 말해주거나 혹은 침묵함으로써 생길 수 있는 모든 결과를 따져봐야 한다. 그리고 그 행동이 단기적으로 또 장기적으로 가져올 수 있는 행복과 고통의 양을 기준으로 삼은 다음에야 침묵과 진실 중 하나를 선택할 수 있을 것이다. 어쩌면 당신은 친구를 보호한다는 이유로 친구 애인의 행각에 대해 침묵하거나 심지어 '선의의 거짓말'을 해 보편적 도덕법칙을 어기면서도 스스로 정당한 행동을 하고 있다고 느낄 수도 있을 것이고, 친구가 거짓된 삶을 사는 것을 바라보기보다 궁극적으로 친구를 위하는 마음으로 그에게 고통스러운 진실을 전할 수도 있을 것이다.

이 지점에서 우리가 단지 결과뿐 아니라 행동의 의도와 동기를고려한다는 점이 보이기 시작할 것이다. 철학에서는 이를 '덕 윤리'라고 하는데, 경우에 따라 행동의 도덕성을 달리 해석한다는 점에서는 결과주의와 유사하나, 개별 행동에 집중하기보다는 그 행동주체의 '덕'을 고찰한다는 것이 다르다. 덕 윤리에서는 어떤 행동이 도덕적으로 옳고 그른지를 따지기보다는 왜 그런 결정을 내리게 되었는지 그 이유에 집중한다. 자기 자신을 위해 그런 결정을 내렸는지 혹은 타인을 위해 그랬는지, 자신의 내적 도덕성에 따른 결정인지 등을 살펴보는 것이다. 이 윤리에 따르면 당신이 처한 상황에서 스스로 옳다고 믿는 행동을 한다면, 그 선택이 거짓말일지라도 또 그것이 끔찍한 결과를 가져온다 할지라도 당신의 행동은 도덕적이다. 당신이 어떤 행동을 해야 할지 고민했다는 사실 그 자체가 당신의 도덕성을 보여준다. 그 선택이 가져올 결과와는 상관없이 말이다.

<보 기>

ㄱ. 의무론자들과 달리 덕 윤리주의자는 친구의 애인이 바람을 피우고 있다는 사실을 친구에게 이야기해 주는 것이 바람직하지 않다고 본다.

ㄴ. 결과주의는 르네상스 이후 등장한 대부분의 윤리 철학의 기반으로, 종교적 율법과 유사한 특징을 가진다.

ㄷ. 공리와 덕 윤리는 양립불가능하다.

① ㄱ
② ㄱ, ㄴ
③ ㄱ, ㄷ
④ ㄴ, ㄷ
⑤ ㄱ, ㄴ, ㄷ

제5회

2023년도 대비

7급 공채 | 민간경력자채용

메가피셋

잘고른 N제

언어논리 | 정답 및 해설

메가피셋전문연구소 지음

7급 PSAT

PSAT 유형별 문항 적응력을 높이는 유사 기출 모음집

- 7급 PSAT 유사 적성시험 선별 수록(민경채·5급 PSAT·입법고시·LEET)
- 유형별 본고사 출제 비중을 반영한 회차별 구성
- '다직다공' 학습이 반영된 난도별 문항 구성(60+, 75+)

mega PSAT

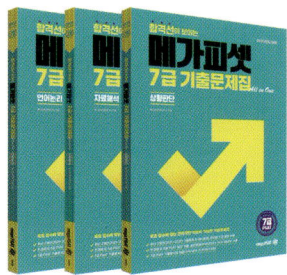

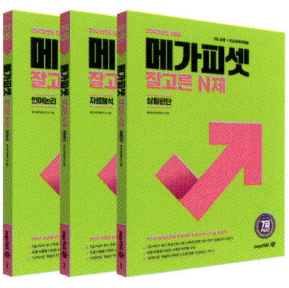

2023년도 대비

7급 공채 I 민간경력자채용

메가피셋

잘고른 N제

정답 및 해설 I 언어논리

메가피셋전문연구소 지음

mega PSAT

2023년도 대비 7급 공채 | 민간경력자채용

메가피셋 **잘고른 N제**

정답 및 해설

Quick Answers

제 1 회

1 ⑤	2 ⑤	3 ③	4 ②	5 ②	6 ④	7 ③	8 ⑤	9 ②	10 ①	11 ③	12 ③	13 ⑤	14 ①	15 ①
16 ⑤	17 ②	18 ②	19 ④	20 ②	21 ③	22 ⑤	23 ①	24 ⑤	25 ④					

제 2 회

1 ②	2 ②	3 ⑤	4 ①	5 ①	6 ③	7 ③	8 ④	9 ④	10 ⑤	11 ③	12 ⑤	13 ⑤	14 ③	15 ③
16 ⑤	17 ⑤	18 ④	19 ④	20 ②	21 ①	22 ①	23 ①	24 ⑤	25 ④					

제 3 회

1 ④	2 ⑤	3 ①	4 ⑤	5 ①	6 ③	7 ③	8 ①	9 ④	10 ④	11 ②	12 ⑤	13 ③	14 ③	15 ①
16 ④	17 ③	18 ①	19 ①	20 ②	21 ②	22 ④	23 ①	24 ①	25 ②					

제 4 회

1 ⑤	2 ④	3 ②	4 ⑤	5 ②	6 ④	7 ①	8 ③	9 ③	10 ①	11 ⑤	12 ④	13 ③	14 ①	15 ⑤
16 ②	17 ⑤	18 ⑤	19 ②	20 ②	21 ②	22 ④	23 ④	24 ⑤	25 ⑤					

제 5 회

1 ③	2 ⑤	3 ⑤	4 ④	5 ④	6 ⑤	7 ①	8 ②	9 ③	10 ③	11 ③	12 ④	13 ④	14 ④	15 ①
16 ③	17 ⑤	18 ①	19 ③	20 ②	21 ④	22 ③	23 ②	24 ①	25 ⑤					

메가피셋 잘고른 N제 **제 1 회**

문 1. 정답 ⑤ 민경채 2013년도 (인)책형 1번

유형 정보확인 내용영역 인문

① 부합하지 않는다. 2문단에 따르면 혜민국은 빈민을 위한 의료대책 중 하나로 설립된 기관이었다. 하지만 혜민국은 비상시에 기능하는 임시 기관이었고, 치료보다는 통치를 위한 격리를 목적으로 한 기관이었다. 따라서 혜민국이 역병을 예방하기 위해 설치되었는지는 알 수 없다.

② 부합하지 않는다. 1문단에 따르면 납약은 국왕이 일년 중 정해진 날에 종4품 이상의 신료에게 약재를 내리는 것을 의미하고, 2문단에 따르면 개경에 유행성 열병인 장역(瘴疫)이 유행하자 현종은 관의(官醫)에게 병에 걸린 문무백관의 치료를 명령하고 필요한 약재를 하사하였다.

③ 부합하지 않는다. 1문단에 따르면 고려의 국왕은 가부장적 이데올로기에 입각하여 의료를 신민 지배의 한 수단으로 본다. 그러나 이러한 이데올로기가 고려시대 전염병의 발병률 감소에 기여하였는지는 알 수 없다.

④ 부합하지 않는다. 1문단에 따르면 중세 동아시아 의학의 특징은 강력한 중앙권력의 주도 아래 의료가 통치수단의 방편으로 사용되었다는 것이다. 그리고 2문단에 따르면 애민 정책에 따라 만들어진 의료기관들 또한 신민의 질병 치료보다는 통치를 위한 격리를 목적으로 하였다.

⑤ 부합한다. 1문단에 따르면 중세 동아시아 의학의 특징은 권력자들이 의료 인력과 물자를 독점적으로 소유함으로써 이를 충성에 대한 반대급부로 삼았다는 것이다.

문 2. 정답 ⑤ 민경채 2011년도 (민)책형 1번

유형 정보확인 내용영역 인문

① 알 수 없다. 2문단에 따르면 망이와 망소이가 반란을 일으킨 공주의 명학소는 철소였지만, 이곳에서 철이 생산되지는 않았다. 따라서 모든 철소에서 철이 생산된 것은 아니었다.

② 알 수 없다. 2문단에 따르면 명학소는 제련에 필요한 숯을 생산하였다.

③ 알 수 없다. 3문단에 따르면 명학소민은 마현에서 철광석을 채굴하고 선광하여 명학소로 운반하는 작업, 철광석 제련에 필요한 숯을 생산하는 작업, 철제품을 생산하는 작업, 생산된 철제품을 납부하는 작업 등의 일을 하였다. 2문단에 따르면 망이와 망소이가 반란을 일으킨 지역은 공주의 명학소이지만, 망이와 망소이가 명학소에서 위와 같은 작업을 하였는지는 알 수 없다.

④ 알 수 없다. 3문단에 따르면 명학소민은 일반 군현민의 부담뿐만 아니라 다른 철소민의 부담과 비교해서도 훨씬 무거운 부담을 지고 있었다.

⑤ 알 수 있다. 1문단에 따르면 철소는 철 제련에 필요한 물이 풍부하게 있는 곳에 설치되어야 했는데, 2문단에 따르면 명학소의 갑천은 풍부한 수량으로 철제품을 운송하는 수로로 적합했으며, 제련에 필요한 물을 공급하는 데에도 유용하였다.

문 3. 정답 ③ 민경채 2016년도 (5)책형 3번

유형 정보확인 내용영역 사회

① 알 수 있다. 4문단에 따르면 광장은 더 많은 자유를 향한 열정이 집결하는 곳이었으며, 특히 근대 이후 광장을 이런 용도로 사용하는 것은 시민의 정당한 권리가 되었음을 알 수 있다.

② 알 수 있다. 1문단에 따르면 고대 그리스의 '아고라'는 사람들이 모이는 곳이란 뜻을 담고 있으며, 물리적 장소만이 아니라 사람들이 모여서 하는 각종 활동과 모임도 의미함을 알 수 있다.

③ 알 수 없다. 2문단에 따르면 르네상스 이후 광장은 유럽의 여러 제후들이 도시를 조성할 때 일차적으로 고려하는 사항이 되었는데, 이는 제후들이 권력 의지를 실현하는 데 광장이 중요한 역할을 할 수 있었기 때문이다. 하지만 제후들이 거주민의 의견을 반영하기 위해 광장을 중요시하였는지는 알 수 없다.

④ 알 수 있다. 3문단에 따르면 프랑스 혁명 이후 근대 유럽에서는 광장이 저항하는 대중의 연대와 소통의 장이라는 의미도 갖게 되었음을 알 수 있다.

⑤ 알 수 있다. 3문단에 따르면 우리나라의 역사적 경험에서도 광장은 유럽의 광장과 같은 공간이었으며, 우리나라의 광장도 권력과 그 의지를 실현하는 장이고 저항하는 대중의 연대와 소통의 장이었음을 알 수 있다.

문 4. 정답 ② 민경채 2018년도 (가)책형 5번

유형 정보확인 내용영역 사회

① 알 수 없다. 1문단에 따르면 체험사업에서 제공되는 것은 짧은 시간에 마칠 수 있는 것이며, 장기간 반복되는 일상은 체험행사에서는 제공될 수 없음을 알 수 있다.

② 알 수 있다. 2문단에 따르면 체험과 경험은 구분되는데, 체험 속에서 인간은 자기 자신만을 볼 뿐이지만, 경험은 타자와의 만남을 의미한다. 인간은 타자들로 가득한 현실을 경험함으로써 현실을 변화시킬 동력을 얻는다.

③ 알 수 없다. 2문단에 따르면 체험 속에서 인간은 자기 자신만을 보며, 체험을 제공하는 가상현실은 실제와 가상의 경계를 모호하게 한다.

④ 알 수 없다. 1문단에 따르면 체험은 생산자에게는 홍보와 돈벌이 수단이 됨을 알 수 있다. 그러나 2문단에 따르면 체험과 경험은 구분되며, 경험은 타자와의 만남을 의미하지만 체험이 제공하는 가상현실에서는 그것을 체험하는 자신을 재확인하게 된다. 즉, 체험사업에서 인간은 언제나 자기 자신만을 볼 뿐, 타자와의 만남인 경험은 할 수 없다.

⑤ 알 수 없다. 2문단에 따르면 디지털 가상현실 기술은 경험을 체험으로 대체하는 것으로 실제 현실을 경험할 수 있는 것이 아니다. 또한 1문단에 따르면 체험을 하는 것이 아이들이 미래에 더 좋은 선택을 할 수 있도록 돕는다는 것은 체험사업을 운영하는 이들의 주장이다.

문 5. 정답 ② 민경채 2016년도 (5)책형 13번

유형 정보확인 내용영역 사회

① 알 수 없다. 3문단에 따르면 근로소득세를 경감함으로써 환경오염 억제 효과를 상쇄시키는 것이 아니라, 환경세에 의한 실질소득 감소를 근로소득세 경감을 통해 실질소득 증대로 바꾸어 환경세의 환경보존과 경제성장이 조화를 이룰 수 있다.

② 알 수 있다. 3문단에 따르면 환경세로 인한 경제적 부담은 고용된 근로자가 아닌 사람들 사이에도 분산되는 반면, 근로소득세 경감의 효과는 근로자에게 집중된다. 따라서 부과한 환경세만큼 근로소득세를 경감하면 근로자의 실질소득은 늘어난다.

③ 알 수 없다. 5문단에 따르면 환경세 세수를 근로소득세 경감으로 재순환시키는 조세구조 개편은 한편으로는 노동의 공급을 늘리고, 다른 한편으로는 노동에 대한 수요를 늘려 고용의 증대를 낳음을 알 수 있다.

④ 알 수 없다. 4문단에 따르면 환경세는 노동자원보다는 환경자원의 가격을 인상시켜 상대적으로 노동을 저렴하게 하는 효과가 있어 기업의 노동수요가 늘어남을 알 수 있다. 즉, 노동이라는 자원이 저렴해짐에 따른 기업의 노동수요 변화가 제시되어 있을 뿐, 노동집약적 상품의 상대가격이 낮아짐에 따른 기업의 노동수요 변화는 제시되어 있지 않다.

⑤ 알 수 없다. 3문단에 따르면 환경세 세수만큼 근로소득세를 경감하게 되면 근로자의 실질소득이 증대되고, 그 증대효과는 환경세 부과로 인한 상품가격 상승효과를 넘어설 정도로 크다. 따라서 환경세 부과로 인한 상품가격 상승효과는 근로소득세 경감으로 인한 근로자의 실질소득 상승효과보다 크지 않다.

문 6. 정답 ④ 민경채 2020년도 (가)책형 15번

유형 논증분석 내용영역 사회

1문단에 따르면 ADR이 재판보다 절차적으로 재판보다 더 많은 시간이 소요됨에도 법원에 지나치게 많은 사건이 밀려 있어 재판이 더디게 이루어진다.

2문단에 따르면 법원이 재판의 더딤으로 인해 사법형 ADR인 조정제도를 적극 활용할 것을 독려하고 있는데, 이러한 정책이 사법 불신으로 이어져 재판 정당성에 대한 국민의 인식을 떨어뜨리고 있다.

3문단에 따르면 사법형 ADR 활성화에 따라 재판 결과인 판례가 형성되어 있지 않아 민간형 ADR의 분쟁 해결 기준이 마련되지 않게 되는 문제가 발생하고, 이에 따라 법원이 재판을 통해 새롭고 복잡한 사건에 대한 판례의 확립이 필요하다.

4문단에는 빈칸을 제외한 부분에서 재판의 필요성과 재판이 제때 이루어지기 위한 과정이 제시되어 있다. 따라서 빈칸에는 법원이 재판에 주력하여 판례를 형성, 그 결과로 민간형 ADR이 활성화되어야 한다는 내용이 들어가야 한다.

① 적절하지 않다. 4문단에 따르면 사회적 관심이 아닌 법원 본연의 임무를 강조하고 있으므로 선지의 내용은 빈칸에 들어가기 적절하지 않다.

② 적절하지 않다. 지문에 따르면 ADR을 활성화시키기 위해선 사법형 ADR 활성화 정책보다는 재판에 집중해야 하기 때문에 선지의 내용은 글의 맥락과 어울리지 않는다.

③ 적절하지 않다. 지문에서 시민들의 준법의식에 대한 내용은 등장하지 않았다.

④ 적절하다. 3문단은 판례를 정립하지 않고 사법형 ADR을 활성화하는 것이 되려 민간형 ADR의 활성화에 걸림돌이 될 수 있다는 내용이며, 4문단은 맥락상 법원 본연의 임무에 집중하면 자연스레 민간형 ADR도 활성화된다는 내용이다. 따라서 선지의 내용은 빈칸에 들어가기에 알맞다.

⑤ 적절하지 않다. 4문단은 법원이 본연의 임무에 집중할 때 민간형 ADR도 활성화될 것이라는 내용이므로 선지의 내용은 글의 맥락과 어울리지 않는다.

문 7. 정답 ③ 민경채 2017년도 (나)책형 13번

유형 정보확인 내용영역 인문

① 추론할 수 없다. 도가나 향도계에 대한 설명은 있으나, 그들 집단의 우두머리인 '도가의 장'이나 '향도계의 장'에 관해서는 제시되어 있지 않다.

② 추론할 수 없다. 2문단에 따르면 검계는 향도계에서 비롯된 것이다. 즉, 향도계를 관리하는 조직이었던 도가가 점차 변화된 후에 그 내부에 검계가 조직되었다. 그러나 향도계의 구성원 중에 검계 출신이 많았는지는 제시되어 있지 않다.

③ 추론할 수 있다. 2문단에 따르면 향도계는 서울 시내 백성들에게 널리 퍼져 있는 공공연한 조직이었지만, 검계는 도가 내부의 비밀조직이었다.

④ 추론할 수 없다. 1문단에 따르면 검계 일당은 모두 몸에 칼자국이 있었고, 그러한 검계의 구성원들은 스스로를 왈짜라 부르고 있었다. 따라서 검계의 구성원인 왈짜는 모두 몸에 칼자국이 있다.

⑤ 추론할 수 없다. 5문단에 따르면 모든 왈짜가 검계의 구성원이었던 것은 아님을 알 수 있다. 김홍연이 지방 출신이었다는 점은 그가 무과를 포기하고 왈짜가 된 이유이지, 검계의 일원이 되지 못하고 왈짜에 머문 이유가 아니다.

문 8. 정답 ⑤

민경채 2012년도 (인)책형 14번

유형 정보추론 | 내용영역 인문

(가): 플라톤이 민주주의 정치지도자들을 비판했다는 것이 (가) 앞의 내용이다. 따라서 민주주의 정치지도자들을 엉터리 의사에 비유하며 비판하는 ㄹ이 (가)에 들어가는 것이 적절하다.

무능한 민주주의 정치지도자들
↓
민주주의를 이끄는 정치인들 = 엉터리 의사

(나): 플라톤은 민주정의 요소(대중들의 정치 참여)를 내포한 체제가 필요하다고 보았다는 것이 (나) 앞의 내용이다. 따라서 플라톤을 참여 민주주의의 원조격으로 볼 수 있다는 ㄴ이 (나)에 들어가는 것이 적절하다.

민주정의 요소(대중들의 정치 참여) 필요
↓
참여 민주주의의 원조

(다): 플라톤에게 민주주의는 부차적 요소이며, 대중은 지배자가 될 수 없는 존재였다는 것이 (다) 앞의 내용이다. 따라서 그의 이론이 대중들의 정치 참여를 제한하는 이론이었음을 설명하는 ㄷ이 (다)에 들어가는 것이 적절하다.

대중은 결코 지배자가 될 수 없는 존재
↓
대중들의 제한적 정치 참여

(라): 플라톤의 정치 체제는 대중을 정치의 주인인 것처럼 착각하게 하는 사이비 민주주의 체제라는 것이 (라) 앞의 내용이다. 따라서 이것이 기만적인 정치 체제임을 지적하는 ㄱ이 (라)에 들어가는 것이 적절하다.

플라톤의 정치 체제 = 사이비 민주주의 체제
↓
(플라톤의 정치 체제는) 기만적인 정치 체제

문 9. 정답 ②

민경채 2013년도 (인)책형 15번

유형 정보추론 | 내용영역 사회

ㄱ. 옳지 않다. 연말정산 자동 상담 시스템을 개발할 경우의 장점에 관한 내용은 보고서의 '예상되는 효과 전망' 부분에 들어갈 내용이다.

ㄴ. 옳지 않다. 제시된 〈개요〉를 통해 볼 때, 작성하고자 하는 보고서는 연말정산 자동계산 프로그램과 그로 인한 상담 폭주에 관한 내용이다. 연말정산 기간을 정확하게 알지 못해 일어난 문제 상황은 이와 관련 없는 내용이다.

ㄷ. 옳다. 연말정산 기간 중에 연말정산 자동계산 프로그램 사용 방법에 관한 문의 전화 폭주로 평상시보다 상담 건수가 증가했다는 것은 두 번째 현황 분석에 해당하는 사례이다.

문 10. 정답 ①

민경채 2015년도 (인)책형 5번

유형 정보추론 | 내용영역 논리학

ㄱ. 적절하다. 먼저 갑돌, 을순, 병만, 정애가 받은 평가를 점수로 환산하면 다음과 같다.

	대민봉사	업무역량	성실성	청렴도	총합
갑돌	3	3	3	1	10
을순	2	3	1	3	9
병만	1	3	3	2	9
정애	2	2	2	3	9

을순, 병만, 정애 중 두 개 이상의 항목에서 상의 평가를 받은 후보자는 을순과 병만 두 명이다. 따라서 이러한 조건이 추가된다면 A사무관의 추론대로 갑돌, 을순, 병만 세 명이 표창을 받게 된다.

ㄴ. 적절하지 않다. 을순, 병만, 정애 중 청렴도에서 하의 평가를 받은 후보자는 없다. 따라서 이러한 조건이 추가되더라도 동점자들 중 둘만을 선발할 수 없게 된다.

ㄷ. 적절하지 않다. 을순, 병만, 정애 중 하의 평가를 받은 항목이 있는 후보자는 을순과 병만이다. 따라서 이 둘을 제외한 나머지 후보자인 정애를 선발하게 되면 갑돌과 정애 두 명이 표창을 받게 되므로 A사무관의 추론이 올바르지 않게 된다.

문 11. 정답 ③

민경채 2011년도 (민)책형 20번

유형 논증평가 | 내용영역 인문

물음에 대한 답변의 내용을 정리하면 다음과 같다.

○ 착한 행위 → 신이 명령한 행위 (≡ ~신이 명령한 행위 → ~착한 행위)

이때 다음과 같은 진술로 답변을 반박할 수 있다.

○ 착한 행위 ∧ ~신이 명령한 행위

ㄱ. 적절하지 않다. 정직함이 착한 행위임과 정직하라는 신의 명령이 있었다는 것을 동시에 인정하는 진술은 답변과 일치하는 내용이다. 따라서 이 진술은 답변에 대한 반박에 해당하지 않는다.

ㄴ. 적절하다. 답변은 신이 어떤 행위를 하라고 명령하지 않는다면 그 행위는 착한 것이 아니라고 주장한다. 하지만 신이 명령한 적이 없더라도 그 자체로 착한 행위가 있다면, 이는 답변에 대한 반박에 해당한다.

ㄷ. 적절하다. 답변은 어떤 행위가 착한 행위가 되기 위해서는 신이 그 행위를 하라고 명령했어야 한다고 주장한다. 하지만 명백히 착한 행위임에도 신이 그것을 명령했다는 증거가 없다면, 이는 답변에 대한 반박이 될 것이다.

ㄹ. 적절하지 않다. 답변은 경전에서 신의 명령이 발견된다는 점을 인정한다. 하지만 '원수를 죽이는 것'과 같은 특정 내용이 정말로 신의 명령인지, 그렇지 않은지는 답변의 설득력과 관련이 없다. 따라서 이 진술은 답변에 대한 반박에 해당하지 않는다.

문 12. 정답 ③ 민경채 2012년도 (인)책형 25번

유형 논증평가 내용영역 과학기술

지문에 따르면 동물과 인간의 생리적 특성 차이로 인해 동물 실험의 결과를 인간에게 적용할 수 없는 경우가 있고, 반대로 인간에게 나타난 결과를 동물에게 적용할 수 없는 경우가 있다. 또한 일부 사람에게는 독성이 나타나더라도 이에 내성이 있는 사람에게는 투여 가능한 경우도 있다. 지문의 주장은 다음의 세 가지 사례로 정리할 수 있다.

사례1) 동물에게 독성 ○ ∧ 사람에게 독성 ×
사례2) 동물에게 독성 × ∧ 사람에게 독성 ○
사례3) 일부 사람에게 독성 ○ ∧ 내성 있는 사람에게 투여 ○

ㄱ. 반박될 수 있다. '동물에게 독성 × → 사람에게 독성 ×'이라는 내용이므로 사례2)에 의해 반박될 수 있는 주장이다.

ㄴ. 반박될 수 있다. '사람에게 독성 × → 동물에게 독성 ×'이라는 내용이므로 사례1)에 의해 반박될 수 있는 주장이다.

ㄷ. 반박될 수 있다. '사람에게 독성 ○ → 누구에게도 독성 ○'이라는 내용이므로 사례2)에 의해 반박될 수 있는 주장이다.

ㄹ. 반박될 수 없다. 지문에 제시된 세 사례는 '내성 있는 사람에게 부작용 ○ → 모든 사람에게 부작용 ○'라는 주장과 관련이 없다.

문 13. 정답 ⑤ 민경채 2014년도 (A)책형 25번

유형 논증분석 내용영역 논리학

지문과 <사례>의 진술을 기호화하면 다음과 같다.

<지문>

㉠ 결정론 참 → ~다른 행동 가능성
㉡ 행동의 자유 → 다른 행동 가능성
≡ ~다른 행동 가능성 → ~행동의 자유
∴ ㉣ 결정론 참 → ~행동의 자유
㉢ ~행동의 자유 → ~도덕적 책임
∴ ㉤ 결정론 참 → ~도덕적 책임

<사례>

~행동의 자유 ∧ 도덕적 책임

※ ㉠~㉤의 논증과 철학자 A의 반박 논증을 정리하면 다음과 같다.

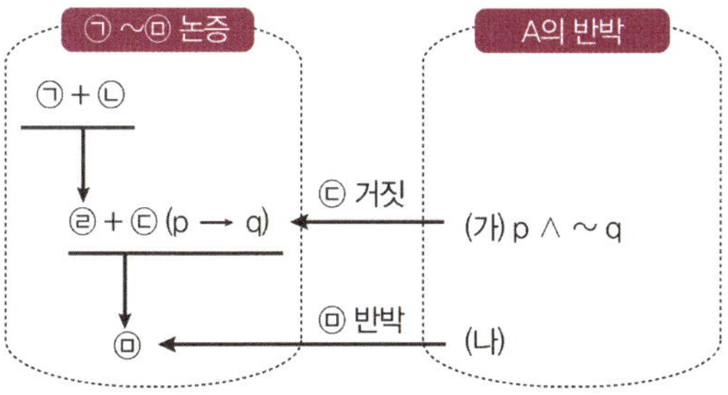

(가): <사례>는 (가)가 거짓임을 보이므로, (가)에는 <사례>를 부정한 내용이 들어갈 것이다.

<사례> 부정: ~(~행동의 자유 ∧ 도덕적 책임)
≡ 행동의 자유 ∨ ~도덕적 책임
≡ ~행동의 자유 → ~도덕적 책임

따라서 ㉢이 (가)에 들어가기 적절하다.

(나): (나)에는 <사례>가 반박하는 주장이 들어갈 것이다. 지문에 제시된 ㉠~㉤에 따르면 ㉢과 ㉣로부터 가언삼단논법에 따라 ㉤이 도출된다.

㉢ ~행동의 자유 → ~도덕적 책임
㉣ 결정론 참 → ~행동의 자유
∴ ㉤ 결정론 참 → ~도덕적 책임

<사례>에 따르면 ㉢이라는 전제가 부정되므로 ㉤이 도출되지 않는다. 따라서 철학자 A는 ㉢이 거짓임을 보임으로써 ㉤을 반박한 것이므로, ㉤이 (나)에 들어가기 적절하다.

문 14. 정답 ① 민경채 2012년도 (인)책형 19번

유형 논증평가 내용영역 사회

ㄱ. 지지한다. 지문에 따르면 강한 프로그램의 원리는 자연과학이 제공하는 믿음이 특정 전문가 집단의 공동체적 활동에 의해 생산된다고 설명한다. 자연과학자들의 탐구가 과학자 공동체 활동의 산물이라는 진술은 이러한 원리를 지지하는 내용이다.

ㄴ. 지지한다. 지문에 따르면 강한 프로그램의 원리에서 설명하는 전문가 공동체는 사회적 특성을 갖고 있고, 문제의 중요성과 풀이 방식에 대한 판단은 사회적 맥락 속에서 이루어진다. 어떤 연구 주제가 중요한지, 어떤 이론을 선택할지가 사회적 맥락 속에서 이루어진다는 진술은 이러한 원리를 지지하는 내용이다.

ㄷ. 지지하지 않는다. 지문에서 자연과학자들의 활동과 사회과학자들의 활동이 동일한 방식으로 설명되어야 한다는 내용이 제시되어 있으나, 어느 쪽의 이론이 더 객관적인지는 비교하지 않는다. 따라서 자연과학 이론이 사회과학 이론보다 더 객관적 사실에 근거하여 형성된다는 내용은 확인할 수 없다.

ㄹ. 지지하지 않는다. 지문에 전문 학술지에 발표되는 논문의 수와 관련된 내용은 제시되어 있지 않다.

문 15. 정답 ① 민경채 2015년도 (인)책형 14번

유형 논증분석 내용영역 사회

ㄱ. 옳다. 2문단에 따르면 A는 여성성을 자연과 조화를 이루려는 것으로 보며, 여성성에 바탕을 둔 기술을 적극적으로 개발해야만 비로소 여성과 기술의 조화가 가능해진다고 주장한다.

ㄴ. 옳지 않다. 3문단에 따르면 B는 여성에게 주입된 성별 분업 이데올로기와 불평등한 사회 제도, 즉 '기술은 남성의 것'이라는 이데올로기와 남성에게 유리한 각종 제도 때문에 여성이 남성보다 기술 분야

에 많이 참여하지 않는 것이라고 본다. 신체적인 한계에 대한 내용은 B의 주장에 제시되어 있지 않다.

ㄷ. 옳지 않다. A는 남성성과 여성성을 분리하고 각각 남성과 여성이 지니는 것으로 보았으며, B는 남성성과 여성성 사이에 근본적인 차이가 존재하지 않는다고 보았다. 하지만 A와 B 모두 한 사람이 남성성과 여성성을 동시에 갖고 있다는 내용을 제시하지는 않는다.

문 16. 정답 ⑤ 민경채 2018년도 (가)책형 4번

유형 정보확인 내용영역 사회

① 알 수 없다. 2문단에 따르면 구글과 미국 출판업계 간 소송이 있었으며 양자는 합의안을 도출하였지만, 연방법원이 도출된 합의안을 거부하면서 소송을 통해 해결되지 않았음을 알 수 있다.

② 알 수 없다. 3문단에 따르면 구글의 지식 통합 작업은 지식의 독점과 비대칭성을 유발한다. 이는 쌍방이 서로에 대해 비슷한 정도의 지식을 가지고 있어야 한다는 사회계약의 전제조건을 무너뜨린다.

③ 알 수 없다. 3문단에 따르면 지식 통합 작업으로 구글은 사람들이 알아도 될 것과 그렇지 않은 것을 결정하는 막강한 권력을 갖게 될 수 있다.

④ 알 수 없다. 1문단에 따르면 셰익스피어 저작집과 같이 저작권 보호 기간이 지난 책들은 무료로 서비스되고 있으나 지금까지 스캔한 1,500만 권이 모두 무료로 서비스되고 있는지는 알 수 없다.

⑤ 알 수 있다. 3문단에 따르면 구글의 지식 통합 작업은 지식을 수집하는 것에서 나아가 선별하고 배치하는 편집 권한까지 포함하는 것으로 확대될 수 있다.

문 17. 정답 ② 민경채 2012년도 (인)책형 18번

유형 형식논리 내용영역 논리학

지문의 진술을 기호화하면 다음과 같다.

1. A → B
2. A → E
3. C → E
4. D → B
5. ~C → ~B

① 반드시 참이다. 1과 5에 따라 A가 참석하면, C도 참석한다.

1. A → B
5. B → C (≡ ~C → ~B)

∴ A → C

② 반드시 참이라고 할 수 없다. A의 참석과 D의 참석을 연결하는 규칙을 찾을 수 없다. 따라서 A가 참석하면 D도 참석한다는 것이 반드시 참이라고 할 수 없다.

③ 반드시 참이다. 4와 5에 따라 C가 참석하지 않으면 D도 참석하지 않는다.

5. ~C → ~B
4. ~B → ~D (≡ D → B)

∴ ~C → ~D

④ 반드시 참이다. 4와 5에 따라 D가 참석하면 C도 참석한다.

4. D → B
5. B → C (≡ ~C → ~B)

∴ D → C

⑤ 반드시 참이다. 3과 5에 따라 E가 참석하지 않으면 B도 참석하지 않는다.

3. ~E → ~C (≡ C → E)
5. ~C → ~B

∴ ~E → ~B

문 18. 정답 ② 민경채 2011년도 (민)책형 19번

유형 형식논리 내용영역 논리학

지문의 진술을 기호화하면 다음과 같다.

1. A → B
2. C → D
3. A ∨ C

① 반드시 참이다. 3에 따라 A와 C 중 A만 추진할 경우에는 A와 B 사업이 추진되며, A와 C 중 C만 추진할 경우에는 C와 D 사업이 추진된다. 따라서 적어도 두 사업은 반드시 추진한다.

② 반드시 참이라고는 할 수 없다. 3에 따라 'A ∨ C ≡ ~A → C'이고, 2에 따라 'C → D'이므로, A를 추진하지 않기로 결정한다면, C와 D는 반드시 추진한다.
하지만 1에 따라 'A → B ≡ ~A ∨ B'이므로, A를 추진하지 않기로 결정하더라도 B의 추진 여부를 확정할 수는 없다. 즉, 추진하는 사업이 정확히 두 개라고 말할 수는 없다.

③ 반드시 참이다. B를 추진하지 않는다는 조건을 추가하면, 1에 따라 'A → B'이고 대우 명제가 '~B → ~A'이므로 추가 조건에 따라 '~B'이면 '~A'가 도출된다. 즉, B를 추진하지 않는다면 A도 추진하지 않는다. 하지만 3에 따라 A와 C 중 적어도 한 사업은 추진하므로, C는 반드시 추진한다.

④ 반드시 참이다. 3에 따라 A와 C 중 적어도 한 사업은 추진하는데, C를 추진하지 않기로 결정한다면 A는 반드시 추진할 것이다. 그리고 1에 따라 A를 추진한다면 B도 반드시 추진한다.

⑤ 반드시 참이다. D를 추진하지 않는다는 조건을 추가하면, 2에 따라 'C → D'이고 대우 명제가 '~D → ~C'이므로 추가 조건에 따라 '~D'이면 '~C'가 도출된다.
즉, D를 추진하지 않는다면 C도 추진하지 않는다. 하지만 3에 따라 A와 C 중 적어도 한 사업은 추진하므로, A는 반드시 추진한다. 그리고 1에 따라 A를 추진한다면 B도 반드시 추진한다. 결국 모든 사업의 추진 여부가 정해진다.

문 19. 정답 ④ 민경채 2019년도 (나)책형 20번

유형 형식논리 내용영역 논리학

영민의 두 번째 진술에 따르면 B를 선호하지만 A와 C는 선호하지 않는 사람이 적어도 한 명은 존재한다. 서희의 두 번째 진술에 따르면 B를 선호하지만 A는 선호하지 않는 사람이 있다. 따라서 ㉠에 의해 B를 선호하지만 A는 선호하지 않는 사람이 C를 선호하지 않는다는 것이 추가로 확인될 경우 영민의 두 번째 진술이 참이 된다. 따라서 B와 C를 모두 선호하는 사람이 존재할 가능성을 배제하는 내용인 'B를 선호하는 사람은 누구도 C를 선호하지 않는다.'가 ㉠으로 적절하다.

문 20. 정답 ② 민경채 2015년도 (인)책형 20번

유형 정보추론 내용영역 과학기술

ㄱ. 추론할 수 없다. 민감도와 특이도가 높을수록 좋은 검사법이라고는 하였지만, 민감도와 특이도 간의 상관관계는 글에 제시되어 있지 않다.

ㄴ. 추론할 수 있다. 특이도(=감염되지 않은 사람들 중 음성 반응을 보인 사람들의 비율)가 100%라는 것은 감염되지 않은 사람들 모두가 음성 반응을 보였다는 것, 즉 양성 반응을 보인 사람들은 없다는 것이므로 거짓 양성 비율(=병에 걸리지 않은 사람들 중 양성 반응을 보인 사람들의 비율)은 0%이다.

ㄷ. 추론할 수 없다. 민감도가 100%인 검사도 감염되지 않은 사람을 양성으로 판별할 가능성이 있다. 따라서 민감도가 100%이더라도 '거짓 양성 비율'이 0%가 아닌 검사법이라면, 실제로는 HIV에 감염되지 않은 사람일지라도 양성 반응이 나올 수 있으므로, 양성 반응이 나왔다고 하여 그 사람이 HIV에 감염되었을 확률이 100%라고 할 수는 없다.

문 21. 정답 ③ 민경채 2017년도 (나)책형 18번

유형 논증평가 내용영역 과학기술

수컷 카나리아가 종 특유의 울음소리를 내는 과정은 다음과 같다.

기관 A의 발달 → 기관 A에서 분비되는 물질 B의 분비량 증가 → 점차 종 특유의 소리를 냄

ㄱ. 지지한다. '암컷에게 물질 B 주사 → 암컷이 종 특유의 소리를 냄'은 '물질 B 분비 → 종 특유의 소리를 냄'이라는 ㉠의 메커니즘을 지지한다.

ㄴ. 지지한다. '수컷의 물질 B 효과 억제 → 수컷이 종 특유의 소리를 내지 못함'은 결국 물질 B가 없으면 종 특유의 소리를 낼 수 없다는 것을 보여주므로 '물질 B 분비 → 종 특유의 소리를 냄'이라는 ㉠의 메커니즘을 지지한다.

ㄷ. 지지하지 않는다. 물질 B는 기관 A에서 분비된다. 그런데 <보기> ㄷ은 수컷의 기관 A를 제거하였음에도 종 특유의 소리를 낸 경우이다. 이러한 사실은 물질 B가 없어도 종 특유의 소리를 낼 수 있다는 가능성을 보여주므로 ㉠을 지지하지 않는다.

문 22. 정답 ⑤ 민경채 2016년도 (5)책형 24번

유형 정보추론 내용영역 과학기술

애기장대 뿌리의 세포 분화 과정은 다음과 같다. 애기장대 뿌리의 표면에는 뿌리털세포와 털이 없는 분화된 표피세포가 있다.

뿌리털세포는 미분화된 표피세포가 피층세포층에 있는 두 개의 피층세포와 접촉하며, 유전자 A가 발현되지 않는다.

털이 없는 분화된 표피세포는 미분화된 표피세포가 피층세포층에 있는 한 개의 피층세포와 접촉하며, 유전자 A가 발현된다.

따라서 뿌리털세포와 분화된 표피세포는 모두 같은 미분화 표피세포가 분화된 결과이며, 차이는 접촉한 피층세포의 수, 그리고 유전자 A의 발현 여부이다.

① 적절하지 않다. 뿌리털의 유무에 따라 유전자 A의 발현이 조절된다는 설명은 제시되어 있지 않다.

② 적절하지 않다. 뿌리털세포나 분화된 표피세포 모두 미분화된 표피세포로부터 발달한다는 점은 동일하다. 다만 몇 개의 피층세포와 접촉하느냐에 따라 어떤 형태로 분화할 것인지가 달라질 뿐이다.

③ 적절하지 않다. 유전자 A의 발현 유무에 따라 어느 세포로 분화되는지가 결정되는 것이 아니다. 미분화 표피세포에서 유전자 A가 발현되느냐 되지 않느냐에 따라 어느 세포로 분화되는지가 결정된다.

④ 적절하지 않다. 미분화 표피세포층과 피층세포층의 위치에 따라 접촉하는 세포의 수가 달라진다는 내용은 제시되어 있지 않다.

⑤ 적절하다. 애기장대 뿌리에서 일어나는 세포 분화(㉠)를 결정하는 조건은 접촉하는 피층세포의 수와 유전자 A의 발현 유무이다. 정리하면 미분화 표피세포가 접촉하는 피층세포의 수에 따라 유전자 A의 발현이 결정되고 이에 따라 어떤 세포로 분화될 것인지가 결정된다고 보는 것이 가장 적절한 가설이다.

문 23. 정답 ① 민경채 2020년도 (가)책형 11번

유형 형식논리 내용영역 논리학

지문에 제시된 조건을 정리하면 다음과 같다.

1. 신입직원 가운데 일부가 봉사활동에 지원했다.
2. 하계연수에 참여하지 않은 사람 중 신입직원이 있다.
3. 봉사활동 지원자는 전부 하계연수에도 참여했다.

㉠: 조건 1과 ㉠을 통해 조건 2가 도출된다. '하계연수 참여자 가운데는 봉사활동에 지원했던 사람이 없다.'와 조건 1에 따르면 하계연수 참여자 가운데는 봉사활동에 지원했던 사람이 없으므로 봉사활동에 지원한 사람은 모두 하계연수에 참여하지 않았다는 결론이 도출되며 이를 통해 조건 2가 도출된다.

반면, '하계연수 참여자는 모두 봉사활동에도 지원했던 사람이다.'와 조건 1에 따르면 하계연수 참여자 가운데 신입직원이 있을 수도 있다는 결론이 도출되므로 조건 2가 도출되지 않는다. 따라서 ㉠에는 '하계연수 참여자 가운데는 봉사활동에 지원했던 사람이 없다.'가 들어가는 것이 적절하다.

㉡: 조건 1과 조건 3을 통해 ㉡이 도출된다. 이때 조건 1과 조건 3을 통해 봉사활동에 지원한 신입직원 일부가 하계연수에 참여했다는 사실이 도출되므로, ㉡에는 '신입직원 가운데 하계연수 참여자가 있다.'가 들어가는 것이 적절하다.

문 24. 정답 ⑤ 민경채 2012년도 (인)책형 20번

유형 논증평가 내용영역 인문

흄이 반대하는 주장이란 집을 수리한 사람의 주장이다. 이를 정리하면 아래와 같다.

(근거1) 흄은 집수리에 합의하지 않았다.
(근거2) 집수리는 꼭 필요했다.
∴ 흄은 집수리 비용을 지불해야 한다.

(근거1)을 인정하면서도 (근거2)에 따라 집수리 비용을 지불해야 한다는 것이 집을 수리한 사람의 주장이다. 따라서 정답은 ⑤번이다.

①, ②, ③번의 주장은 집수리 비용을 지불할 의무가 없다는 흄의 주장에 부합하는 진술이기 때문에, 흄이 반대하는 주장이 아니다.

또한 (근거1)에 따르면 집을 수리한 사람은 흄이 집수리에 합의한 적이 없다는 사실을 인정했다. 따라서 집을 수리한 사람이 ④번의 주장과 같이 집수리에 대한 합의가 있었다는 점을 전제로 제시할 수는 없다.

문 25. 정답 ④ 민경채 2018년도 (가)책형 22번

유형 정보추론 내용영역 논리학

진술 A: 철수는 '영희가 교통사고를 일으켰다'고 믿는다.

진술 A와 같이 믿음을 표현하는 방식에 따르면 철수가 '교통사고를 일으킨 영희'와 '민호의 아내인 영희'가 동일 인물이라는 것을 알고 있지 않다면, "철수는 민호의 아내가 교통사고를 일으켰다고 믿는다."가 반드시 참이라고 할 수 없다.

진술 B: 교통사고를 일으켰다고 철수가 믿는 사람=영희

진술 B와 같이 믿음을 표현하는 방식에 따르면 '교통사고를 일으켰다고 철수가 믿는 사람=영희=민호의 아내'가 성립한다. 이 경우 철수가 '영희=민호의 아내'를 알고 있는지 여부와 관계없이 "교통사고를 일으켰다고 철수가 믿는 사람은 민호의 아내다."가 도출될 수 있다.

ㄱ. 추론할 수 없다. 진술 A와 같은 표현은 철수는 영희가 민호의 아내라는 것을 모를 수도 있기 때문에, "철수는 민호의 아내가 교통사고를 일으켰다고 믿는다."가 반드시 참이라고 할 수 없다고 본다. 따라서 영희가 민호의 아내가 아니더라도 철수가 이를 알고 있는지를 확인할 수 없기 때문에 진술 A로부터 "철수는 민호의 아내가 교통사고를 일으켰다고 믿지 않는다."가 반드시 도출되지 않는다.

ㄴ. 추론할 수 있다. 진술 A에서 "철수는 민호의 아내가 교통사고를 일으켰다고 믿는다."가 도출되지 않는 이유는 영희가 민호의 아내라는 점을 철수가 안다는 것이 확실하지 않기 때문이다. 그런데 영희가 초보운전자라는 정보를 철수가 알고 있을 경우에는 지문과 달리 이러한 가능성이 배제되어 진술 A로부터 해당 진술이 도출될 수 있다.

ㄷ. 추론할 수 있다. 진술 A와 달리 진술 B는 철수의 믿음과 영희에 관한 정보를 구분하므로 해당 정보를 철수가 아는지 여부는 해당 진술의 참/거짓 여부에 영향을 미치지 않는다. 따라서 영희가 동철의 엄마라는 정보를 철수가 모르고 있더라도 이 정보가 참이라면 진술 B로부터 해당 진술이 도출된다.

메가피셋 잘고른 N제 제 2 회

문 1. 정답 ② 5급 공채 2020년도 (나)책형 22번

유형 정보확인 내용영역 인문

① 알 수 없다. 양반 계층과 평민이나 노비 계층 중 어느 쪽에서 이혼이 더 빈번했는지 지문에서 비교하지 않고 있으며, 양반, 평민, 노비 계층을 불문하고 부인을 쫓아내기보다는 혼인을 유지하는 것이 일반적이었다.

② 알 수 있다. 2문단에 따르면 조선의 양반 남자 집안의 경우 적처를 쫓아내면 가정의 관리자를 잃게 되고 적처 집안과의 관계 단절로 인한 현실적 손실을 직면해야 했다. 혼인관계를 우호적으로 유지하면서 사회적 이익을 얻기 위해 노력하는 것이 더 현실적이었으므로 적처를 쫓아내기보다는 결혼을 유지하였다.

③ 알 수 없다. 1문단에 따르면 『대명률』이라는 중국 법전의 내용은 확인할 수 있지만, 중국에서 부인의 역할이 어떠한지 확인할 수는 없다.

④ 알 수 없다. 1문단에 따르면 조선은 『대명률』을 준용하면서도 출처가 거의 명목상으로만 존재하였고, 이혼은 실질적으로 용인되지 않았다.

⑤ 알 수 없다. 국가가 직접 지원정책을 실시하였다는 정보는 지문에서 설명하지 않으며, 남자 집안과 여자 집안의 공조는 남자 집안이 가지는 전략적이고 현실적인 동기를 통해 자율적으로 이루어졌다.

문 2. 정답 ② 5급 공채 2022년도 (나)책형 1번

유형 정보확인 내용영역 인문

① 알 수 없다. 2문단에 따르면 구포론은 16세 이상의 모든 남녀에게 군포를 거두자는 주장이었고, 결포론은 토지를 소유한 자에게만 차등 있게 군포를 거두자는 주장이었다. 양인 중에는 토지를 소유하지 않은 이도 있었을 것이므로 결포론에 따라 군포를 내는 양인보다는 구포론에 따라 군포를 내는 양인의 수가 더 많을 것이다. 하지만 각 주장에 따를 때 군포를 걷는 양은 지문에서 비교하지 않으므로, 구포론과 결포론 중 어느 쪽이 양인의 군포 부담이 더 컸는지 비교할 수는 없다.

② 알 수 있다. 2문단에 따르면 호포론과 구포론은 대변통의 일종으로 신분에 관계없이 균등한 군역 부과를 실현하려는 대책이었는데, 3문단에 따르면 대변통의 실시는 양반의 특권을 폐지하는 것이었으므로 양반층이 강력히 저항했다. 이와 달리 상민이 부담해야 하는 군포를 감축하고 그 재정 결손에 대해서만 양반에게서 군포를 거두자는 감필결포론에 대해 양반들은 일정 정도 긍정적인 반응을 보였다.

③ 알 수 없다. 2문단에 따르면 대변통은 균등한 군역 부과 실현이 목적이고, 소변통은 상민의 군역 부담을 줄여 폐단을 완화하는 것이 목적인 대책이다. 3문단에 따르면 균역법은 소변통에 속하는 감필결포론을 제도화한 것이므로 균등 과세의 원칙을 실현한 것이라고 볼 수 없다. 또한 이 제도를 통해 양반이 지게 된 부담은 양반을 상민과 동등한 군역 대상자로 본 결과가 아니라 재정 결손을 보충하기 위한 양보에 불과한 것이었다. 따라서 이 제도를 통해 양반의 면세특권이 폐지되었다고 보기는 어렵다.

④ 알 수 없다. 2문단에 따르면 토지를 소유한 자에게만 차등 있게 군포를 거두자는 결포론은 경제 능력에 따라 군포를 징수하여 공평한 조세 부담의 이상에 가장 가까운 방안이었다. 하지만 신분에 관계없이 식구 수에 따라 가호를 등급으로 나누고 등급에 따라 군포를 부과하자는 호포론은 가호의 등급을 적용한다 하더라도 가호마다 군포 부담이 균등할 수 없다는 문제가 있었으므로, 균등한 군역 부과의 이상에 충실한 개혁안이었다고 볼 수 없다.

⑤ 알 수 없다. 2문단에 따르면 구포론은 귀천에 관계없이 16세 이상의 모든 남녀를 군포 부과 대상으로 규정하였고, 호포론은 신분에 관계없이 식구 수에 따라 군포를 거두어야 한다고 주장하였다.

문 3. 정답 ⑤ 5급 공채 2018년도 (나)책형 27번

유형 논증분석 내용영역 사회

1문단에서 필자는 좌파와 우파가 협력하여 공동의 목표를 이루려면 두 진영이 불일치하는 지점을 찾아 올바르고 정확하게 분석해야 함을 밝힌다. 그리고 4문단에서 불평등이 왜 생겨났으며 그것을 어떻게 해소할 것인가를 다루는 사회경제적 이론이 다른 데서 두 진영의 대립이 생겨났음을 지적한다.

1문단과 4문단에 따르면 좌파와 우파의 주장은 불평등 발생 원인과 해결책에서 불일치하는 지점이 있다. 하지만 국가가 사회 불평등을 해결해야 한다는 점, 다시 말해 국가가 사회 구성원 모두가 평등권을 누리도록 보장해야 한다는 원칙은 좌파와 우파 모두 받아들이고 있다. 이러한 합의점을 바탕으로 좌파와 우파가 개인 간 혜택의 차이가 생기는 원인을 분석하고 불평등을 누그러뜨리기 위해 어떤 절차가 필요한지 알아야 한다는 결론을 내릴 수 있다.

문 4. 정답 ① 5급 공채 2022년도 (나)책형 21번

유형 정보확인 내용영역 인문

① 알 수 있다. 3문단에 따르면 중국은 메이지 정부가 1868년 대외확장 의지를 표명한 뒤 정한론, 청국정벌책안 등에서 대륙 침략의 대상을 명확히 하였고, 청일전쟁에서 중일전쟁까지 이르는 과정이 모두 이러한 방침을 실행에 옮긴 결과라고 본다. 4문단에 따르면 한국은 정한론이 주창된 것은 조선과 전쟁을 벌이고 이를 통해 대외팽창을 꾀하겠다는 메이지 정부의 의도가 담긴 것이라고 보았으며, 이후의 대한국 정책이 한결같이 대륙 침략의 방침하에 수행되었다고 파악한다. 즉, 한국과 중국 모두 일본의 대륙 침략이 메이지 정부 이래로 일관된 방침이었다고 보는 것이다.

② 알 수 없다. 2문단에 따르면 종래 일본에서는 일본의 근대화와 대륙 침략을 불가분이라고 보았으나, 최근에는 일본의 근대화에서 팽창주의와 침략주의는 필연이 아니었으나 청일전쟁이 전환점이 되었다는 견해가 대두되었다. 하지만 이것은 일본의 근대화와 대륙 침략이 불가분이 아니었다는 견해인 것이지, 일본이 침략을 하지 않았어도 근대화된 대륙국가가 될 수 있었다고 보는 것은 아니다.

③ 알 수 없다. 4문단에 따르면 한국은 메이지 정부가 조선에 보낸 국서에서 전통적인 교린 관계에서는 볼 수 없었던 용어가 있었기 때문에 조선이 접수하지 않자 이를 빌미로 정한론이 확산되었다고 본다. 다시 말해 조선이 일본과의 전통적 교린 관계를 고수해서가 아니라, 일본이 조선에 보낸 국서에서 조선과의 전통적 교린 관계에서 사용하지 않던 용어를 사용하여 조선이 이를 접수하지 않자 이를 빌미로 정한론이 널리 확산되었다고 본 것이다.

④ 알 수 없다. 3문단에 따르면 일본이 주권선으로 규정한 지역은 일본 영토였으며, 이익선을 조선으로 규정하였다. 그런데 정한론에서는 한반도를 침략 대상으로 설정하고 있다. 따라서 정한론에서 침략 대상으로 설정된 것은 주권선으로 규정한 지역이 아니다.

⑤ 알 수 없다. 2문단에 따르면 기존 일본에서는 언제부터 대륙으로의 팽창을 기본 방침으로 삼았는지에 대해서는 류큐 분도 교섭 이후와 임오군란 이후로 견해가 나뉘어 있다. 즉, 팽창 정책이 기본 노선으로 결정된 시기를 임오군란 이후 시기로만 보는 것은 아니다.

문 5. 정답 ① 5급 공채 2022년도 (나)책형 23번

유형 정보확인 내용영역 사회

① 알 수 없다. 1문단에 따르면 젠트리피케이션은 도심의 노동계급 거주 지역이나 비어 있던 지역이 중간계급의 거주 및 상업 지역으로 변환되는 것을 의미한다. 그러나 21세기 들어 서양의 도시에서 중간계급이 도심 지역으로 이주하는 현상이 활발하게 나타나고 있는지의 여부는 지문을 통해 알 수 없다.

② 알 수 있다. 3문단에 따르면 기존 상권의 상업적 전치로 인해 그곳에서 거주하거나 사업을 하던 문화, 예술인과 원주민들이 다른 곳으로 밀려나고, 이곳에서 밀려날까봐 불안한 원주민들은 불만, 좌절, 분노 등이 집약된 감정에 사로잡히기도 한다.

③ 알 수 있다. 2문단에 따르면 서양 도시의 경우 기존 도시 공간이 중간계급의 주택가와 편의 시설로 전환된다. 이와 달리 아시아 도시의 젠트리피케이션은 문화, 예술 장소가 많던 곳에 최신 유행의 카페, 레스토랑 등이 들어서면서 소비와 여가를 위한 상권으로 급격하게 전환되는 양상을 띤다. 즉, 서양 도시에 비해 아시아 도시의 젠트리피케이션은 상권 개발에 집중되는 경향을 띤다고 볼 수 있다.

④ 알 수 있다. 2문단에 따르면 서양 도시의 젠트리피케이션은 구역별로 점진적으로 진행되는 반면, 아시아 도시의 젠트리피케이션은 기존 도시 공간이 대량의 방문객을 동반하는 상권으로 급격하게 전환되는 형태를 띤다.

⑤ 알 수 있다. 1문단에 따르면 서울을 비롯한 아시아의 도시들에서는 인문·예술 분야의 종사자들이 한 장소에 터를 잡거나 장소를 오가면서 새로운 미학과 감정을 부여하여 오래된 장소를 재생시키거나 새로운 장소로 만들어 내고 있다. 따라서 한국에서 일어난 기존 장소의 도시 변화는 인문, 예술 분야 종사자가 촉발하고 이끌었다고 볼 수 있다.

문 6. 정답 ③ 5급 공채 2020년도 (나)책형 8번

유형 정보확인 내용영역 과학기술

① 알 수 없다. 4문단에 따르면 테아플라빈은 홍차의 색깔을 오렌지색 계통의 금색으로 변화시키고, 테아루비딘은 홍차의 색을 적색 계통의 갈색을 갖게끔 한다. 따라서 어두운 적색 계통의 갈색 홍차에는 테아플라빈보다 테아루비딘의 양의 더 높을 것이므로, 테아루비딘의 양에 대한 테아플라빈의 양의 비율은 오렌지색 계통의 금색 홍차보다 어두운 적색 계통의 갈색 홍차에서 더 낮을 것이다.

② 알 수 없다. 2문단에 따르면 찻잎에 존재하는 폴리페놀의 구성물질 중 약 절반은 항산화복합물인 플라보노이드이며, 플라보노이드는 플라보놀과 플라바놀이라는 항산화 물질로 구성된다. 3문단에 따르면 카데킨은 플라바놀에 속하며, 카데킨이 활성산소를 제거하는 항산화 물질이다. 즉 플라보노이드는 활성산소를 제거하는 항산화 물질인 카데킨이 함유된 항산화복합물에 불과하고, 활성산소를 생성하지 못하도록 하는지는 알 수 없다.

③ 알 수 있다. 2문단에 따르면 폴리페놀은 커피 및 와인에 있음을 알 수 있으며, 폴리페놀의 구성물질인 플라보노이드는 플라보놀과 플라바놀로 이루어져 있음을 알 수 있다. 따라서 커피 및 와인에는 플라바놀이 들어 있는 폴리페놀이 있음을 알 수 있다.

④ 알 수 없다. 3문단에 따르면 에피갈로카데킨 갈레이트는 카데킨을 이루는 항산화 물질 중 하나로 찻잎에 존재한다. 4문단에 따르면 녹차는 카데킨을 많이 함유하고 있으나, 홍차는 제조 과정에서 카데킨의 일부가 테아플라빈과 테아루비딘이라는 다른 항산화 물질로 전환된다. 따라서 카데킨은 홍차보다 녹차에 많이 함유되어 있을 것이고, 에피갈로카데킨 갈레이트 또한 홍차보다 녹차에 많이 함유되어 있을 것이다.

⑤ 알 수 없다. 4문단에 따르면 홍차를 제조하는 동안 일어나는 산화 과정에서 카데킨의 일부가 테아플라빈과 테아루비딘이라는 물질로 전환된다. 산화가 시작되면서 첫 번째로 나타나는 물질이 테아플라빈이고, 산화가 더 진행되면 테아루비딘이 나타난다. 산화를 길게 하면 할수록 테아루비딘의 양이 많아진다. 5문단에 따르면 중국 홍차가 인도 홍차보다 산화 과정을 더 오래 한다. 따라서 중국 홍차에서 인도 홍차보다 카데킨이 테아루비딘이라는 물질로 더 많이 전환되었을 것이고, 카데킨 양은 인도 홍차보다 중국 홍차에 더 적게 들어있을 것이다.

문 7. 정답 ③ 5급 공채 2022년도 (나)책형 7번

유형 정보추론 내용영역 인문

㉠: ㉠에는 고유어에 대한 특징을 올바르게 설명하고 있는 내용이 들어가야 한다. 2문단에 따르면 벼락 · 서랍 · 썰매와 같은 고유어는 벽력(霹靂) · 설합(舌盒) · 설마(雪馬)라는 한자어의 형태가 변한 것이다. 또한 3문단에 따르면 한자어는 한자로 표기될 수 있다는 점에서 고유어와 구분된다. 다시 말하면, 고유어는 한자로 표기될 수 없다. 이를 종합하여 보면, ㉠에는 '본디 한자어였던 것이 형태가 바뀌어 한자 표기를 할 수 없게 된 것이다.'가 들어가는 것이 적절하다.

㉡: ㉡에는 한자어에 대한 특징을 올바르게 설명하고 있는 내용이 들어가야 한다. 3문단에 따르면 한자어는 중국에서 차용한 말들 이외에도 일본에서 만들어져 수입된 것도 있고, 우리나라에서 만들어진 것도 있다. 즉, 한자어라고 해서 모두 중국에서 유래한 단어들은 아닌 것이다. 따라서 ㉡에는 '한자어가 한자로 표기된다고 해서 모두 중국에서 유래된 것은 아니다.'가 들어가는 것이 적절하다.

문 8. 정답 ④ 5급 공채 2017년도 (가)책형 5번

유형 정보확인 내용영역 과학기술

ㄱ. 알 수 없다. ⓐ에서 일어나는 수축은 근육섬유가 수축함에 따라 전체근육의 수축 속도가 양수를 유지하므로 전체근육의 길이가 줄어든다. 이는 동심 등장수축에 해당한다.

ㄴ. 알 수 있다. 그래프의 y축에서 0은 전체근육의 길이가 변화하지 않는 경우를 말한다. b는 일정한 부하량이 주어졌음에도 y축이 전체근육의 길이가 변하지 않는 지점(0)에 위치해 있으므로 등척수축에 속한다. 2문단에서 등척수축이 탄력섬유의 작용에 의해 일어나는 근육 수축임을 언급하고 있다.

ㄷ. 알 수 있다. ⓒ는 전체근육의 수축 속도가 음수이므로 근육섬유는 수축하지만 전체근육의 길이가 늘어나는 편심 등장수축에 해당한다. 3문단에서 최대 장력을 초과하는 부하가 주어지면 전체근육의 길이가 늘어난다고 제시되어 있으므로, 최대 장력인 10kg을 초과하는 부하를 걸어주면 편심 등장수축이 발생한다.

문 9. 정답 ④ 5급 공채 2021년도 (가)책형 25번

유형 정보확인 내용영역 사회

① 알 수 있다. 1문단에 따르면 의사는 치료를 시작하기 전에 환자의 동의를 얻어야 한다. 또한 의사는 치료를 시작하기 전에 환자에게 충분한 정보를 제공해야 한다. 따라서 환자의 동의는 치료를 하기 위한 필요조건 중 하나라고 볼 수 있다.

② 알 수 있다. 2문단에 따르면 환자에게 진실을 말하는 것이 환자의 복지에 해가 될 수 있으므로 악행 금지의 원리에 따라 환자를 속여도 된다고 여겼던 시기가 있었다. 따라서 악행 금지의 원리에 근거해서 환자에 대한 기만이 정당화된 때가 있었다고 볼 수 있다.

③ 알 수 있다. 1문단에 따르면 동의의 의무는 기만 금지 의무의 연장선에 있으며, 두 의무 모두 자율성 존중 원리에 기반을 둔다. 따라서 기만 금지 의무와 동의의 의무 모두 동일한 원리에 기반을 둔다고 볼 수 있다.

④ 알 수 없다. 3문단에 따르면 의사가 직접적 관련성이 작은 정보를 필요 이상으로 제공해 환자가 특정 결정을 하도록 유도하는 경우가 있다. 이는 의사가 정보 제공을 조종하는 사례로 환자의 자율성을 존중하지 않는 행위이다. 따라서 정보의 양이 많을수록 환자의 자율성이 더 존중된다고 보기는 어렵다.

⑤ 알 수 있다. 2문단에 따르면 20세기 초까지도 환자에게 진실을 말하는 것이 환자의 복지에 해가 될 수 있다는 생각으로 기만이 정당화되었다. 하지만 오늘날 사람들은 진실을 말하는 것이 환자가 해를 입는다고 보지 않으므로 이러한 생각을 받아들이지 않는다. 따라서 의사가 복지를 위해 환자를 기만하는 행위는 오늘날 윤리적으로 정당화되지 않는다고 볼 수 있다.

문 10. 정답 ⑤ 행정고시 2010년도 (우)책형 29번

유형 정보추론 내용영역 사회

① 적절하지 않다. 1문단에 따르면 개인의 분노와 원한이 개인의 행위로 그칠 때에는 개인적인 복수극에 그치며 저항의 본질은 가치를 공유하는 것에 있다. 따라서 ㉠은 개인적인 것이 아니라 가치 공유와 관련된 내용이어야 한다.

② 적절하지 않다. 2문단에 따르면 프로메테우스의 신화에서 저항의 본질을 엿볼 수 있다. 1문단에서 저항의 본질은 가치 공유와 관련이 있다고 하였으므로 ㉡은 독단적 결단(개인적 행위)이 아닌 고통 공감(가치 공유)과 관련된 내용이어야 한다.

③ 적절하지 않다. 3문단에 따르면 중세의 지배체제에서는 농민들의 눈물과 원한이 저항의 형태로 폭발하지 못한 반면, 산업사회에서 시민이나 노동자들은 특정 경우에 모험을 감행한다. 즉, 저항의 발생 유무가 다르다. 따라서 ㉢은 일관성 있게 나타나는 것이 아니라 시대와 상황에 따라 다르게 나타난다는 내용이어야 한다.

④ 적절하지 않다. 3문단에 따르면 산업사회의 시민이나 노동자들은 평균적인 안락한 생활이 위협받을 때에만 저항한다. 즉, ㉣은 평균적인 안락한 생활과 관련된 내용이어야 한다. 상류층과 동등한 삶의 질은 평균적인 안락한 생활로 보기 어려우므로, 시민이나 노동자들이 바라고 지키려는 것에 해당하지 않는다.

⑤ 적절하다. 5문단에 따르면 저항과 권력 쟁탈을 목적으로 한 쿠데타와 같은 적대 행위를 구분하고 있다. 음모, 암살, 배신은 적대 행위에 가까우므로 ㉤은 저항의 본질(민중의 원한과 분노)이 아니라 적대 행위(권력 쟁탈)와 관련된 내용이어야 한다.

문 11. 정답 ③ 5급 공채 2022년도 (나)책형 18번

유형 논증평가 내용영역 과학기술

지문에 제시된 가설 ㉠~㉢에 대해 정리하면 다음과 같다.

㉠ 헨리 고리의 길이가 길수록 더 농축된 오줌을 생산하므로, 큰 포유류는 작은 포유류보다 오줌의 농도가 높다.

㉡ 몸의 크기와 비교한 헨리 고리의 상대적인 길이가 길수록 오줌의 농도가 높다. = RMT가 클수록 오줌의 농도가 높다.

㉢ 헨리 고리 중 유형 B가 차지하는 비중(R)이 작을수록 더 농축된 오줌을 생산한다.

4문단에 따르면 FP 측정값이 작을수록 오줌의 농도가 높다.

ㄱ. 적절하다. ㉠에 따르면 돼지는 개보다 체중이 더 많이 나가므로(몸집이 더 크므로) 오줌의 농도도 더 높아야 한다. 그런데 FP 측정 결과에 따르면 어는점은 돼지보다 개가 더 낮다. 즉, 개의 오줌이 돼지의 오줌보다 농도가 더 높은 것이다. 따라서 이러한 측정 결과는 ㉠을 약화한다.

ㄴ. 적절하다. ㉡에 따르면 캥거루쥐의 RMT가 개보다 더 크므로 오줌의 농도도 더 높아야 한다. FP 측정 결과에 따르면 캥거루쥐 오줌의 어는점이 개의 것보다 더 낮으므로, 캥거루쥐 오줌의 농도가 더 높다. 이는 ㉡과 일치하는 실험 결과이므로 ㉡은 약화되지 않는다.

ㄷ. 적절하지 않다. ㉢에 따르면 캥거루쥐의 R 값이 돼지보다 더 작으므로 오줌의 농도도 더 높아야 한다. FP 측정 결과에 따르면 캥거루쥐 오줌의 어는점이 돼지의 것보다 낮으므로, 캥거루쥐의 오줌이 돼지의 오줌보다 농도가 더 높다. 이는 ㉢과 일치하는 실험 결과이므로 ㉢은 약화되지 않는다.

문 12. 정답 ⑤ 5급 공채 2015년도 (인)책형 11번

유형 논증분석 내용영역 인문

회의주의자들의 논증을 정리하면 다음과 같다.

○ 지각 경험을 설명할 수 있는 대안 가설은 무수히 많다. 이 모든 대안 가설이 거짓이라는 것에 대한 증거는 획득할 수 없다. 결국 회의적 대안 가설들이 거짓이라는 믿음은 정당화될 수 없다. 따라서 지각 경험만으로는 대상에 대한 믿음을 정당화할 수 없다.

이 논증에서 논리적인 비약이 있는 지점은, 바로 회의적 대안 가설들이 거짓이라는 점으로부터 지각 경험만으로 대상에 대한 믿음을 정당화할 수 없다는 결론을 내리는 것이다. 빈칸에는 '회의적 대안 가설이 거짓임'과 '지각 경험만으로는 믿음을 정당화할 수 없다'라는 두 소재의 연결고리가 될 수 있는 전제가 필요하다. 따라서 '회의적 대안 가설이 거짓이라는 믿음이 정당화될 수 없다면 손인 것처럼 보이는 지각 경험은 손이 있다는 것에 대한 믿음을 정당화하지 못한다'가 빈칸에 들어가기 적절하다.

이를 도식화하여 표현하면 다음과 같다.

전제 1: 모든 회의적 대안 가설들이 거짓이라는 믿음은 정당화될 수 없다.

전제 2: ⑤ 회의적 대안 가설이 거짓이라는 믿음이 정당화될 수 없다면 손인 것처럼 보이는 지각 경험은 손이 있다는 것에 대한 믿음을 정당화하지 못한다.

결론: 손인 것처럼 보이는 지각 경험이 손이 있다는 것에 대한 믿음을 정당화하지 못한다.

문 13. 정답 ⑤ 5급 공채 2021년도 (가)책형 39번

유형 논증분석 내용영역 논리학

지문에 제시된 선택과 그 결과를 정리하면 다음과 같다.

	붉은색	검은색	노란색	기댓값
선택1	1만 원	-	-	1/3만 원
선택2	-	1만 원	-	b만 원
선택3	1만 원	-	1만 원	1-b만 원
선택4	-	1만 원	1만 원	2/3만 원

ㄱ. 적절하다. 항아리에서 붉은색 구슬이 30개에서 15개로 바뀌는 경우, 먼저 선택1과 선택2 사이에서 선택1의 확률은 1/6로 감소하지만, 선택2의 확률은 여전히 0일 수 있기 때문에, 최악의 상황을 피하고자 한다면 둘 중 선택1을 택한다. 다음으로 선택3과 선택4 사이에서 선택3의 확률의 최솟값은 1/6이지만, 선택4의 확률은 5/6으로 고정되므로, 둘 중에서 여전히 선택4를 택한다. 이렇게 조건이 바뀌어도 선택이 동일하므로, ㉠이라는 결론은 따라 나올 것이라고 판단할 수 있다.

ㄴ. 적절하다. 6문단에 따르면 내기1에서 선택1을, 내기2에서 선택4를 택한 행위는 최악의 상황을 피하는 결정이기 때문에 합리적이다. 반면에 기댓값 최대화 원리에 따르면 합리적 선택은 기댓값이 가장 큰 선택지를 선택하는 것을 의미한다. ㉠은 선택1과 선택4가 합리적 선택과 기댓값 최대화 원리가 충돌하는 경우라고 설명한다. 그런데 위의 선택이 합리적인 결정이 아니라는 것을 받아들이면, ㉠과 같이 문제를 제기할 수 없다. 따라서 ㉠이라는 결론은 따라 나오지 않는다.

ㄷ. 적절하다. 기댓값 최대화 원리는 합리적 선택을 하려면 기댓값이 가장 큰 선택지를 선택해야 한다는 것이고, 이는 기댓값 사이의 크기를 비교할 수 있음을 전제한다. ㉠ 또한 최악의 상황을 피하는 선택과 다른 선택들 사이의 기댓값을 비교하여 도출된 내용이다. 만약 기댓값 사이의 크기를 비교할 수 없다면, ㉠과 같이 합리적 선택과 기댓값 최대화 원리가 충돌한다고 설명할 수 없다. 따라서 ㉠이라는 결론은 따라 나오지 않는다.

다|직|다|공 75+

문 14. 정답 ③ 5급 공채 2021년도 (가)책형 40번

유형 정보추론 내용영역 논리학

ㄱ. 추론할 수 있다. 갑은 선택1과 선택3을 택했으므로, 꺼낸 구슬이 붉은색이면 2만 원, 검은색이면 0원, 노란색이면 1만 원을 받는다. 을은 선택1과 선택4를 택했으므로, 꺼낸 구슬이 붉은색이면 1만 원, 검은색이면 1만 원, 노란색이면 1만 원을 받는다. 갑이 붉은색 구슬을 꺼내 2만원을 받거나 검은색 구슬을 꺼내 상금을 받지 못하는 경우, 어떤 색의 구슬을 뽑든 상금 1만 원을 받는 을과 상금 액수에서 차이가 난다. 따라서 두 사람이 받는 상금의 액수가 같은 경우는 갑이 노란색 구슬을 꺼냈을 때이며, 이때 두 사람의 상금 액수는 1만 원으로 같아진다.

ㄴ. 추론할 수 있다. 검은색 구슬의 개수가 20개 미만이라면 붉은색 구슬의 개수인 30개보다 적으므로, 다른 조건이 일정한 경우 검은색 구슬보다 붉은색 구슬을 선택하는 것이 기댓값이 더 커진다. 따라서 선택1과 선택2 중에서는 선택1이, 선택3과 선택4 중에서는 선택3이 기댓값이 더 크다. 따라서 선택1과 선택3을 한 갑의 선택은 기댓값이 가장 큰 선택지이다.

ㄷ. 추론할 수 없다. 갑이 을보다 상금을 더 많이 받는 경우는 사회자가 붉은색 구슬을 뽑아 갑이 2만 원, 을이 1만 원을 받는 경우이다. 반면에 사회자가 검은색 구슬을 뽑으면 갑이 0원, 을이 1만 원을 받고, 노란색 구슬을 뽑으면 갑이 1만 원, 을이 1만 원을 받는다. 따라서 갑이 을보다 상금을 더 많이 받지 않는 경우는 사회자가 검은색 또는 노란색 구슬을 뽑는 경우이다. 붉은색 구슬이 나올 확률은 30/90이지만, 검은색 또는 노란색 구슬이 나올 확률은 60/90이므로 갑이 을보다 더 많은 상금을 받을 확률과 그렇지 않을 확률은 같지 않다.

문 15. 정답 ③ 5급 공채 2022년도 (나)책형 15번

유형 논증평가 내용영역 논리학

ㄱ. 적절하다. 입장 X는 대상자와 관련된 이해관계가 중요할수록 평가자는 대상자에게 더 엄격한 기준을 적용한다고 본다. 사례 2에 따르면 서현은 반드시 A 학점을 받아야 하는 동기가 존재하기 때문에 희수보다 이해관계가 더 중요한 상황이다. 즉, ㉠이 강화되기 위해서는 m(희수의 검토 횟수)보다 n(서현의 검토 횟수)의 값이 더 커야 한다. 따라서 m이 n보다 훨씬 더 작다면 ㉠은 강화된다.

ㄴ. 적절하지 않다. 입장 X는 대상자와 관련된 이해관계가 중요할수록 더 엄격한 기준이 적용된다고 본다. 즉, 대상자의 이해관계가 아닌 평가자의 이해관계는 ㉠의 강화 여부와는 관련이 없다. 따라서 평가자의 이해관계가 중요할수록 m이 커진다 해도 ㉠은 강화되지 않는다.

ㄷ. 적절하다. 서현이 학점과 상관없이 장학금을 받게 된다면, 반드시 A학점을 받아야 한다는 이해관계가 사라지게 된다. 입장 X에 따르면 대상자와 관련된 이해관계가 중요할수록 더 엄격한 기준이 적용되는데, 여기서 이해관계가 사라질 경우 ㉠이 강화되기 위해서는 n의 값이 줄어들어야 한다. 그런데 n에 변화가 없다면 이는 ㉠과 상반된 결과이므로 ㉠은 약화된다.

다|직|다|공 75+

문 16. 정답 ⑤ 5급 공채 2021년도 (가)책형 35번

유형 형식논리 내용영역 논리학

지문의 내용을 기호화하면 다음과 같다.

1. ~(논리학 ∧ 인식론 ∧ 과학철학 ∧ 언어철학)
2. 논리학 → 인식론
3. 인식론 ∧ 과학철학
4. ~언어철학 → ~과학철학 (≡ 과학철학 → 언어철학)

ㄱ. 반드시 참이다. 3과 4에 따라 (인식론 ∧ 과학철학 ∧ 언어철학)인 경우가 존재한다. 그런데 1에 따라 주어진 4개 교과목을 모두 수강한 학생은 없었으므로, 〈인식론〉, 〈과학철학〉, 〈언어철학〉을 수강하고, 〈논리학〉을 수강하지 않은 학생이 반드시 존재한다.

ㄴ. 반드시 참이다. 2에 따라 〈논리학〉을 수강하면 〈인식론〉을 수강하고, 4에 따라 〈과학철학〉을 수강하면 〈언어철학〉을 수강한다. 만약 〈논리학〉과 〈과학철학〉을 둘 다 수강하게 되면, 주어진 4개 교과목을 모두 수강하게 되므로 1을 만족시키지 못한다. 따라서 〈논리학〉과 〈과학철학〉을 둘 다 수강한 학생은 없다.

ㄷ. 반드시 참이다. 3과 4에 따라 (인식론 ∧ 언어철학)이 도출된다. 따라서 〈인식론〉과 〈언어철학〉을 둘 다 수강한 학생이 있다.

[추가해설]

지문의 진술을 그림으로 나타내면 다음과 같다.

1. 논리학 → 인식론
2. ~언어철학 → ~과학철학 (≡ 과학철학 → 언어철학)

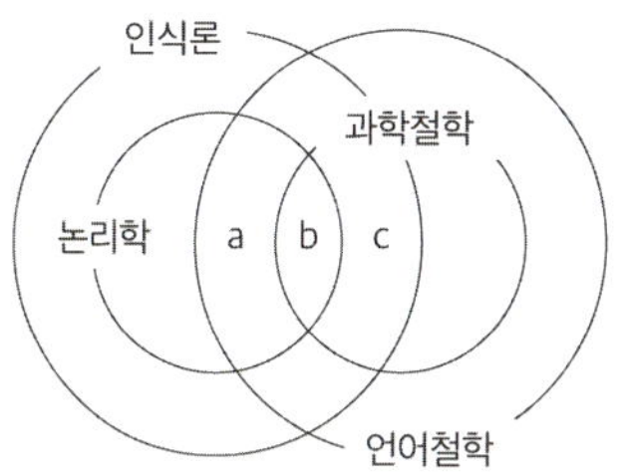

3. ~(논리학 ∧ 인식론 ∧ 과학철학 ∧ 언어철학)
   ⇨ 위 그림에서 b 존재하지 않음
4. 인식론 ∧ 과학철학
   ⇨ 위 그림에서 a 또는 c 존재함

ㄱ. 반드시 참이다. 위 그림에서 c가 존재하므로 〈논리학〉을 수강하지 않으면서, 〈인식론〉, 〈과학철학〉, 〈언어철학〉을 수강하는 학생이 있음을 확인할 수 있다. 따라서 〈논리학〉을 수강하지 않는 학생이 있다.

ㄴ. 반드시 참이다. b는 〈논리학〉과 〈과학철학〉이 겹치는 부분에 해당하는데, 3에 따르면 b는 존재하지 않는다. 따라서 〈논리학〉과 〈과학철학〉을 둘 다 수강한 학생은 없다.

ㄷ. 반드시 참이다. c는 〈인식론〉과 〈언어철학〉이 겹치는 부분에 해당하는데, 4에 따르면 c가 존재한다. 따라서 〈인식론〉과 〈언어철학〉을 둘 다 수강한 학생이 있다.

문 17. 정답 ⑤ 5급 공채 2022년도 (나)책형 10번

유형 **형식논리** 내용영역 **논리학**

㉠: 지문의 대화에 따르면 갑이 걱정하는 것은 'C ∨ D'가 도출되는 상황이며, ㉠이라고 가정할 때 'C ∨ D'가 도출된다. ㉠과 연관된 지문의 논증을 다음과 같이 재구성할 수 있다.

1. ~A → C
2. ~B → D
3. [㉠]

∴ C ∨ D

㉠에는 결론을 도출하기 위한 전제가 들어가야 한다. 결론에 해당하는 내용은 'C ∨ D'이므로 이를 도출하려면 '~A ∨ ~B'에 해당하는 내용이 ㉠에 들어가야 한다. 따라서 ㉠에 들어갈 내용은 'A와 B 중 적어도 하나는 사용하지 않아야 한다'가 된다.

㉡: 지문에 따르면 갑이 걱정하는 상황인 'C ∨ D'가 도출되지 않으려면 ~(~A ∨ ~B) ≡ 'A ∧ B'가 제시되어야 한다.
을은 '~E ∧ ~F → A ∧ B'임을 제시하면서, '~E ∧ ~F'가 참이기 때문에 'A ∧ B'가 도출되어 걱정할 필요가 없다고 주장한다.
갑이 'F'가 참이라 진술하면서 '~E ∧ ~F'가 참이라는 을의 진술은 부정된다. 하지만 을은 그럼에도 걱정할 필요가 없다고 진술하는데, 이는 다른 조건에 따라 'A ∧ B'가 도출된다는 것을 의미한다. 지문의 대화에 따르면 갑의 마지막 진술에 따라 '~G'가 참이고, ㉡이라고 가정할 때 'A ∧ B'가 도출된다.

㉡과 연관된 지문의 논증을 다음과 같이 재구성할 수 있다.

1. F
2. [㉡]
3. ~G

∴ A ∧ B

㉡에는 결론을 도출하기 위한 전제가 들어가야 한다. 결론에 해당하는 내용은 'A ∧ B'이므로 이를 도출하려면 'F ∧ ~G → A ∧ B'에 해당하는 내용이 ㉡에 들어가야 한다. 따라서 ㉡에 들어갈 내용은 'F를 사용하고 G를 사용하지 않을 경우, A와 B를 모두 사용해야 한다'가 된다.

문 18. 정답 ④ 5급 공채 2021년도 (가)책형 15번

유형 **형식논리** 내용영역 **논리학**

지문에 제시된 진술을 기호화하면 다음과 같다.

전제1. 갑 : A → B
전제2. 갑 : ~D → C
전제3. 을 : C ∧ ~B
전제4. 갑 : ㉠
결론1. 을 : C ∧ ~A ∧ ~B ∧ ~D
전제5. 갑 : ㉡
결론2. 을 : D

㉠: ㉠에는 '~A ∧ ~B ∧ C ∧ ~D'가 도출되기 위해 필요한 명제가 들어가야 한다. 전제1과 전제3에 따라 'C ∧ ~A ∧ ~B'가 도출된다. 여기서 결론1을 도출하기 위해서는 ㉠을 활용해 ~D가 추가적으로 도출되어야 한다. 여기에 '~A → ~D'가 추가되면 ~A에서 ~D를 도출할 수 있으므로, 해당 진술과 논리적 동치인 'D → A'에 해당하는 내용이 ㉠에 들어갈 수 있다. 따라서 ㉠에는 'D그룹에서 항체를 생성한 후보 물질은 모두 A그룹에서 항체를 생성했나.'가 들어가는 것이 적절하다.

㉡: ㉡에는 'D'가 도출될 수 있는 명제가 들어가야 한다. 전제2에 따르면 '~C'가 추가되면 'D'를 도출할 수 있으므로, ㉡에는 'C그룹에서 항체를 생성하지 않은 후보 물질이 있다.'가 들어가는 것이 적절하다.

문 19. 정답 ④ 5급 공채 2016년도 (4)책형 12번

유형 **논증분석** 내용영역 **사회**

① 적절하지 않다. 갑은 처벌의 정당성은 그의 범죄 행위뿐만 아니라 현대 사회의 문제점도 함께 고려해야 한다고 했다. 한편 을은 처벌의 정당성은 악행에 의해서만 정당화되어야 한다고 했다. 결국 을은 정당성으로 악행만을 고집하기 때문에 갑과 양립할 수 없다.

② 적절하지 않다. 을이 현대 사회에 접어들어 구성원들 간 이해관계의 충돌이 더욱 심해졌는지에 대해서는 어떠한 의견도 내놓지 않았다. 즉, 갑과 달리 을이 이해관계의 충돌이 심해졌다는 것을 부정했는지는 알 수 없다.

③ 적절하지 않다. 갑은 사람에게 타고난 존엄성이 있다는 것에 대해서는 어떠한 의견도 내놓지 않았으므로, 타고난 존엄성을 부정했는지의 여부는 알 수 없다.

④ 적절하다. 갑은 처벌의 기능이 다른 사회 구성원들을 교육하고 범죄자를 교화하는 기능을 수행해야 한다고 주장한 반면, 병은 범죄자에 대한 처벌 교화 효과에 의문을 갖고 그 예시를 들었다. 즉, 병은 처벌이 갑이 말하는 교화의 기능을 수행하지 못할 수도 있다는 것을 말한 것이다.

⑤ 적절하지 않다. 병은 처벌의 교화 효과가 의문의 여지가 있다고 하였을 뿐, 처벌이 사회의 이익을 고려하지 않고 악행에 의해서만 정당화되어야 한다는 것에 대해 어떠한 의견도 내놓지 않았다.

문 20. 정답 ② 5급 공채 2022년도 (나)책형 16번

유형 **논증평가** 내용영역 **사회**

지문에 나타난 A~C의 입장과 비판점을 정리하면 다음과 같다.

○ A: 응보주의의 전통적인 입장. 처벌은 범죄와 동일한 유형의 행위로 이루어져야 정의롭다.

○ A에 대한 비판: 동일한 유형의 행위로 처벌할 수 없는 범죄들이 존재하기 때문에 현실적으로 적용할 수 없다.

○ B: A의 기본적 관점 수용. 범죄가 발생시킨 고통의 양과 정확히 동일한 고통의 양을 부과하는 형벌로도 정의를 달성할 수 있다.

○ B에 대한 비판: 고문과 같은 극악무도한 범죄의 경우 동일한 유형의 행위로 처벌하지 않으면 범죄가 유발한 고통의 양에 상응하는 처벌을 할 수 없다.

○ C: 형벌이 범죄가 초래한 고통의 양에 의존할 필요는 없으며, 범죄의 엄중함에 비례하는 무거운 형벌로 처벌하는 것만으로도 충분하다. 한 사회의 모든 형벌을 무거운 것 ⇒ 가벼운 것 순으로 나열하고 범죄의 경중을 따져 배열 순서대로 적용하여 처벌하면 정의가 달성될 수 있다.

ㄱ. 적절하지 않다. A는 응보주의의 전통적인 입장을 고수하며 범죄와 동일한 유형의 행위로 처벌하는 것이 정의롭다고 본다. B는 이러한 A의 기본적인 관점을 수용하고 있지만, A에 대한 비판에 대응하기 위해 동일한 유형의 행위로 처벌할 수 없는 범죄의 경우 범죄가 발생시킨 고통의 양과 동일한 고통의 양을 부과하는 형벌로도 정의를 달성할 수 있다고 본다. 즉, B 역시 범죄와 정확히 동일한 유형의 행위로 처벌하는 것이 정의롭다는 것에 대해 동의하는 입장이다.

ㄴ. 적절하다. B는 범죄가 발생시킨 고통의 양과 정확히 동일한 고통의 양을 부과하는 형벌로도 정의를 달성할 수 있다고 본다. 하지만 범죄와 형벌로 인해 야기되는 고통의 양을 측정하기 어렵다면, 이러한 B의 입장은 약화된다. C는 형벌이 범죄가 초래한 고통의 양에 의존할 필요는 없으며, 범죄의 엄중함에 비례하는 형벌로 처벌하는 것만으로도 충분하다고 본다. 즉, C는 고통의 양을 측정할 수 없어도 범죄의 경중을 따져 그에 상응하는 형벌로 처벌하는 것이 가능하다는 입장이므로 범죄와 형벌로 인해 야기되는 고통의 양을 측정하기 어렵다고 해서 C의 입장이 약화되지는 않는다.

ㄷ. 적절하지 않다. A는 범죄와 동일한 유형의 행위로 처벌해야 정의롭다고 주장하고, B는 A의 입장을 받아들이되 범죄가 발생시킨 고통의 양과 정확히 동일한 고통의 양을 부과하는 형벌 역시 정의롭다고 주장한다. 따라서 A와 B는 살인범에게 사형제를 적용하는 것에 찬성할 것이다. 그러나 C는 형벌이 범죄가 초래한 고통의 양에 의존할 필요는 없으며, 범죄의 엄중함에 비례하는 무거운 형벌로도 충분하다고 본다. 따라서 C의 입장에서는 사형제를 받아들이지 않을 수 있다.

문 21. 정답 ① 5급 공채 2021년도 (가)책형 16번

유형 논증분석 내용영역 인문

지문에 제시된 갑~병의 주장을 정리하면 다음과 같다.

갑: 원인이 존재한다면 상관관계 역시 존재한다.

을: 확률 증가 원리는 상관관계만을 설명하며, 인과관계를 설명하기에는 충분하지 않다.

병: 공통 원인이 존재하지 않는다는 전제하에, 원인이 존재한다면 상관관계 역시 존재한다.

① 적절하다. 갑에 따르면 특정 사건이 다른 사건의 원인임, 즉 인과관계가 있다는 것은 곧 확률 증가 원리라는 상관관계가 있다는 것을 의미한다. 또한 병에 따르면 공통 원인이 존재하지 않는다는 전제 아래에서 인과관계를 확률 증가 원리로 규정할 수 있다. 따라서 갑과 병에 따르면 인과관계가 성립하면 상관관계도 성립한다고 볼 수 있다.

② 적절하지 않다. 병에 따르면 공통 원인이 존재하지 않는다는 전제하에, 원인이 존재한다면 상관관계 역시 존재한다. 따라서 선지 진술의 전건인 '상관관계가 성립한다'는 병의 진술 중 후건을 긍정한 것이므로 반드시 '인과관계가 성립한다'는 진술을 도출한다고 볼 수 없다.

③ 적절하지 않다. 병에 따르면 공통 원인이 존재하지 않는다면 아이스크림 소비량 증가와 일사병 환자 증가는 확률 증가 원리에 따라 인과관계가 존재할 수 있다. 그러나 날씨가 무더워졌다는 공통 원인의 존재 가능성 때문에 두 사건 사이의 인과관계를 추론할 수 없다. 따라서 확률 증가 원리가 성립한다고 해서 언제나 인과관계가 성립한다고 볼 수 없다.

④ 적절하지 않다. 갑에 따르면 확률 증가 원리라는 상관관계가 있는 경우 인과관계를 추론할 수 있다. 그러나 을에 따르면 확률 증가 원리로 규정되나 상관관계만 있고 인과관계를 추론할 수 없는 때도 있다. 따라서 인과관계가 성립한다고 인정하는 사례는 갑보다 을이 더 많다고 보기 어렵다.

⑤ 적절하지 않다. 갑에 따르면 확률 증가 원리라는 상관관계가 있는 경우 인과관계를 추론할 수 있다. 한편 병에 따르면 공통 원인이 존재하지 않는다는 전제 아래에서 갑의 의견에 동의할 수 있다고 보았다. 따라서 인과관계가 성립한다고 인정하는 사례는 갑보다 병이 더 많다고 보기 어렵다.

문 22. 정답 ① 5급 공채 2022년도 (나)책형 27번

유형 정보추론 내용영역 사회

지문에 제시된 현재선호와 미래선호를 표로 정리하면 다음과 같다.

	현재선호	미래선호
현재 받을 금액	미래가치보다 적게	미래가치보다 많이
미래가치를	할인	할증

㉠: ㉠에는 시간 선호 여부와 상관없이 가치를 할인하거나 할증하는 사례에 관한 내용이 들어가야 한다. 2문단에 따르면 미래선호 성향을 가진 경우 현재가치를 계산할 때 미래가치를 할증한다. 그런데 3문단에 따르면 ㉠을 선택하는 사람은 당장 큰돈이 필요하므로 현재 돈의 필요성이 커진 경우에 해당한다. 따라서 ㉠에는 '할인'이 들어가는 것이 적절하다.

㉡: ㉡에는 앞의 내용을 요약 정리하는 내용이 들어가야 한다. ㉡의 앞 내용에 따르면 미래가치를 할인한다고 해서 반드시 현재를 선호하는 성향을 가진 것은 아니다. 따라서 ㉡에는 '필요조건'이 들어가는 것이 적절하다.

㉢: ㉢에는 미래 화폐가치 평가 결과로부터 예상할 수 없는 물가 변동

방향이 들어가야 한다. ㉢의 뒤 내용에 따르면 평가가 현재선호로 인한 것이라는 결론을 내리고 있어, 물가 변동이 의사결정에 영향을 미친 것이 아니라고 보고 있다. ㉢의 앞 내용에 따르면 화폐가치 평가 결과 미래 화폐가치가 현재 화폐가치에 비해 낮아졌다. ㉢에는 화폐가치의 변동이 물가와 반대로 움직인다는 설명에 맞지 않는 물가 변동 방향이 들어가므로, ㉢에는 '내릴'이 들어가는 것이 적절하다.

㉣: ㉣에는 미래 화폐가치 평가 결과로부터 예상할 수 있는 물가 변동 방향이 들어가야 한다. ㉣의 뒤 내용에 따르면 평가가 현재선호로 인한 것일 가능성이 낮다는 결론을 내리고 있어, 물가 변동이 의사결정에 영향을 미친 것일 가능성이 ㉢의 경우에 비해 높다고 보고 있다. 화폐가치 평가 결과 ㉢과 같이 미래 화폐가치가 현재 화폐가치에 비해 낮아졌다. ㉣에는 화폐가치의 변동이 물가와 반대로 움직인다는 설명에 따른 물가 변동 방향이 들어가므로, ㉣에는 '오를'이 들어가는 것이 적절하다.

문 23. 정답 ① 5급 공채 2019년도 (가)책형 36번

유형 논증분석 내용영역 인문

지문에 제시된 주장을 정리하면 다음과 같다.

A: 옛 음악을 작곡 당시에 공연된 것과 똑같이 재연하면 그것이 작곡된 시대에 연주하는 느낌을 정확하게 구현하는 정격연주가 가능함

B: 옛 음악을 작곡 당시와 똑같이 재연하는 것은 불가능함

C: 작곡자가 자신의 작품이 어떻게 들리기를 의도했는지 파악한 후 연주하면 작곡된 시대에 연주된 느낌을 정확하게 구현하는 정격연주를 할 수 있음

D: 정격연주를 하려면 작곡자의 의도뿐만 아니라 당시의 연주 관습을 함께 고려해야 함

ㄱ. 적절하다. A는 옛 음악을 작곡 당시에 공연된 것과 똑같이 재연함으로써 정격연주가 가능하다는 입장을 취하고 있다. C는 옛 음악을 똑같이 재연하지 못한다고 해도 작곡자의 의도를 파악해 연주함으로써 작곡된 시대에 연주된 느낌을 정확하게 구현할 수 있다고 주장한다. 그러므로 A와 C는 옛 음악이 과거와 똑같이 재연된다면 과거의 연주 느낌이 구현될 수 있다는 점을 부정하지 않는다.

ㄴ. 적절하지 않다. B는 작곡 당시의 연주 관습을 현대에 똑같이 재연하는 것이 불가능하다고 주장한다. D는 작곡자의 의도와 연주 관습을 모두 고려해야 정격연주를 할 수 있다고 본다. 이와 함께 D는 작곡자의 의도대로 진행한 연주가 작곡된 시대에 연주된 느낌을 정확하게 구현하지 못할 수 있다는 점을 인정한다. 그러므로 D도 어떤 과거 연주 관습이 현대에 똑같이 재연될 수 없는 경우가 있다는 것을 부정하지 않는다.

ㄷ. 적절하지 않다. C는 작곡자의 의도를 파악함으로써 정격연주가 가능하다고 주장한다. D는 작곡자의 의도뿐만 아니라 작곡 당시의 연주 관습을 함께 고려해야 정격연주가 가능하다고 파악한다. 그러므로 D는 작곡자의 의도만으로는 정격연주를 실현하기에 불충분하다는 입장을 취하고 있다.

다|직|다|공 75+

문 24. 정답 ⑤ 5급 공채 2020년도 (나)책형 9번

유형 정보추론 내용영역 사회

ㄱ. 추론할 수 있다. A국 궁수의 수가 4,000명으로 증가한다면 B국의 손실병력은 400명, A국의 손실병력은 100명이다. 따라서 첫 발사에서의 B국의 손실비는 $\frac{400/1000}{100/4000}$이 되므로 16이 된다.

ㄴ. 추론할 수 있다. 1문단에 따르면 자국의 손실비가 1/2이라면 자국의 군사력은 적국보다 2배로 우월하다는 것이다. 즉, 손실비의 역수만큼 우월하다.

A국의 손실비는 $\frac{180/2000}{390/1000}$이므로 $\frac{9}{39}<\frac{1}{4}$이다.

1문단에 따르면 자국의 군사력은 자국의 손실비의 역수이므로, A국의 군사력은 B국보다 4배 이상으로 우월하게 된다.

ㄷ. 추론할 수 있다. 손실이 같다면, 결국 $\frac{1/\text{자국 최초 병력}}{1/\text{적국 최초 병력}}$이므로 $\frac{\text{적국 최초 병력}}{\text{자국 최초 병력}}$이 된다. 따라서 자국의 최초 병력의 수가 적국에 비해 더 적다면 자국의 손실비가 더 크다. 예를 들어 A국의 최초 병력의 수가 2,000명이고 B국의 최초 병력의 수가 1,000명인 경우, 각국의 병력 손실이 100으로 동일한 경우를 가정한다. 이때,

A국의 손실비 : $\frac{100/2000}{100/1000}=0.5$

B국의 손실비 : $\frac{100/1000}{100/2000}=2$

이므로 최초 병력의 수가 적은 B국의 손실비가 더 큼을 알 수 있다.

문 25. 정답 ④ 5급 공채 2020년도 (나)책형 30번

유형 논증분석 내용영역 사회

지문에 제시된 내용을 정리하면 다음과 같다.

<table>
<tr><td colspan="2" rowspan="2">외적 타당성</td><td>타당성 확보 방법</td></tr>
<tr><td>표본의 수나 표본 집단의 대상을 올바르게 지정</td></tr>
<tr><td rowspan="2">내적 타당성</td><td>역사 요인</td><td>외부적 사건이 원인이 되어 연구에 영향 검토
⇨ 비교집단 설정하여 정보 수집</td></tr>
<tr><td>선택 요인</td><td>비교집단을 잘못 설정
⇨ 독립 변수 조건 이외에 다른 조건들이 현저하게 차이가 나는 집단을 비교집단으로 설정하지 않음</td></tr>
</table>

<연구 결과>

초등학교에 축구 관련 지원금을 인상하는 정책 시행 후 정책이 적용된 학교의 초등학생들에게서 축구에 대한 관심도가 2배 증가

○ 갑: 초등학교 중 소수의 학교만을 대상으로 연구, 지원금 인상 정책이 적용되지 않는 초등학교까지 연구 대상으로 지정하는 오류 검토
⇨ 외적 타당성 확보

○ 을: 월드컵이라는 외부적 사건이 축구에 대한 관심도 상승에 영향을 미쳤을 가능성이 있으므로 지원금 인상 정책이 시행되지 않은

초등학교를 비교 집단으로 설정했는지 검토 ⇨ 내적 타당성 확보 (역사 요인에 따른 오류 제거)

○ 병: 지원금 인상 정책이 적용되지 않은 초등학교 중 축구에 대한 관심도 수준이 현저히 차이나는 집단을 비교집단으로 설정하지 않았는지 검토 ⇨ 내적 타당성 확보(선택 요인에 따른 오류 제거)

① 적절하지 않다. 갑은 외적 타당성을 확보하고자 한다.

② 적절하지 않다. 을은 내적 타당성 확보를 위해 선택 요인이 아닌 역사 요인과 관련된 타당성을 검토하고자 한다.

③ 적절하지 않다. 을은 외적 타당성이 아닌 내적 타당성을 확보하고자 한다.

④ 적절하다. 비교 집단이 원래 표본 집단과 현저하게 조건 차이가 나는지 여부를 지적하고 있으므로, 이는 연구의 내적 타당성 확보를 위해 선택 요인에 따른 오류를 시정하고자 하는 것이다.

⑤ 적절하지 않다. 병은 외적 타당성이 아닌 내적 타당성을 확보하고자 한다.

메가피셋 잘고른 N제

제 3 회

문 1. 정답 ④

5급 공채 2022년도 (나)책형 2번

유형 정보확인 | 내용영역 인문

① 알 수 없다. 1문단에 따르면 관영 공사에 필요한 재료는 도감에서 직접 구하거나 공인으로부터 공급받는 두 가지가 있었는데, 그중 공인은 다시 전인과 도고 상인으로 나뉘었다. 선혜청에서 물건 값을 선불로 지급하고 납품받는 방식인 원공은 전인이 담당했는데, 이 경우 시가보다 물건 값을 많이 받을 수 있었다. 그런데 도감에서 물건을 납품받을 때 그 값이 어떠했는지는 지문을 통해 알 수 없다. 따라서 도감에 납품하는 것보다 선혜청에 목재를 납품하는 것이 더 큰 수익을 올릴 수 있었는지 또한 지문을 통해 알 수 없다.

② 알 수 없다. 1문단에 따르면 목상은 수요가 많은 작은 목재만 취급했기 때문에, 관영 공사에 사용되는 재료는 도감에서 직접 구하거나 공인으로부터 공급받아야 했다. 19세기부터 관영 공사의 목재 공급 및 운송을 주로 목상이 담당하게 되었는지는 지문을 통해 알 수 없다. 또한 3문단에 따르면 관영 공사에 필요한 건축 재료를 구하고 운송하는 책임은 영역부장에게 있었는데, 1789년(18세기)에 패장이 설치되어 이를 대신하게 되었고, 영역부장은 도감의 최하위 관리직으로 실무를 맡았다. 즉, 영역부장이 19세기에 폐지되었는지 역시 지문을 통해 알 수 없다.

③ 알 수 없다. 3문단에 따르면 도청은 재료의 반입 및 공사장의 검수 등 행정 전반을 진두지휘하였고, 지방의 관영 공사에 필요한 재료 구입은 지방 감영 소속의 군수나 만호가 담당했다. 그런데 건축 재료의 하역과 각 창고까지의 운송은 1707년(18세기 초)부터는 마계가 전담하였지만, 17세기까지는 백성들의 부역 노동으로 해결하였다. 따라서 목재의 운송은 시기에 따라 마계가 했을 수도 있고, 백성들이 했을 수도 있다.

④ 알 수 있다. 1문단에 따르면 관청(선혜청)에서 물건 값을 선불로 지급하고 납품받는 방식은 원공이며, 이는 1768년(18세기)에 폐지되었다. 2문단에 따르면 18세기 목재 운송을 맡았던 배는 조세선보다는 군선과 사선의 비중이 커졌지만, 원거리 운송은 여전히 조세선이 담당했다. 따라서 1768년의 원거리 운송 역시 조세선이 담당했을 것이다.

⑤ 알 수 없다. 3문단에 따르면 1789년(18세기) 패장이 설치되기 전까지는 영역부장이 관영 공사에 필요한 건축 재료를 구하고 운송하는 책임을 지고 있었다. 1문단에 따르면 관영 공사에 필요한 재료는 도감에서 구하거나 공인(전인, 도고 상인)으로부터 공급받을 수 있었다. 이에 따르면 도감의 영역부장이 반드시 전인으로부터만 목재를 공급받을 수 있었던 것은 아니며, 도고 상인으로부터 목재를 구입하였을 수도 있다.

문 2. 정답 ⑤ 5급 공채 2018년도 (나)책형 28번

유형 논증분석 내용영역 사회

1문단에 따르면 정원은 집약적 토지 이용의 기원이 되었고, 인간과 작물의 관계가 쌓이는 공간이었다. 2문단에 따르면 여성들이 정원을 가꾸며 식물에 관한 지식을 쌓고 그것을 공유한 네트워크가 존재했다. 3문단에 따르면 여성들이 정원을 꾸미는 과정에서 토양, 퇴비 및 작물에 대한 지식을 습득했으며, 그러한 지식들이 식물 생태학의 바탕이 되었다.

빈칸은 이상의 내용을 통해 도출할 수 있는 결론이 무엇인지를 묻고 있다. 지문에서는 여성들이 토양과 식물을 이해하고 관련 지식을 습득하는 공간이 정원이었음을 언급하고 있으므로, '여성들이 주도가 되어 토양과 식물을 이해하고 농경지 경작에 유용한 지식과 경험을 배양할 수 있는 좋은 장소였다.'가 빈칸에 들어갈 결론으로 적절하다.

문 3. 정답 ① 5급 공채 2022년도 (나)책형 3번

유형 정보확인 내용영역 사회

① 알 수 있다. 3문단에 따르면 죄책감은 부정적 평가의 원인이 된 특정 잘못, 실수 등을 숨기지 않고 교정, 보상, 원상 복구하는 데 집중하는 반면, 수치심은 자신에 대한 부정적 평가를 만회하기보다는 은폐나 회피를 목적으로 하는 심리적 방어기제를 동원한다. 즉, 수치심을 느끼는 사람과 죄책감을 느끼는 사람 중 잘못을 감추려는 사람은 수치심을 느끼는 사람이며, 잘못을 드러내는 사람은 죄책감을 느끼는 사람이다. 2문단에 따르면 부정적 자기 평가에서 수치심은 자아에 대한 전반적인 공격이고, 죄책감은 행위와 관련된 자아의 부분적인 문제이다. 따라서 잘못을 감추려는 사람이 잘못을 드러내는 사람보다 자기 평가에서 부정하는 범위가 넓다.

② 알 수 없다. 1문단에 따르면 수치심과 죄책감 모두 부정적 상황에서 나타나는 자의식적, 자기 평가적인 2차 감정이다. 3문단에 따르면 죄책감은 자신에 대한 부정적 평가를 만회하려 하는 반면, 수치심은 은폐나 회피를 목적으로 하는 심리적 방어기제를 동원한다. 따라서 이 두 감정이 작동시키는 심리적 방어기제는 동일하지 않다.

③ 알 수 없다. 1문단에 따르면 수치심과 죄책감 모두 부정적 상황에서 나타나는 자의식적, 자기 평가적인 감정이다. 2문단에 따르면 부정적 상황에서 수치심은 부정적인 자신을 향해, 죄책감은 자신이 한 부정적인 행위를 향해 심리적 공격의 방향을 맞춘다. 즉, 죄책감은 행위자와 행위를 분리하지만 수치심은 그렇지 않다.

④ 알 수 없다. 2문단에 따르면 수치심은 자아에 대한 전반적인 공격이 되어 심리적 충격이 크다. 하지만 그 역으로 심리적 충격을 크게 받는 성향의 사람이 수치심을 느끼기 쉬운지는 지문을 통해 알 수 없다.

⑤ 알 수 없다. 1문단에 따르면 수치심과 죄책감은 내면화된 규범에 비추어 부정적으로 평가받는 일을 했거나 그러한 상황에 처한 것을 공통의 조건으로 삼는다. 그런데 외부의 규범에 반하는 부정적인 일을 했을 때도 죄책감이 발생하는지는 지문을 통해 알 수 없다.

문 4. 정답 ⑤ 5급 공채 2016년도 (4)책형 25번

유형 정보확인 내용영역 인문

① 추론할 수 있다. 1문단에 따르면 금입택은 신라 중대의 최전성기에 이미 존재하고 있었으므로, 적어도 중대부터 만들어지기 시작했다고 볼 수 있다. 즉, 금입택은 신라 하대 이전에 이미 존재하고 있었다.

② 추론할 수 있다. 2문단에 따르면 금입택을 가질 수 있었던 가문은 진골 중에서도 왕권에 비견되는 막대한 권력과 재력을 누리던 소수의 유력한 집안으로 제한되어 있었다. 따라서 금입택을 소유하지 못한 진골 귀족이 있었을 것이다.

③ 추론할 수 있다. 4문단에 따르면 이름에 물과 관계있는 문자가 들어간 금입택은 물을 이용한 연못이나 우물 등의 시설을 갖추고 있었다.

④ 추론할 수 있다. 4문단에 따르면 명남택에서 사용한 수리시설은 오늘날 산지, 사찰이나 궁궐 조경에도 활용되었다.

⑤ 추론할 수 없다. 3문단에 따르면 월성 건너편의 기슭 일대는 풍광이 매우 아름다워 주택지로서 최적이었다. 하천을 내려다볼 수 있는 높은 지대여서 주택지로 적합하였던 곳은 월성 건너편 기슭 일대가 아닌 남산의 산록 및 북천의 북쪽 기슭이었다.

문 5. 정답 ① 5급 공채 2022년도 (나)책형 24번

유형 정보확인 내용영역 사회

① 알 수 있다. 1문단에 따르면 가짜 뉴스로 인해 인지부조화가 발생하는 것은 그 가짜 뉴스가 자신의 신념과 부합하지 않는 경우에 해당한다. 2문단에 따르면 자신의 신념에 부합하지 않는 가짜 뉴스의 경우, 정보의 출처가 얼마나 신뢰할 만하다고 생각하는지가 팩트체크의 효과에 더 영향을 미친다.

② 알 수 없다. 2문단에 따르면 자신의 신념에 부합하지 않는 가짜 뉴스의 경우, 그 정보가 가짜임을 판명하는 팩트체크의 결과를 접하더라도 인지부조화로 인한 갈등의 발생 여지가 크지 않다. 또한 팩트체크에서 활용한 정보의 품질이 얼마나 우수한가보다는 정보의 출처가 얼마나 신뢰할 만하다고 생각하는지가 팩트체크의 효과에 더 영향을 미친다.

③ 알 수 없다. 2문단에 따르면 팩트체크에서 활용된 정보 출처의 신뢰성을 중시하는 것은 가짜 뉴스가 자신의 신념에 부합하지 않는 경우에 해당한다. 3문단에 따르면 가짜 뉴스가 자신의 신념에 부합하는 사람의 경우, 팩트체크 자체가 얼마나 우수한 품질의 정보를 확보하고 있는지를 더 중시한다.

④ 알 수 없다. 1문단에 따르면 가짜 뉴스로 인해 인지부조화가 발생하는 것은 그 가짜 뉴스가 자신의 신념과 부합하지 않는 경우에 해당한다. 2문단에 따르면 가짜 뉴스가 자신의 신념에 부합하지 않는 경우, 팩트체크 전에 해소되지 않았던 인지부조화가 팩트체크를 통해 해소된다.

⑤ 알 수 없다. 2문단에 따르면 가짜 뉴스가 자신의 신념에 부합하지 않는 경우, 팩트체크에서 활용한 정보의 출처가 얼마나 신뢰할 만하

다고 생각하는지가 팩트체크의 효과에 더 영향을 미친다. 즉, 정보의 품질이 정보 출처의 신뢰도보다 항상 팩트체크의 효과에 더 영향을 미치는 것은 아니다.

문 6. 정답 ③ 5급 공채 2022년도 (나)책형 26번

유형 정보추론 내용영역 논리학

① 적절하지 않다. 1문단에 따르면 소수의 정의는 '1과 자신 이외의 수로는 나누어떨어지지 않는 수'이다. 따라서 (N!+1)이 소수임을 증명하려면 (N!+1)이 1과 N!+1을 제외한 어떤 수로도 나누어떨어지지 않음을 보여야 한다. 빈칸의 앞에서 (N!+1)은 2에서 N까지의 어떤 소수로도 나누어떨어지지 않음을 보였을 뿐, N부터 N!까지의 소수에 대해 나누어떨어지지 않음을 보이지는 않았으므로 (N!+1)이 소수라는 내용이 빈칸에 들어갈 수는 없다.

② 적절하지 않다. 빈칸의 앞에서 (N!+1)은 2에서 N까지의 어떤 소수로도 나누어떨어지지 않음이 증명되었다. 따라서 (N!+1)은 N보다 작은 소수를 약수로 가진다는 내용이 빈칸에 들어갈 수는 없다.

③ 적절하다. 빈칸의 앞에서 (N!+1)은 2에서 N까지의 어떤 소수로도 나누어떨어지지 않음을 보였을 뿐, N부터 N!까지의 소수에 대해 나누어떨어지지 않음을 보이지는 않았다. 또한 빈칸의 뒤에서는 (N!+1)이 소수일 경우와 N보다 크고 (N!+1)보다 작은 소수를 약수로 갖는 경우로 나누어 설명하고 있으므로 선지는 빈칸에 들어갈 말로 적절하다.

④ 적절하지 않다. 빈칸 뒤에는 (N!+1)이 소수일 경우를 언급하면서 소수일 경우를 배제하지 않았다. (N!+1)이 소수일 경우, N보다 크고 (N!+1)보다 작은 소수를 약수로 가지지 않는다. 따라서 (N!+1)이 N보다 크고 (N!+1)보다 작은 소수를 약수로 가진다는 내용이 빈칸에 들어갈 수는 없다.

⑤ 적절하지 않다. 빈칸 뒤에는 (N!+1)이 소수일 경우를 언급하면서 소수일 경우를 배제하지 않았다. (N!+1)이 소수가 아니라는 것이 증명되지 않았으므로, (N!+1)이 소수가 아니라는 내용이 빈칸에 들어갈 수는 없다.

문 7. 정답 ③ 5급 공채 2022년도 (나)책형 29번

유형 형식논리 내용영역 논리학

A와 B의 대화 내용을 기호화하면 다음과 같다.

1. 용기 → 대담
2. 지혜 → 대담
3. ~지혜 ∧ 대담 → ~용기

ㄱ. 적절하다. 3에 따르면 '용기 → 지혜 ∨ ~대담'이 도출되고, 1에 따르면 '용기 → 대담'이 도출된다. 이들 진술을 조합하면 '용기'가 참인 경우 '지혜 ∨ ~대담'에서 '~대담'이 부정되어 반드시 '지혜'가 도출된다. 따라서 "용기 있는 사람은 누구나 지혜롭다."라는 진술은 ㉠에 들어가기에 적절하다.

ㄴ. 적절하지 않다. 지혜롭기는 하지만 용기가 없는 사람이 있다고 가정하면, 2에 따라 이 사람은 대담하다는 것이 도출된다. 이 사람이 갖춘 덕목은 '지혜 ∧ 대담 ∧ ~용기'로 정리할 수 있고, 이는 지문의 조건과 충돌하지 않는다. 따라서 B의 견해에 따르면, 지혜롭기는 하지만 용기가 없는 사람이 있을 수 있다.

ㄷ. 적절하다. B가 새롭게 인정한 진술은 '대담 → 용기'이다. 그리고 추가 정보에 따르면 '(세종대왕) 지혜'가 참이므로 2에 따라 '(세종대왕) 대담'이 도출된다. 이는 '대담 → 용기'의 전건을 긍정하므로 '(세종대왕) 용기'가 도출된다. 따라서 <보기> ㄷ의 조건에 따라 세종대왕이 용기가 있는 사람이라는 결론을 도출할 수 있다.

다|직|다|공 75+

문 8. 정답 ① 5급 공채 2018년도 (나)책형 33번

유형 형식논리 내용영역 논리학

지문에 제시된 진술을 기호화하면 다음과 같다.

1. 지원투자 10월 ∨ 입주지원 10월 → 간담회 10월
2. ~센터 대관 10월 → 입주지원 10월
3. 센터 대관 10월 → ~입주지원 10월
4. 기존 지원 10월 → ~간담회 10월
5. 간담회 10월 → 센터 대관 10월
6. 지원투자 10월 ∨ 기존 지원 10월 (배타적)

6에 따라 '지원투자가 10월에 진행될 경우'와 '기존 지원이 10월에 진행될 경우'의 두 가지 경우로 나누어 판단한다.

i) 지원투자가 10월에 진행될 경우

1에 따라 간담회가 10월에 열린다. 이 경우 5에 따라 센터 대관이 10월에 진행되고, 3에 따라 입주지원이 10월에 진행되지 않는다. 지원투자가 10월에 진행되므로 6에 따라 기존 지원은 10월에 진행되지 않는다.

ii) 기존 지원이 10월에 진행될 경우

4에 따라 대표자 간담회가 10월에 열리지 않는다. 1에 따라 지원투자는 10월에 진행되지 않고, 입주지원 역시 10월에 진행되지 않는다. 이 경우 2에 따라 센터 대관이 10월에 진행된다.

ㄱ. 반드시 참이다. i), ii) 두 경우 모두 입주지원 사업이 10월에 진행되지 않는다.

ㄴ. 반드시 참은 아니다. 지원투자 사업이 10월에 진행되면 간담회가 10월에 열린다.

ㄷ. 반드시 참은 아니다. 지원투자 사업이 10월에 진행되는 경우가 있다.

문 9. 정답 ④ 5급 공채 2019년도 (가)책형 33번

유형 형식논리 | 내용영역 논리학

지문에 제시된 진술을 기호화하면 다음과 같다.

1. (내근 ∨ 외근) ∧ (~내근 ∨ ~외근)
2. 내근 ∧ 미혼 → 대리
3. (외근 ∧ ~미혼) → (과장 ∨ 부장)
4. 외근 ∧ 미혼 → 연금 저축 가입
5. ~미혼 → 남성

① 반드시 참은 아니다. 대리는 직책이 과장 이상이 아니므로 '~과장 이상'이라 기호화할 수 있다. 선지의 진술을 기호화하면 '~과장 이상 ∧ 내근 → 미혼'이 되는데, 참거짓 여부를 판단하기 위해 진술의 전건을 참이라 가정한다. 이로부터 도출되는 관련 진술을 정리하면 다음과 같다.

6. ~과장 이상 ∧ 내근 [①에서 참이라 가정]
7. ~과장 이상 [6의 단순화]
8. ~외근 ∨ 미혼 [3, 7의 후건 부정법]
9. 내근 [6의 단순화]
10. ~외근 [1, 9로부터 도출]

김 대리가 내근을 한다면 미혼이 아닌 경우에도 8이 성립하므로 김 대리가 반드시 미혼이라고 할 수 없다.

② 반드시 참이 아니다. 4에 따르면 연금저축에 가입해 있지 않다면 '내근 ∨ ~미혼'이 도출된다. 박 대리는 미혼이므로 반드시 내근을 한다.

③ 반드시 참은 아니다. 이 과장은 대리가 아니므로 2에 따라 '외근 ∨ ~미혼'이 도출된다. 여기서 이 과장이 미혼이 아닐 경우 반드시 내근을 하는 것은 아니다.

④ 반드시 참이다. 선지의 진술을 기호화하면 '과장 이상 ∧ 여성 → 연금 저축 가입'이 되는데, 이 경우에도 참거짓 여부를 판단하기 위해 진술의 전건을 참이라 가정한다. 이로부터 도출되는 관련 진술을 정리하면 다음과 같다.

6. 과장 이상 ∧ 여성 [④에서 참이라 가정]
7. 과장 이상 [6의 단순화]
8. ~내근 ∨ ~미혼 [2, 7의 후건 부정법]
9. 여성 [6의 단순화]
10. 미혼 [5, 9의 후건 부정법]
11. ~내근 [8, 10의 선언지 제거법]
12. 외근 [1, 11로부터 도출]
13. 미혼 ∧ 외근 [10, 12로부터 도출]
14. 연금 저축 가입 [4, 13의 전건 긍정법]

그러므로 '과장 이상 ∧ 여성 → 연금 저축 가입'이 도출된다.

⑤ 반드시 참은 아니다. 정 부장은 대리가 아니므로 2에 따라 '외근 ∨ ~미혼'이 도출된다. 여기서 정 부장이 외근을 할 경우 미혼 여부가 제시되어 있지 않으므로 연금 저축 가입 여부는 알 수 없다.

문 10. 정답 ④ 5급 공채 2015년도 (인)책형 25번

유형 정보확인 | 내용영역 과학기술

① 추론할 수 없다. 3문단에 따르면 비대칭 결정물질은 유동체와 같은 방향으로 흐르며, 결절의 우측 부위에 있는 세포에서만 분비되기 때문에 우측에서 좌측으로 이동한다. 따라서 유동체도 결절의 우측 부위에서 좌측 부위로 흐른다.

② 추론할 수 없다. 2문단에 따르면 물질 X는 섬모의 운동에 관여하는 물질일 뿐, 수용체와 결합하는 물질이 아니다.

③ 추론할 수 없다. 3문단에 따르면 비대칭 결정물질은 우측 부위에 있는 세포에서 분비된다.

④ 추론할 수 있다. 3문단에 따르면 결절의 좌측과 우측 부위에 있는 세포 모두는 비대칭 결정물질과 결합하여 수용체 반응을 일으킬 수 있는 수용체를 가지고 있다.

⑤ 추론할 수 없다. 1문단과 3문단에 따르면, 유동체의 이동 방향이 달라진다면 심장은 좌측이 아닌 우측에 위치할 것임을 추론할 수 있다.

문 11. 정답 ② 5급 공채 2022년도 (나)책형 17번

유형 논증평가 | 내용영역 사회

지문에 나타난 도덕 상대주의에 대한 갑~병의 비판을 정리하면 다음과 같다.

○ 도덕 상대주의: 도덕적 관습은 사회마다 다르며 옳고 그름에 대한 신념 체계 또한 사회마다 상이하다. 다양한 도덕적 관습과 신념 체계 중 어떤 것이 옳은지 판별할 수 있는 객관적인 기준은 없다.

○ 갑: 동일한 도덕원리가 다른 사회에 적용되면서 다른 관습을 초래한 것일 수 있다. 즉, 관습이 다르더라도 도덕원리는 같을 수 있다.

○ 을: 도덕 상대주의에 따르면 다른 사회의 관습, 신념 체계에 대한 평가는 불가능하기 때문에 이에 대해 침묵해야 하는 의무를 발생시킨다. 이 의무는 모든 사회 구성원이 지켜야 하므로, 도덕 상대주의는 도덕 절대주의의 이념을 수용해야 하는 역설에 빠지게 된다.

○ 병: 도덕 상대주의를 받아들일 경우 사회 관습, 신념 체계의 진보를 말할 수 없다. 하지만 관습, 신념 체계의 진보가 발생했다는 사례가 존재한다. 즉, 도덕 상대주의에 대한 반례가 존재하므로 도덕 상대주의의 내용은 옳지 않다.

ㄱ. 적절하지 않다. 갑은 두 사회의 관습이 달라도 그 도덕원리는 동일할 수 있다고 주장한다. 즉, 동일한 도덕원리에서 다른 관습이 초래될 수 있다고 본 것이다. 갑의 주장을 약화하려면 '동일한 도덕원리 → 동일한 관습'에 해당하는 진술이 제시되어야 한다. 그러나 선지의 진술은 '동일한 관습 → 동일한 도덕원리'에 해당하므로 이 진술이 사실이라도 갑의 주장이 약화되는 것은 아니다.

ㄴ. 적절하다. 을은 다른 사회의 관습과 신념 체계에 대한 평가가 불가능하다는 도덕 상대주의의 내용이 역설적이라고 비판하고 있다. 도덕

체계의 우월함과 열등함을 객관적으로 구분할 수 있다고 해도 을의 주장과 충돌하지 않으므로 을의 주장은 약화되지 않는다.

ㄷ. 적절하지 않다. 병은 도덕 상대주의를 받아들이면 사회 관습이나 신념 체계의 진보 여부를 말할 수 없게 되는데, 사회 관습, 신념 체계가 진보했다고 말할 수 있는 사례를 들어 이에 대한 반례가 존재한다고 주장한다. 현재의 관습, 신념 체계가 과거의 것보다 퇴보한 사례 역시 도덕 상대주의의 반례에 해당하므로 이러한 사회가 있다고 해서 병의 주장이 약화되는 것은 아니다.

문 12. 정답 ⑤ 5급 공채 2021년도 (가)책형 12번

유형 논증분석 내용영역 논리학

지문에 제시된 진술을 기호화하면 다음과 같다.

㉠ 의미 있는 용어 → 지칭 대상이 존재
㉡ (비물질적 실체) ~지칭 대상이 존재
㉢ (비물질적 실체) ~의미 있는 용어 → (비물질적 실체) ~존재 긍정 ∧ ~존재 부정
㉣ (비물질적 실체) 존재 긍정 ∨ 존재 부정
㉤ 의미 있는 용어 ∧ ~지칭 대상이 존재

① 적절하지 않다. ㉠과 ㉤의 관계를 살펴보면, ㉠을 부정하여 도출되는 내용이 ㉤과 동치이다. 즉, ㉠과 ㉤은 하나가 참이면 다른 하나가 거짓인 모순 관계이다. 따라서 ㉠이 참이면, ㉤은 반드시 거짓이다.

② 적절하지 않다. ㉠과 ㉤은 하나가 참이면 다른 하나가 거짓인 모순 관계이고, ㉢은 앞의 두 진술과 직접적인 관련을 갖지 않는다. 따라서 ㉠과 ㉢이 참인 경우, ㉤은 반드시 거짓이다.

③ 적절하지 않다. ㉤이 참인 경우, ㉢의 전건이 부정될 뿐이므로, ㉢의 후건인 '(비물질적 실체) ~존재 긍정 ∧ ~존재 부정'을 도출해 ㉣을 거짓으로 만들 수 없다. 따라서 ㉤과 ㉢이 참인 경우 ㉣이 반드시 거짓이라고 할 수는 없다.

④ 적절하지 않다. ㉠, ㉡, ㉢이 참인 경우, 다음과 같은 진술을 도출할 수 있다.

1. (비물질적 실체) ~의미 있는 용어 [㉠, ㉡으로부터 도출]
2. (비물질적 실체) ~존재 긍정 ∧ ~존재 부정 [㉢, 1로부터 도출]

2는 ㉣을 부정할 때 도출된다. 따라서 ㉠, ㉡, ㉢이 참일 때 ㉣은 반드시 참이라고 할 수 없다.

⑤ 적절하다. ㉠, ㉢, ㉣이 참인 경우 다음과 같은 진술을 도출할 수 있다.

1. (비물질적 실체) 의미 있는 용어 [㉢과 ㉣로부터 도출]
2. (비물질적 실체) 지칭 대상이 존재 [㉠과 1로부터 도출]

2는 ㉡을 부정할 때 도출된다. 따라서 ㉠, ㉢, ㉣이 참이면, ㉡은 반드시 거짓이다.

문 13. 정답 ③ 5급 공채 2022년도 (나)책형 32번

유형 논증분석 내용영역 논리학

지문에 제시된 진술을 정리하면 다음과 같다.

㉠ 힘센 국가나 조직이 지구의 기상을 마음대로 조작하고 있음
㉡ 산업 현장 등에서 배출하는 과다한 온실 기체 때문에 지구온난화 현상이 일어나는 것이 아님
㉢ 강대국 정부가 군사적 목적에서 행하는 비밀스러운 기상조작 활동 때문에 지구온난화 현상이 일어남
㉣ 기상조작 기술을 군사적 혹은 상업적으로 이용 및 수출하는 것을 금지하는 국제 통상 조항이 있음
㉤ 기상조작 기술을 실제로 군사적 혹은 상업적으로 이용하고 있음
㉥ 기상조작 기술이 손쉽게 군사적으로 전용될 수 있음
㉦ 강대국 정부들은 자국의 기업들이 지구온난화의 책임으로 납부하는 거액의 세금을 환영함

ㄱ. 적절하다. ㉠은 힘센 국가나 조직이 지구의 기상을 조작한다는 진술이고, ㉡은 지구온난화 현상의 원인이 과다한 온실 기체 때문이 아니라는 진술이다. ㉠과 ㉡은 서로 다른 현상에 관해 진술하고 있으므로, ㉠을 참이라 가정하더라도 반드시 ㉡의 내용 또한 참이 되는 것은 아니다. 따라서 ㉠에 동의해도 ㉡에 동의하지 않을 수 있다.

ㄴ. 적절하지 않다. ㉤과 ㉥에서는 기상조작 기술을 반드시 군사적으로 이용한다고 진술하지는 않으므로, 기상조작 기술을 군사적으로 이용하지는 않으며 상업적으로만 이용하는 경우도 가정할 수 있다. 그리고 ㉦은 지구온난화 책임으로 기업이 내는 세금에 관한 진술이므로 ㉤, ㉥, ㉦이 참이라도 ㉢에서 설명하는 강대국 정부의 활동과 지구온난화 사이의 관계를 확실히 알 수는 없다. ㉤, ㉥, ㉦을 참으로 가정하더라도 반드시 ㉢의 내용 또한 참이 되는 것은 아니므로, ㉤, ㉥, ㉦에 모두 동의하더라도 ㉢에 동의하지 않을 수 있다.

ㄷ. 적절하다. <보기> ㄷ에 추가된 전제를 기호화하면 '어떤 행위의 금지 규정 존재 → 그 행위가 실제 행해짐'이다. ㉣에 따르면 '기상조작 기술을 군사적 혹은 상업적으로 이용 및 수출하는 것'을 금지하는 조항이 있다. ㉣과 추가된 전제에 따라 '기상조작 기술을 군사적 혹은 상업적으로 이용 및 수출하는 것'이 실제로 행해진다는 것을 도출할 수 있다. 도출된 내용은 ㉤의 내용에 해당하므로, <보기> ㄷ과 같이 전제를 추가하면 ㉣로부터 ㉤이 도출된다.

문 14. 정답 ③ 5급 공채 2022년도 (나)책형 37번

유형 논증평가 내용영역 과학기술

적조의 발생에 대한 가설 A, B의 내용을 정리하면 다음과 같다.

<A 가설>

○ 적조 발생 원인: 초여름 장마철에 영양염류가 해양에 유입
○ 따뜻한 바닷물+충분한 영양염류+충분한 일사량 ⇒ 식물성 플랑크톤의 급속한 성장 ⇒ 적조의 발생

<B 가설>

○ 적조 발생 원인: 유기오염 물질이 해양에 누적
○ 기온 상승, 일사량 증가 ⇒ 퇴적층의 미생물 활성
○ 유기오염 물질에서 영양염류가 용출, 퇴적층 위에 쌓임
○ 식물성 편모조류가 영양염류를 해수면으로 운반+충분한 일사량 ⇒ 식물성 플랑크톤의 급속한 성장 ⇒ 적조의 발생

ㄱ. 적절하다. A에 따르면 적조가 발생하기 위해서는 바닷물이 따뜻해야 한다. 또한 B에 따르면 온도가 낮은 겨울에는 미생물 활성이 제한되어 유기오염 물질의 무기화 과정이 활발하지 않다. 즉, A와 B 모두 겨울철에는 적조가 발생할 수 없음을 전제하고 있다. 그런데 차가운 겨울 바다에서 적조가 발생하였다면 A와 B 모두 약화된다.

ㄴ. 적절하지 않다. A에 따르면 적조는 영양염류가 해양에 유입되어야만 발생하고, B에 따르면 적조는 유기오염 물질이 해양에 누적되어야만 발생한다. 즉, 유기오염 물질의 퇴적은 B에 따르면 적조 발생의 필요조건이지만, A에 따르면 적조 발생의 필요조건이 아니다. 따라서 유기오염 물질이 해저에 퇴적되지 않은 바다에서 적조가 발생하였다 해도 A가 약화되지는 않는다.

ㄷ. 적절하다. B에 따르면 본래 해저의 영양염류는 해수면으로 이동할 수 없는데 식물성 편모조류가 있다면 영양염류를 해수면으로 운반할 수 있다. 이러한 방법으로 영양염류가 따뜻한 해수면에 모이고 일사량이 확보되면 식물성 플랑크톤이 번성하여 적조가 발생하기 때문에, B는 적조의 발생 과정에서 식물성 편모조류의 존재를 전제하고 있다. 따라서 식물성 편모조류가 없는 환경에서 적조가 발생하였다면 B는 약화된다. 그러나 A의 경우에는 적조의 발생 과정에서 식물성 편모조류의 존재를 전제하지 않으므로, 이것이 없는 환경에서 적조가 발생하였다 해도 A가 약화되지는 않는다.

다|직|다|공 75+

문 15. 정답 ① 5급 공채 2020년도 (나)책형 37번

유형 논증평가 내용영역 과학기술

㉠에 대한 주장을 정리하면 다음과 같다.

	주요 주장
2문단	외온동물의 최소대사율은 내온동물과 달리 주변 온도에 따라 달라짐
	기본적인 신체 기능을 유지하는 데 필요한 에너지의 양은 외온동물보다 내온동물에서 더 큼
3문단	포유동물은 몸집(몸무게)이 클수록 물질대사율이 더 큼
	포유동물의 단위 몸무게당 기초대사율은 몸무게에 반비례함

ㄱ. 약화한다. 지문에 따르면 순록은 토끼보다 몸집이 더 크므로 물질대사율이 더 크고, 단위 몸무게당 기초대사율은 몸무게에 반비례하므로 순록이 토끼보다 기초대사율이 더 작아야 한다. 그러나 순록의 1kg당 기초대사율이 토끼의 그것보다 크다면 지문의 논리와 배치되므로 ㉠에 대한 주장을 약화한다.

ㄴ. 약화하지 않는다. 양서류는 외온동물이고, 외온동물의 최소대사율은 주변 온도에 따라 달라지므로 ㉠에 대한 주장 내용과 일치한다.

ㄷ. 약화하지 않는다. 표준대사율은 어떤 온도에서 스트레스 없이 쉬고 있는 상태의 외온동물의 최소대사율이고, 기초대사율은 최소 수준 이상으로 열의 생성이나 방출이 요구되지 않는 환경에서 스트레스 없이 가만히 쉬고 있는 상태의 내온동물의 최소대사율이다. 그런데 전자의 경우 온도에 따라 변화하므로 외온동물인 악어의 표준대사율과 내온동물인 사람의 기초대사율을 직접적으로 비교하는 것은 불가능하다. 따라서 ㉠에 대한 주장과 배치되는지 여부를 알 수 없다.

문 16. 정답 ④ 5급 공채 2022년도 (나)책형 8번

유형 정보확인 내용영역 인문

ㄱ. 추론할 수 없다. 2문단에 따르면 한글은 초성, 중성, 종성을 한 음절로 모아쓰는 문자이기 때문에 타자기가 자음 또는 모음을 찍을 때마다 종이가 움직이면 받침을 제자리에 찍을 수 없다. 그렇기 때문에 한글 타자기는 영문 타자기처럼 하나의 자음이나 모음을 찍을 때마다 종이가 움직이는 움직글쇠로만 구성되어서는 안 되며, 글쇠 중 일부는 자음 또는 모음이 찍혀도 종이가 움직이지 않는 안움직글쇠여야 한다. 따라서 받침이 있는 글자의 모음에 대한 글쇠는 안움직글쇠이다.

ㄴ. 추론할 수 있다. 4문단에 따르면 다섯벌식 타자기는

① 가로로 긴 모음과 어울려 쓰는 초성 자음 한 벌
② 세로로 긴 모음과 이 모음이 들어간 이중모음과 어울려 쓰는 초성 자음 한 벌
③ 받침이 있을 때 쓰는 모음 한 벌
④ 받침이 없을 때 쓰는 모음 한 벌
⑤ 종성 자음 한 벌

로 구성된다. '밤'의 'ㅏ'는 받침이 있을 때 쓰는 모음에 해당하므로 글쇠 ③을 사용하고, '나'의 'ㅏ'는 받침이 없을 때 쓰는 모음에 해당하므로 글쇠 ④를 사용한다. 따라서 두 'ㅏ'를 쓰기 위해 사용하는 글쇠는 다르다.

ㄷ. 추론할 수 있다. 5문단에 따르면 네벌식 타자기는

ⓐ 세로로 긴 모음과 어울려 쓰는 초성 자음 한 벌
ⓑ 세로로 긴 모음이 들어간 이중모음과 어울려 쓰는 초성 자음 한 벌
ⓒ 모음 한 벌
ⓓ 가로로 긴 모음과 어울려 쓰는 초성 자음 한 벌(종성 자음을 입력할 때도 사용)=다섯벌식 타자기의 ①과 같은 글쇠

로 구성된다. 다섯벌식 한글 타자기에서 '꿈'의 'ㅁ'은 종성 자음에 해당하므로 글쇠 ⑤를 사용하고, '목'의 'ㅁ'은 가로로 긴 모음과 어울려 쓰는 초성 자음에 해당하므로 글쇠 ①을 사용한다. 하지만 네벌식 한글 타자기에서는 가로로 긴 모음과 어울려 쓰는 초성 자음 한 벌이 종성 자음 글쇠를 입력할 때도 사용되므로, '꿈'의 'ㅁ'과 '목'의 'ㅁ' 모두 글쇠 ⓓ를 사용한다.

문 17. 정답 ③ 5급 공채 2014년도 (A)책형 28번

유형 정보추론 내용영역 시회

ㄱ. 적절하다. (가)에서는 자식들의 사망 이유 또는 어머니가 아이를 감금해 둔 이유가 제시되어 있지 않으나 (나)에서는 어머니가 유산을 독차지하려는 악한 의도로 범행을 저지른 악인으로 묘사되어 있다.

ㄴ. 적절하다. (가)에서 자식들은 세 명의 자매(여자)였으나 (나)에서는 두 명의 남매(남자와 여자)로 묘사되어 성별이 바뀌었다. 또한 (가)에서 막내 아이는 감금되어 있는 상태로 묘사되어 있지만, (나)에서는 부패된 시신으로 묘사됨으로써 생사에 대한 사실이 변하였다.

ㄷ. 적절하지 않다. (가)에 비해서 (나)는 내용이 늘어난 것뿐 아니라 사건의 전개과정이나 인물의 입체성 등 구체성이 더 늘어났다고 볼 수 있다.

문 18. 정답 ① 5급 공채 2018년도 (나)책형 10번

유형 정보확인 내용영역 과학기술

ㄱ. 알 수 있다. 2문단에 따르면 컴퓨터 설명 모형은 암세포들이 유전 변이들을 가진 이유를 잘 설명해 주는 반면, 1문단에 따르면 종전의 공간 모형은 유전 변이를 잘 설명하지 못한다.

ㄴ. 알 수 없다. 1문단에 따르면 종전의 공간 모형은 종양의 3차원 공간 구조를 잘 설명한다. 하지만 컴퓨터 설명 모형이 암세포의 3차원 공간 구조를 어떻게 설명하는가에 관해서는 지문에서 파악할 수 없다.

ㄷ. 알 수 없다. 종전의 공간 모형에 따르면 암세포는 빈곳이 있을 때만 분열할 수 있고 다른 세포를 올라 타고서만 다른 곳으로 옮겨갈 수 있다. 그러므로 종전의 공간 모형은 암세포의 자체 이동 능력을 인정하지 않는다. 비공간 모형의 경우 암세포의 자체 이동 능력에 대해 언급하지 않는다.

문 19. 정답 ① 5급 공채 2019년도 (가)책형 9번

유형 정보추론 내용영역 논리학

ㄱ. 해당한다. ㉠은 '부재 인과를 인과의 한 유형으로 받아들이면 원인이 아닌 수많은 부재마저도 원인으로 받아들여야 하는 문제'를 가리킨다. 영지가 지각한 원인은 늘 타고 다니던 기차가 고장난 것이므로, 영지가 새벽 3시에 일어나 직장에 걸어가지 않은 것은 영지가 지각한 원인이 아닌 부재에 해당한다. 원인이 아닌 부재까지 원인으로 받아들인 상황이므로 ㉠의 사례에 해당한다.

ㄴ. 해당하지 않는다. 유리창이 깨진 원인은 영수가 야구공을 던졌기 때문이다. 많은 사람들이 야구공을 던지지 않은 것은 유리창이 깨지는 현상과 관계가 없기 때문에 이 현상의 부재라고 볼 수 없다.

ㄷ. 해당하지 않는다. 햇빛을 과다하게 쪼이거나 지속적으로 쪼이는 행위가 식물이 시들어 죽은 현상의 원인이 되는 것이지, 햇빛을 쪼이는 것 자체가 식물의 성장과 인과관계가 없다고 볼 수는 없다. 해당 상황은 원인이 아닌 부재를 원인으로 받아들이는 문제에 해당하지 않는다.

문 20. 정답 ② 5급 공채 2021년도 (가)책형 28번

유형 정보확인 내용영역 과학기술

ㄱ. 추론할 수 없다. 1문단에 따르면 모든 구조물에는 구조물에 늘 작용하는 힘인 정적 하중과 구조물에 일시적으로 작용하는 힘인 동적 하중이 작용한다. 그런데 2문단에 따르면 진동의 원인은 일시적으로 가해지는 하중이다. 따라서 상시적인 힘이 구조물에 진동을 유발하는지는 파악할 수 없다.

ㄴ. 추론할 수 없다. 4문단에 따르면 지진 발생으로 인해 생겨난 지진파는 구조물에 동적 하중을 가하여 건물에 진동을 일으킨다. 또한 이러한 구조물의 진동주기와 지진파의 진동주기가 일치하면 공명 현상이 발생한다. 따라서 지진이 일어났을 때 구조물에 동적 하중이 가해지고 있을 경우, 지진파가 공명 현상을 만들 수 있다.

ㄷ. 추론할 수 있다. 4문단에 따르면 구조물의 진동주기와 지진파의 진동주기가 일치하면, 공명 현상이 발생하여 구조물에 진동을 유발하고 응력한계를 벗어나는 변형을 발생시킬 수 있다. 따라서 구조물의 진동주기와 지진파의 진동주기가 일치하면 구조물이 변형에 저항하는 한계인 응력한계를 초과하는 진동을 유발할 수 있다.

문 21. 정답 ② 5급 공채 2020년도 (나)책형 19번

유형 정보확인 내용영역 과학기술

① 부합한다. 1문단에 따르면 강한 인공지능은 말의 의미를 이해하는 인공지능이고, 약한 인공지능은 말의 의미를 이해하지 못하는 인공지능을 뜻한다.
2문단에 따르면 인공지능 번역기는 특정 언어의 문장을 다른 언어의 문장으로 쉽게 번역할 뿐 그 점에서 인공지능 번역기가 문장의 의미를 이해한다고 볼 이유는 없다. 따라서 지문에 따르면 인공지능 번역기는 문장의 의미를 이해하지 못하는 약한 인공지능이다.

② 부합하지 않는다. 1문단에 따르면 인공지능을 수식하는 '강한'이라는 표현의 의미는 철학자 썰에 의해 제시된 전문용어로, 말의 의미를 이해하는 능력이라는 특정한 속성을 의미한다. 또한, 2문단에 따르면 인공지능에 관한 논의에서는 썰의 용어 사용을 존중하므로, 인공지능이 가장 많은 종류의 문제를 해결하는 뛰어난 인공지능임에도 불구하고 말의 의미를 이해하지 못한다면 결코 강한 인공지능이라고 할 수 없다.

③ 부합한다. 3문단에 따르면 일반지능이란 하나의 인지 체계가 온갖 종류의 지적 능력을 발휘하는 것을 뜻한다. 또한 인공일반지능은 인간처럼 일반지능의 성격을 실현하는 것처럼 보이는 인공지능에

해당하므로 인간의 온갖 지적 능력을 발휘하는 것처럼 보이는 인공지능은 인공일반지능이다.

④ 부합한다. 1문단에 따르면 해낼 줄 아는 일이 별로 없어도 말의 의미를 이해하는 인공지능은 '강한 인공지능'에 해당하고, 다양한 종류의 과업을 수행하는 인공지능이라도 말의 의미를 이해하지 못하는 인공지능은 '약한 인공지능'에 해당한다. 따라서 약한 인공지능은 강한 인공지능을 능가하는 과업 역량을 발휘할 수 있다.

⑤ 부합한다. 1문단에 따르면 철학자 썰이 인공지능을 논하며 제안한 전문용어인 '강한 인공지능'은 인공지능이 말의 의미를 이해하는 능력을 지녔음을 뜻하므로, 우리가 일반적으로 '강하다'는 말을 사용할 때의 의미와 다르다.

문 22. 정답 ④ 5급 공채 2020년도 (나)책형 20번

유형 논증평가 내용영역 과학기술

ㄱ. 적절하지 않다. ㉠에 따르면 인공지능의 성능이 아무리 뛰어나다 하더라도 인공지능에 가해지는 자극의 외형적 구조를 다루는 데 그칠 뿐, 말의 의미를 파악하지는 못한다. 즉, 강한 인공지능이 실현될 가능성은 거의 없다. 한편 3문단에 따르면 인공일반지능의 경우 본 것을 식별, 기억하고 기억을 활용하여 판단을 내리고, 말로 자기 감정을 표현하는 등의 능력을 가지는데, 이러한 능력은 말의 인지적, 감성적 이해 기능에 해당한다. 다만 인공일반지능은 일반지능을 갖춘 것으로 보일 뿐 그것을 갖춘 것은 아니기에 강한 인공지능이 아니다. 그러나 <보기> ㄱ과 같이 말의 인지적, 감성적 이해 기능을 갖춘 인공지능은 말의 의미를 이해하는 강한 인공지능이다. 따라서 강한 인공지능을 만드는 일이 현실화된다는 사실은 ㉠을 약화한다.

ㄴ. 적절하다. 1문단과 2문단에 따르면 인공지능의 강약을 판단하는 기준은 인공지능이 말의 의미를 이해할 수 있는 능력을 보유했는지 여부이다. 그러나 <보기> ㄴ은 인공지능이 말의 의미를 이해하지 못한다고 보는 것은 인간중심적 편견에 불과하다고 비판하는데, 이에 따르면 성능이 뛰어난 인공지능이 말의 의미를 파악하지 못했다고 판단하는 것은 인간의 편견에 불과하게 된다. 따라서 이러한 사실은 ㉠을 약화한다.

ㄷ. 적절하다. ㉡에 따르면 인공지능이 일반지능을 갖춘 것처럼 보인다는 것에서부터 인공지능이 일반지능을 갖춰 말의 의미를 이해한다는 사실을 도출할 수 없다. 그러나 말의 의미를 이해하는 것과 이해하는 것처럼 보이는 것을 구별할 수 없다면, 말의 의미를 이해하는 것처럼 보이는 것이 곧 이를 이해하는 것이라 설명할 수 있으므로 ㉡을 약화한다.

문 23. 정답 ① 5급 공채 2019년도 (가)책형 11번

유형 정보추론 내용영역 논리학

㉠: ㉠의 빈칸 뒷문장에서 C시에 도시철도를 건설하지 않기로 했다고 가정하면 원래의 문장은 거짓이 된다고 언급하고 있다. (가)는 '도시철도 건설 ∧ 무인운전 방식 운행'으로 기호화되므로 연언지 중 하나만 거짓이 되어도 거짓이 된다. 그러므로 (가)가 ㉠에 들어가기 적절하다. (나)는 '(무인운전 방식 운행 ∧ 도시철도 건설) ∨ ~도시철도 건설'로 기호화된다. 두 서술이 동시에 참이 되면 ㉡에, 동시에 거짓이면 ㉠에 들어가야 한다.

㉡: (다)는 '도시철도 건설 → 무인운전 방식 운행'이라고 기호화되므로, 도시철도를 건설하지 않는 경우 원래 문장은 후건의 내용에 관계없이 참이 된다. 그러므로 (다)가 ㉡에 들어가기 적절하다. (라)는 '~도시철도 건설 → ~무인운전 방식 운행'으로 기호화되므로, 두 서술이 동시에 참이 되면 ㉡에, 동시에 거짓이면 ㉠에 들어가야 한다. 도시철도를 건설하지 않는다는 지문의 조건이 적용되면 무인운전 방식으로 운행되지 않는다는 결론이 도출된다.

다|직|다|공 75+

문 24. 정답 ① 5급 공채 2018년도 (나)책형 12번

유형 정보추론 내용영역 과학기술

지문에 제시된 혈액, 혈구, 혈장 관련 정보를 정리하면 다음과 같다.

○ 혈액: 혈구 + 혈장
○ 혈구: 적혈구 (99% 이상) + 백혈구, 혈소판 (1% 미만)
○ 혈장: 물 (90% 미만) + 무기질, 유기질 성분

ㄱ. 적절하다. 지문은 물이 사람의 혈액에서 많은 부분을 차지한다는 점을 언급한다. 심한 운동으로 땀을 많이 흘린 경우 혈장의 물이 유출되어 탈수 현상이 일어나 혈액의 총량이 줄어든다. 이때 적혈구의 수에는 변화가 없으므로 전체 혈액 중 적혈구가 차지하는 비율이 높아진다.

ㄴ. 적절하지 않다. 폐로 유입되는 산소의 농도가 높아져도 전체 혈액의 양과 적혈구의 양은 변하지 않는다. 그러므로 전체 혈액 중 적혈구가 차지하는 비율은 변하지 않는다.

ㄷ. 적절하지 않다. 진성적혈구증가증에 걸리면 다른 혈액 성분에 비해 적혈구가 많이 생성되어 적혈구가 차지하는 비율이 높아질 수 있다. 가성적혈구증가증에 걸리는 경우에는 적혈구의 감소 없이 혈장의 양이 감소하므로 전체 혈액 중 적혈구의 비율이 증가한다.

문 25. 정답 ② 5급 공채 2018년도 (나)책형 6번

유형 논증분석 내용영역 사회

○ 쟁점: 정규직과 비정규직 사이의 임금수준 격차가 점차 커지고 있는데, 이를 어떻게 해결할 것인가를 놓고 두 학파의 의견이 대립함

○ A 학파: 차별적 관행을 고수하는 기업들은 비차별 기업들과의 경쟁에서 자연적으로 도태되므로, 기업 간 경쟁이 강화되면 정규직과 비정규직 간의 임금차별이 완화되고 노동자 개인의 능력에 비례하여 임금이 결정될 것임

○ B 학파: 법과 제도에 의한 강제적 규제를 통해 임금차별 관행을 유지하는 고용주가 직면하는 사회적 비용을 높일 경우 임금 차별을 줄일 수 있음

① 적절하다. A 학파의 주장에 따르면 경쟁이 치열한 산업군일수록 노동자 개인의 능력에 비례하여 임금을 결정하게 된다. 그러므로 근로 형태에 따른 임금 격차는 더욱 줄어들게 된다.

② 적절하지 않다. A 학파는 기업 간 경쟁이 임금차별 완화로 이어진다고 주장한다. 하지만 기업 간 경쟁 약화를 방지하기 위한 보완 정책에 대해서는 언급하지 않는다.

③ 적절하다. A 학파는 기업 간 경쟁을 통해 능력에 비례하여 임금을 받음으로써 임금차별을 줄일 수 있다고 주장한다. 반면에 B 학파는 법과 제도를 통해 고용주들을 규제함으로써 임금차별을 줄일 수 있다고 파악한다.

④ 적절하다. B 학파는 기업이 법과 제도를 수용하지 않을 경우 조직의 정당성이 낮아지고, 이에 따라 생존 가능성 역시 낮아질 것이라고 주장한다. 결국 기업이 임금차별을 줄이는 제도를 수용하고 사회적 비용을 낮추는 선택을 하는 것은 생존 가능성을 높이기 위해서이다. 그러므로 기업이 생존 가능성을 낮춰가면서까지 임금차별 관행을 고수하지는 않을 것이라는 점을 알 수 있다.

⑤ 적절하다. B 학파는 강제적 규제로 인해 고용주의 사회적 비용이 높아지면 기업의 비정규직에 대한 임금차이가 시정될 것이라 파악하고 있다.

메가피셋 잘고른 N제

제 4 회

문 1. 정답 ⑤ 5급 공채 2020년도 (나)책형 2번

유형 정보확인 내용영역 인문

① 알 수 없다. 2문단에 따르면 조선에서는 일무 중 무무(武舞)를 출 때 창, 검, 궁시를 들고 춤을 추던 중국 왕조와 달리 궁시를 무구로 쓰지 않았다. 또한 문무를 출 때는 '약'과 '적'이라는 무구를 사용했다. 한편 3문단에 따르면 대한제국 선포 이후에는 황제국의 격식에 맞게 일무를 추었는데, 문무를 출 때 궁시를 들지 않고 검과 창만 들었는지 여부는 알 수 없다.

② 알 수 없다. 1문단에 따르면 팔일무는 64명이 추는 일무이고, 육일무는 36명이 추는 일무이다. 3문단에 따르면 일제강점기에는 36명이 일무를 추는 것으로 바뀌었으므로, 육일무를 췄음을 알 수 있다. 2문단에 따르면 일무는 문무와 무무 두 종류로 이루어져 있으며 문무를 먼저 춘 다음에 같은 사람들이 무무를 뒤이어 추는 것이 규칙이므로, 무무 또한 육일무로 추게 된다.

③ 알 수 없다. 2문단에 따르면 검, 창, 궁시를 들고 무무를 추는 중국 역대 왕조와 달리 조선에서는 무무를 출 때 한 사람당 검 또는 창 하나씩만을 잡았다. 따라서 한 사람당 4종이 아닌 1종의 무구를 손에 들고 춤을 추었음을 알 수 있다.

④ 알 수 없다. 1문단에 따르면 조선 시대의 종묘제례는 제후국의 격식에 맞추어 36명이 일무를 추는 육일무를 거행했다. 2문단에 따르면 일무는 문무를 먼저 춘 다음에 같은 사람들이 무무를 뒤이어 추는 것이 정해진 규칙이다. 따라서 조선 시대에 제후국의 격식에 맞추어 무무만을 추지는 않았다.

⑤ 알 수 있다. 3문단에 따르면 오늘날까지 정기적으로 시행하는 종묘제례악은 1960년대에 복원된 형식을 따르고 있어, 문무(文舞)를 출 때 손에 드는 무구는 조선 시대의 것과 동일하다. 2문단에 따르면 조선 시대에 문무를 출 때 왼손에 '약'이라는 피리와 오른손에 '적'이라는 꿩 깃털 장식물을 들었다. 따라서 오늘날 시행되는 종묘제례 행사에서 문무를 추는 사람들은 '약'과 '적'이라는 2종의 무구를 손에 들고 춤을 출 것이다.

문 2. 정답 ④ 5급 공채 2021년도 (가)책형 1번

유형 정보확인 내용영역 인문

① 부합하지 않는다. 1문단과 2문단에 따르면 화원은 도화서 소속의 직업 화가로서 그림과 관련된 온갖 막노동에 가까운 일을 했던 사람들이며, 신분은 중인이었으나 일반 직업 화가들의 신분 역시 중인이었는지는 지문을 통해 알 수 없다. 또한 3문단에 따르면 일반 화가들은 도화서에 들어가지 못하였으므로 이들이 화원 밑에서 일했다고 보기는 어렵다.

② 부합하지 않는다. 3문단에 따르면 화원들은 사적 주문에 의한 그림 제작을 통해 벌어들이는 돈의 대부분을 획득하였는데, 국가 관료라는 지위가 화원들의 작품에 높은 가치를 부여하였기 때문에 그들은 녹봉에만 의지하는 다른 하급 관료보다 경제적으로 풍요로웠다. 따라서 화원의 경제적 여건이 일반 하급 관료에 비해 좋지 않았다고 볼 수 없다.

③ 부합하지 않는다. 1문단에 따르면 화원은 도화서 소속 화가로서 임금의 초상화인 어진을 비롯하여 왕실 및 조정이 필요로 하는 모든 종류의 회화를 제작하며, 2문단에 따르면 화원이 된 사람은 최상급 화가라는 자격을 갖게 된다. 이들 중 임금의 초상화를 그리는 화원과 다른 화원의 자격을 비교하는 내용은 지문에서 알 수 없다. 따라서 임금의 초상화를 그리는 화원이 다른 화원에 비해 최상급 화가라는 자격을 부여받았다고 볼 수 없다.

④ 부합한다. 3문단에 따르면 도화서 소속 화원들은 벌어들이는 돈의 대부분을 사적 주문에 의한 그림 제작을 통해 획득하였다. 따라서 도화서 소속 화가들은 사적으로 주문된 그림 제작으로 수입의 가장 많은 부분을 얻었다고 볼 수 있다.

⑤ 부합하지 않는다. 2문단에 따르면 화원들의 녹봉은 적었던 것이 맞다. 그러나 3문단에 따르면 화원 집안에서는 대대로 화원을 배출하려고 노력하였고, 그 결과 조선 후기에는 몇몇 가문이 도화서 화원직을 거의 독점하기도 했으므로 화원직의 세습이 힘들었다고 보기는 어렵다.

문 3. 정답 ② | 5급 공채 2022년도 (나)책형 9번

유형 **논증분석** | 내용영역 **논리학**

지문에 제시된 조건을 기호화하면 '셀카 ↔ 저작권'이므로 나루토의 사진이 셀카가 아니라면 ㉠을 이끌어 낼 수 있다. 나루토가 찍은 사진이 셀카로 인정받기 위해서는 다음 조건이 필요하다.

1) 직접 카메라를 사용해 찍었음
2) 자기 모습을 찍으려는 의도가 있음
3) 자기 모습을 찍으려는 의도를 실현할 능력이 있음

나루토에게 빼앗겼던 카메라에는 나루토의 모습이 카메라에 찍혀 있었고, 나루토가 카메라를 특별히 잘 다루는 원숭이였으므로 조건 1)과 3)은 충족된다. 따라서 ㉠을 이끌어내기 위해서는 나루토가 찍은 사진이 2) 자기 모습을 찍으려는 의도가 없었음을 보여야 한다.

① 적절하지 않다. 선지 진술을 기호화하면 '~자아를 가짐 → ~흉내 냄'이다. 나루토는 인간의 행위를 흉내 냈으므로 선지의 진술이 추가될 경우 나루토가 자아를 가진다는 결론이 도출된다. 하지만 이는 나루토는 자아가 없다는 지문의 내용과 모순된다.

② 적절하다. 선지 진술의 대우명제는 '~자아를 가짐 → ~자기 모습을 찍으려는 의도가 있음'이다. 2문단에 따르면 나루토는 자아가 없으므로 선지가 전제로 추가되면 자기 모습을 찍으려는 의도가 없다는 결론을 도출할 수 있다. 따라서 선지의 진술이 추가되면 ㉠을 이끌어 낼 수 있다.

③ 적절하지 않다. 선지 진술을 기호화하면 '자아를 가짐 → 자기 모습을 찍으려는 의도를 실현할 능력이 있음'이다. 2문단에 따르면 나루토는 자아가 없고 자기 모습을 찍으려는 의도를 실현할 능력이 있다는 사실을 알 수 있는데, 선지의 진술이 추가되어도 2)에 해당하는 진술을 이끌어낼 수는 없으므로, ㉠ 또한 이끌어낼 수 없다.

④ 적절하지 않다. 선지 진술을 기호화하면 '자기 모습을 찍으려는 의도가 있음 → 사신에 내한 서삭권이 있음'이나, 시문의 신술만으로는 해당 진술의 전건과 후건 중 무엇이 참인지를 파악할 수 없다. 선지의 진술이 추가되어도 2)에 해당하는 진술을 이끌어낼 수는 없으므로, ㉠ 또한 이끌어낼 수 없다.

⑤ 적절하지 않다. 선지 진술을 기호화하면 '~자기 모습을 찍으려는 의도를 실현할 능력이 있음 → ~흉내 냄'이다. 2문단에 따르면 나루토는 인간의 행위를 흉내 냈다. 선지의 진술이 추가될 경우 나루토는 자기 모습을 찍으려는 의도를 실현할 능력이 있다는 결론을 낼 수 있다. 하지만 자기 모습을 찍으려는 의도가 있었는지 여부에 대해서는 여전히 알 수 없어 ㉠ 또한 이끌어낼 수 없다.

문 4. 정답 ⑤ | 5급 공채 2022년도 (나)책형 6번

유형 **정보추론** | 내용영역 **인문**

① 적절하다. ㉠에는 "이 꽃이 그늘에서는 잘 자란다."와 같이 주어 자리가 아닐 때 '은/는'이 대조의 의미를 나타냄을 알 수 있는 예시 문장이 들어가야 한다. "그 작가는 원고를 만년필로는 쓰지 않는다."는 작가가 만년필이 아닌 필기구로는 원고를 쓴다는 의미를 함축하고 있으므로, ㉠ 앞의 예시와도 그 의미가 일치한다.

② 적절하다. ㉡에는 주어 자리에 쓰인 '은/는'이 의미상 대조됨을 알 수 있는 예시 문장이 들어가야 한다. "소나무는 상록수이고, 낙엽송은 그렇지 않다."는 소나무가 가지고 있는 특성을 낙엽송은 가지고 있지 않다는 의미를 나타내는 문장이므로, 주어 자리에 쓰인 '은/는'이 대조의 의미를 나타내고 있다.

③ 적절하다. ㉢에는 주격조사 '이/가'가 특별한 의미를 대표할 필요가 없고, 이에 대한 잘못된 예시 문장이 들어가야 한다. 3문단에 따르면 다른 것은 전혀 고려하지 않고 단지 바람 부는 현상을 말할 때에는 주격조사 '이/가'를 붙여 "바람이 분다."로 해야 한다. "바람은 분다."는 이에 대한 잘못된 예시로, ㉢에 들어갈 문장으로 적절하다.

④ 적절하다. ㉣에는 '은/는'에 대한 잘못된 예시 문장이 들어가야 한다. ㉣의 앞 내용에 따르면 '은/는'의 경우 새로 등장하는 대상이 아니라 이미 알려진 대상일 경우를 지칭할 때 사용된다. 따라서 적절한 예시는 "그 사람은 결국 시험에 합격하였다."지만, ㉣에는 잘못된 예시가 들어가야 하므로 "그 사람이 결국 시험에 합격하였다."는 ㉣에 들어갈 문장으로 적절하다.

⑤ 적절하지 않다. ㉤에는 앞의 내용과는 상반된 의미의 예시 문장이 들어가야 한다. ㉤의 앞 내용에 따르면 이미 알려진 정보는 초점의 대상이 아니므로, '은/는'의 경우 주어보다는 서술어 쪽에 초점이 놓인다. ㉤의 뒤 내용에 따르면 ㉤에 들어갈 문장은 서술어 대신 주어에 초점이 놓이므로, 조사 자리에 '은/는'이 들어가서는 안 된다. 따라서 "영미는 노래를 잘 한다."가 ㉤에 들어가는 것은 적절하지 않다.

문 5. 정답 ② 5급 공채 2021년도 (가)책형 24번

유형 정보확인 내용영역 사회

① 알 수 없다. 3문단에 따르면 고용정책 협약은 거버넌스협약에 해당한다. 또한 5문단에 따르면 우리나라의 경우 거버넌스협약은 근로감독 협약을 제외하고 모두 비준되었다. 그러므로 우리나라는 고용정책 협약을 비준했다고 볼 수 있다. 하지만 5문단에 따르면 비준된 핵심협약과 관련된 일반협약이 대부분 비준되었지만, 이로부터 거버넌스 협약과 관련한 일반협약의 비준 상황을 알 수는 없다. 따라서 우리나라가 고용정책 협약의 세부 주제에 관한 일반협약을 모두 비준하였다고 보기는 어렵다.

② 알 수 있다. 2문단에 따르면 핵심협약은 결사 · 자유원칙, 강제노동 금지원칙, 아동노동 금지원칙, 차별 금지원칙과 관련된 협약들을 말한다. 핵심협약을 비준하지 않고 있는 회원국은 ILO에 미비준 이유와 비준 전망에 관한 연례 보고서를 제출해야 한다. 5문단에 따르면 우리나라는 아동노동 금지원칙 및 차별 금지원칙 관련 협약을 비준하였고, 결사 · 자유원칙 관련 협약에 대한 비준 절차가 진행 중이므로 강제노동 금지원칙에 관한 협약은 아직 비준되지 않았다고 볼 수 있다. 따라서 우리나라는 비준하지 않고 있는 강제노동 금지원칙에 관한 보고서를 매년 ILO에 제출할 것이다.

③ 알 수 없다. 2문단과 4문단에 따르면 우리나라에서 2021년 2월에 비준 절차가 진행 중인 협약은 결사 · 자유원칙 관련 협약으로, 이는 핵심협약에 해당하고 '노동에 있어서 기본적 원칙들과 권리에 관한 선언'에 열거된 협약들 중 하나이다. 하지만 3문단에 따르면 '공정한 세계화를 위한 사회적 정의에 관한 선언'에 열거된 협약들은 거버넌스협약에 해당한다. 따라서 결사 · 자유원칙 관련 협약이 '공정한 세계화를 위한 사회적 정의에 관한 선언'에 열거되어 있다고 보기 어렵다.

④ 알 수 없다. 3문단에 따르면 근로감독 협약은 거버넌스 협약으로 2008년에 발표된 '공정한 세계화를 위한 사회적 정의에 관한 선언'에 포함되어 있다. 4문단에 따르면 일반협약은 ILO 내 다른 협약에 대해 우선 적용되지 않으나, 근로감독 협약이 ILO 내 다른 협약에 대해 우선 적용되지 않는지는 지문에서 알 수 없다.

⑤ 알 수 없다. 3문단에 따르면 노사정 협의 협약은 거버넌스협약에 해당하며, ILO는 미비준한 거버넌스협약에 대해서는 회원국에 별도의 보고 의무를 부과하지 않는다. 따라서 ILO가 거버넌스협약인 노사정 협의 협약을 비준하지 않는 국가들에 대해 연례 보고서를 제출하도록 요구한다고 보기는 어렵다.

문 6. 정답 ④ 5급 공채 2021년도 (가)책형 8번

유형 정보추론 내용영역 사회

㉠: ㉠에는 동체 쪽에 총알구멍이 많이 난 전투기를 보고 군 장성들이 내린 결정이 들어가야 한다. 1문단에 따르면 기체 전체에 철갑을 두르면 무거워지므로 중요 부위에만 둘러 효율을 높여야 했다. 군 장성들은 총알구멍이 동체 쪽에 더 많았고 엔진 쪽에 그다지 많지 않았음을 발견했다. 이들의 관찰에 따르면 동체 쪽에 철갑을 많이 두르는 것이 더 효율적인 결정일 것이다. 따라서 '전투기에서 총알을 많이 맞는 동체 쪽에 철갑을 집중해야 충분한 보호 효과를 볼 수 있다는'이 ㉠에 들어가는 것이 적절하다.

㉡: ㉡에는 복귀한 전투기가 어떠한 모집단의 표본인지에 대한 설명이 들어가야 한다. 1문단에 따르면 추출된 특정 표본이 무작위 선정된 것으로 기대되는 경우가 많으나 실제로 항상 그런 것은 아니며, 이와 같이 표본 선정의 쏠림 현상이 있는 경우에는 올바른 판단이 저해될 수 있다. 2문단에 따르면 총알구멍이 엔진에 난 전투기는 대부분 격추되어 돌아오지 못하므로 교전을 마치고 돌아온 전투기는 편향된 표본이지만, 군 장성들은 복귀한 전투기들이 무작위로 추출된 표본이라는 잘못된 생각을 할 수 있다. 따라서 '출격한 전투기 전체에서 무작위로 추출된 표본이라는'이 ㉡에 들어가는 것이 적절하다.

문 7. 정답 ① 5급 공채 2013년도 (인)책형 8번

유형 정보추론 내용영역 사회

① 적절하다. '서울에 거주하는 초등학생', '서울에 거주하는 초등학생이면서 차상위계층의 자녀', '서울에 거주하는 초등학생이면서 외동아이' 모두 준거집합에 해당한다. 2문단에 따르면 철수는 서울에 거주하는 초등학생이면서 차상위계층의 자녀이고 또한 외동아이이므로 세 준거집합 모두에 속할 수 있다. 각각의 표본 조사에서 휴대전화를 갖고 있을 확률이 모두 다르므로, 철수가 어느 준거집합에 속하는지에 따라 ㉠의 물음에 대한 답도 달라진다. 따라서 ㉠의 물음이 발생하는 이유는 한 사람이 다양한 준거집합에 속할 수 있기 때문이다.

② 적절하지 않다. '서울에 거주하는 초등학생' 준거집합은 '서울에 거주하는 초등학생이면서 차상위계층의 자녀', '서울에 거주하는 초등학생이면서 외동아이' 준거집합보다는 크다고 볼 수 있다. 하지만 철수는 세 준거집합에 모두 속해 있고, 준거집단의 크기와 철수가 어떤 준거집합에 속하는지는 서로 관련성이 없으므로 준거집합의 크기와 표본 조사 결과의 신뢰성 사이의 관계 또한 지문으로부터 알 수 없다. 따라서 선지의 내용은 ㉠의 물음이 생기는 이유가 되기 어렵다.

③ 적절하지 않다. ㉠의 물음은 철수가 어떤 준거집합에 속한다고 보는지에 따라 확률이 달라지기 때문에 발생한다. ②에서 살펴본 것처럼 철수는 세 준거집합에 모두 속해 있고, 준거집단의 크기와 철수가 어떤 준거집합에 속하는지는 서로 관련성이 없으므로 준거집합의 크기와 표본 조사 결과의 신뢰성 사이의 관계 또한 지문으로부터 알 수 없다. 따라서 선지의 내용은 ㉠의 물음이 생기는 이유가 되기 어렵다.

④ 적절하지 않다. 1문단에 따르면 표본의 크기는 준거집합 중 '일부'이다. 즉, 표본의 크기는 준거집합에 해당하는 대상자 중에서 실제로 조사된 대상자의 수일 뿐, 준거집합의 크기에 따라 변화한다고 볼 수는 없다.

⑤ 적절하지 않다. 1문단에 따르면 준거집합 중에서 일부를 표본으로 삼아 조사하였을 뿐 일부를 추출하는 과정에서 그 방법이 얼마나 무작위적인지에 관해서는 언급되지 않았다. 따라서 표본 추출 방법

이 얼마나 무작위적인지와 표본 조사의 결과 사이의 관계는 지문으로부터 알 수 없다.

문 8. 정답 ③ 5급 공채 2021년도 (가)책형 7번

유형 정보추론 내용영역 과학기술

지문에 제시된 와편모충, 요각류, 가시고기 간 먹이사슬 관계를 나타내면 다음과 같다.

와편모충 ← 요각류 ← 가시고기

이에 따르면 와편모충이 요각류에게 잡아먹히고, 요각류는 가시고기에게 잡아먹힌다. 이때 와편모충이 발광하는 경우와 그렇지 않은 경우, 와편모충의 생존 확률이 어떻게 되는지를 살펴보면 아래와 같다.

○ 와편모충이 발광 ○ → 요각류를 잡아먹는 가시고기를 유인 → 요각류가 잡아먹히거나 도망침 → 와편모충의 생존 확률 증가

○ 와편모충이 발광 × → 요각류를 잡아먹는 가시고기를 유인 × → 요각류가 와편모충을 계속 잡아먹음 → 와편모충의 생존 확률 감소

① 적절하지 않다. ㉠ 앞 문장에 와편모충의 빛이 요각류를 잡아먹는 어류를 유인한다는 설명이 제시되어 있으므로, 발광하는 와편모충을 잡아먹는 요각류가 더 위험하다는 지문의 내용이 옳다. 따라서 지문의 내용은 수정할 필요가 없다.

② 적절하지 않다. 지문의 실험은 원생생물이 빛을 방출하는 경우 어떤 점에서 생존에 더 유리해지는지 확인하고자 한다. 와편모충의 발광 여부에 따라 가시고기에게 잡아먹히는 요각류가 얼마나 살아남는지 수를 셈으로써 와편모충의 발광 여부가 요각류의 생존에 어떤 영향을 주는지 확인할 수 있다. 따라서 지문의 내용은 수정할 필요가 없다.

③ 적절하다. 3문단에 따르면 빛을 내는 와편모충은 요각류의 저녁 식사가 될 확률이 낮아진다. 그러므로 빛을 내는 와편모충 근처에는 요각류가 더 적어야 한다. 그런데 ㉢은 발광하는 와편모충이 있는 쪽에서 요각류가 포식자에게 덜 잡아먹혀서 많이 살아남아 있다는 내용이므로 지문의 설명과 반대의 내용을 담고 있다. 따라서 ㉢은 선지와 같이 '빛을 내지 않는 와편모충이 있는 쪽보다 빛을 내는 와편모충이 있는 쪽에서 요각류를 더 많이 먹었다'로 수정하는 것이 적절하다.

④ 적절하지 않다. ㉣ 앞 문장에 빛을 내는 와편모충이 자신을 잡아먹는 동물에게 포식 위협을 증가시킨다는 설명이 제시되어 있다. 또한 ㉣ 뒤 문장에서 발광하는 와편모충이 요각류에게 잡아먹힐 확률이 낮아지므로 이때 요각류가 포식자인 가시고기에게 잡아먹힐 확률이 높다는 것을 알 수 있다. 이에 따르면 요각류는 빛을 내는 와편모충을 잡아먹지 않는 것이 이익이라는 지문의 내용이 옳다. 따라서 지문의 내용은 수정할 필요가 없다.

⑤ 적절하지 않다. 1문단에 따르면 요각류는 와편모충을 잡아먹고, 육식을 하는 어류는 요각류를 잡아먹는다. 3문단에 따르면 원생생물이 내는 빛은 원생생물을 잡아먹는 동물이 육식동물에 의해 포식당할 확률을 증가시킨다. 즉, 원생생물이 내는 빛은 육식동물들에게 원생생물을 잡아먹는 동물이 근처에 있을 수 있다는 신호가 될 수 있다. 따라서 지문의 내용은 수정할 필요가 없다.

문 9. 정답 ③ 5급 공채 2020년도 (나)책형 27번

유형 정보확인 내용영역 법규범

ㄱ. 추론할 수 있다. 2문단과 3문단에 따르면 인간의 성품을 고양하는 법률은 정의롭고, 정의로운 법률은 도덕법에 해당한다. 따라서 인간의 성품을 고양하는 법률은 도덕법에 해당한다.

ㄴ. 추론할 수 있다. 2문단에 따르면 사람끼리의 규약은 불의한 법률에 해당한다. 불의한 법률은 도덕법에 배치되는 규약이며, 도덕법이 아니라면 자연법이 아니기 때문에 사람끼리의 규약에 해당하는 법률은 자연법이 아니다.

ㄷ. 추론할 수 없다. 3문단에 따르면 인종차별을 허용하는 법률은 불의한 것이며, 2문단에 따르면 불의한 법률은 도덕법에 배치되고, 신의 법에도 해당하지 않는다. 따라서 인종차별적 내용을 포함한 법은 신의 법이 아니다. 그러나 인종차별적 내용을 포함하지 않는다고 해서 신의 법에 해당한다고는 할 수 없다. 그 법의 다른 부분이 인종차별적 내용이 아닌 다른 불의한 내용을 포함한다면 도덕법에 배치될 수 있기 때문이다.

문 10. 정답 ① 5급 공채 2021년도 (가)책형 10번

유형 정보추론 내용영역 과학기술

글과 <실험>의 내용을 정리하면 다음과 같다.

	종자 수
B곤충 ×	끈적한 A < 매끄러운 A
B곤충 ○	끈적한 A = 매끄러운 A

<실험>에 따르면 B곤충이 없는 환경에서는 끈적한 A식물이 매끄러운 A식물에 비해 종자를 45% 더 적게 생산한다. 여기서 매끄러운 A식물이 생산하는 종자가 100이라 가정하면, 끈적한 A식물이 생산하는 종자는 100－45＝55가 된다.

한편, B곤충이 있는 환경에서는 매끄러운 A식물이 끈적한 A식물보다 잎이 더 많이 갉아먹히고, 결과적으로 양 개체가 생산한 종자 수 사이에 의미 있는 차이가 나타나지 않게 된다. 앞에 제시한 예시에서, 매끄러운 A식물이 끈적한 A식물보다 더 많이 갉아먹힌 결과 둘 다 50이 되었다고 가정하자. 이러한 사례를 표로 정리하면 다음과 같다.

	끈적한 A	매끄러운 A
B곤충 ×	55	100
B곤충 ○	50	50

ㄱ. 적절하다. B곤충이 없는 환경에서 매끄러운 식물의 종자 수가 끈적한 식물에 비해 더 많았으나, B곤충이 있는 환경에서 두 식물의 종자 수는 비슷해진다. 따라서 B곤충의 침입에 따른 종자 수의 감소 정도는 매끄러운 식물이 끈적한 식물보다 더 크다고 볼 수 있다.

ㄴ. 적절하지 않다. 지문에 따르면 A식물이 만들어 내는 종자 수는 광합성 산물의 양에 비례하며, B곤충이 잎을 갉아먹으면 A식물의 광합성 산물의 생산량 역시 줄어든다. B곤충이 있는 환경에서 매끄러운 식물은 잎이 갉아먹히므로 B곤충이 없는 환경보다 광합성 산물의 양이 더 적을 것이다.

ㄷ. 적절하지 않다. 지문에 따르면 종자 수는 광합성 산물의 양에 비례하고, 끈적한 식물은 종자 생산에 사용해야 할 광합성 산물의 일정량을 종자 생산 대신 끈적한 당액의 분비에 소모한다. 실험 결과 B곤충이 있는 환경에서는 끈적한 식물과 매끄러운 식물의 종자 수에서 의미 있는 차이가 나타나지 않았으며, A식물이 만들어 내는 종자 수는 광합성 산물의 양에 비례한다. 따라서 끈적한 식물이 매끄러운 식물보다 종자 생산에 소모한 광합성 산물의 양이 더 많았다고 보기는 어렵다.

문 11. 정답 ⑤ 　 5급 공채 2019년도 (가)책형 7번

유형 정보확인 　 내용영역 과학기술

① 추론할 수 없다. 3문단에 따르면 임계 둘레보다 큰 둘레를 가진 별에서는 빛 입자가 탈출하므로 임계 둘레 이하의 둘레를 가진 별에 사는 존재라도 그 빛을 관찰할 수 있다.

② 추론할 수 없다. 3문단에 따르면 어떤 입자가 빛보다 빠른 초기 속도로 쏘아 올려졌더라도, 그 입자가 임계 둘레보다 작은 둘레를 가진 별에서 쏘아 올려진다면 위로 날아갔다가 점점 느려져 별의 표면으로 되돌아간다.

③ 추론할 수 없다. 2문단에 따르면 별의 질량이 커지면 ($\frac{\text{별의 질량}}{\text{별의 둘레}}$)값이 커지기 때문에 별의 둘레가 변하지 않더라도 탈출 속도가 빨라진다.

④ 추론할 수 없다. 3문단에 따르면 임계 둘레 이하의 둘레를 가진 별에서도 빛을 쏘아 올리는 것은 가능하다. 단지 쏘아 올린 후 위로 날아가다가 점점 느려진 뒤 별의 표면으로 되돌아간다.

⑤ 추론할 수 있다. 2문단에 따르면 미첼은 탈출 속도가 ($\frac{\text{별의 질량}}{\text{별의 둘레}}$)값의 제곱근에 비례한다는 점을 발견했다. 2문단에 따르면 임계 둘레란 탈출 속도와 빛의 속도(30만 km/s)를 같게 만드는 별의 둘레를 말한다. 위의 법칙에 근거하여, 별의 질량이 커질수록 탈출 속도가 빛의 속도와 같은 수준을 유지하려면 별의 둘레 역시 커져야 한다.

문 12. 정답 ④ 　 5급 공채 2022년도 (나)책형 13번

유형 논증분석 　 내용영역 논리학

지문에 제시된 진술을 기호화하면 다음과 같다.

㉠ "신이 존재하지 않는다."가 참
㉡ "신이 존재한다."가 무의미함
㉢ 어떤 문장의 부정문이 의미가 있음 → 그 문장은 의미가 있는 문장임
㉣ "신이 존재한다."가 참인지 거짓인지 알 수 없음

ㄱ. 적절하다. ㉡은 "신이 존재한다."라는 문장이 무의미하다는 진술이므로 ㉢의 후건을 부정한다. 이에 따르면 ㉢의 전건 역시 부정되어 '~어떤 문장의 부정문이 의미가 있음'이 도출된다. 따라서 ㉡에 포함된 문장을 부정한 "신이 존재하지 않는다." 역시 무의미하다는 진술을 도출할 수 있다.

ㄴ. 적절하지 않다. ㉡을 부정하면 "신이 존재한다."가 의미 있다는 진술이 도출된다. A에 따르면 참, 거짓을 판단할 수 있는 문장만 의미가 있으므로 "신이 존재한다."는 참, 거짓을 판단할 수 있는 문장이다. 이에 따르면 ㉣은 도출되지 않는다. 그리고 "신이 존재한다."가 참이 되어 ㉠이 도출되지 않는 경우를 가정할 수 있다. 따라서 "신이 존재한다."가 의미 있다는 진술로부터 ㉠과 ㉣ 중 적어도 하나가 도출된다고 볼 수는 없다.

ㄷ. 적절하다. 〈보기〉 ㄷ에 추가된 전제를 기호화하면 '의미가 없는 문장 → 그 문장이 참인지 거짓인지 알 수 없음'이다. ㉡은 "신이 존재한다."라는 문장이 무의미하다는 진술이므로 추가된 전제의 전건을 긍정한다. 이에 따르면 추가된 전제의 후건 역시 긍정되어 '"신이 존재한다."가 참인지 거짓인지 알 수 없음'이 도출된다.

문 13. 정답 ③ 　 5급 공채 2022년도 (나)책형 19번

유형 정보확인 　 내용영역 논리학

① 적절하지 않다. 2문단에 따르면 ㉠에 따라 판단할 경우 참일 확률이 더 커질수록 정보량은 줄어든다. 따라서 P가 참일 확률이 Q가 참일 확률보다 크다면, Q의 정보량은 P보다 더 많다. 그런데 1문단에 따르면 어떤 진술의 확률이 더 커질수록 예측 불가능성은 줄어든다. 따라서 P의 예측 불가능성은 Q보다 더 작을 것이다.

② 적절하지 않다. 3문단에 따르면 논리적으로 타당한 모든 추론이 제공하는 정보량은 0이다. 어떤 추론의 전제들이 모두 참이면서 결론이 거짓인 것이 불가능한 경우는 논리적으로 타당한 경우이므로 이 추론이 제공하는 정보량은 0이며 최대의 정보량을 제공하지 못한다.

③ 적절하다. 2문단에 따르면 ㉠에 따라 판단할 경우 더 많은 상황을 배제할수록 정보량은 커진다. P가 배제하는 상황을 Q도 모두 배제할 경우, 배제하는 상황의 양은 Q≥P가 된다. 따라서 Q의 정보량은 P의 정보량보다 많거나 같다.

④ 적절하지 않다. 1문단에 따르면 ㉠에 따라 판단할 경우 예측 불가능성이 완전히 사라질 때, 즉 P의 확률이 100%가 될 때 정보량은 0이 된다. 따라서 P의 정보량이 0보다 커지기 위해서는 P의 확률을 낮추어야 하는데, 확률이 낮아지면 예측 불가능성은 커진다. 따라서 P의 정보량이 0보다 크기 위해서는 P의 예측 불가능성도 커져야 한다.

⑤ 적절하지 않다. 3문단에 따르면 ㉠에 따라 판단할 경우 논리적으로 타당한 진술의 정보량은 0이다. 그런데 4문단에 따르면 항상 거짓인 진술의 정보량은 최대이다. 항상 거짓인 진술은 논리적으로 타당하지 않은 추론에 해당하므로, 논리적으로 타당하지 않은 추론의 정보량은 0보다 클 수 있다.

문 14. 정답 ① 5급 공채 2022년도 (나)책형 20번

유형 정보추론 내용영역 논리학

ㄱ. 적절하다. 1문단에 따르면 IRP를 따를 때 항상 참인 진술의 정보량은 0이다. <조건>은 IRP를 받아들이고, 이에 따르면 '어떤 진술이 0보다 큰 정보량을 지님 → 참일 수 있음'이 도출된다. 그러므로 '참일 수 있음 ∧ ~항상 참'을 만족하는 진술이 0보다 큰 정보량을 지닌다.
<사례>에 따르면 손님이 온다는 사실은 확실하지만, 손님의 수를 알 수는 없다. 이를 바탕으로 <사례>에 제시된 진술 A~E의 정보량을 판단하면 다음과 같다.

	진술	판단 결과	정보량
A	'적어도 손님 한 명이 오거나 아무도 오지 않을 것이다.'	항상 참	=0
B	'적어도 손님 세 명이 올 것이다.'	참일 수 있지만, 항상 참은 아니다.	>0
C	'손님이 두 명 이상 올 것이다.'	참일 수 있지만, 항상 참은 아니다.	>0
D	'손님이 다섯 명 이하로 올 것이다.'	참일 수 있지만, 항상 참은 아니다.	>0
E	'적어도 손님 한 명이 오고 또한 아무도 오지 않을 것이다.'	참일 수 없다.	=0

이에 따르면 0보다 큰 정보량을 가진 진술은 B, C, D로 3개이다.

ㄴ. 적절하지 않다. '적어도 손님 세 명이 올 것'이라는 B가 참인 경우 '손님이 두 명 이상 올 것'이라는 C는 반드시 참이므로, 전제가 B이고 결론이 C인 추론(B → C)은 항상 참이다. 그리고 '손님이 다섯 명 이상 올 것'이라는 D가 참인 경우 '적어도 손님 한 명이 오거나 아무도 오지 않을 것'이라는 A는 반드시 참이므로, 전제가 D이고 결론이 A인 추론(D → A)은 항상 참이다. 1문단에 따르면 항상 참인 진술의 정보량은 0이다. 따라서 두 추론 모두 정보량은 0으로 동일하다.

ㄷ. 적절하지 않다. 'C이고 D이다'는 '손님이 두 명 이상 ∧ 손님이 다섯 명 이하'라는 의미이다. 해당 진술은 참일 수 있지만, 항상 참은 아니므로 정보량이 0보다 크다. 하지만 E는 '적어도 손님 한 명이 오고 또한 아무도 오지 않을 것이다.'이므로 참일 수 없고 정보량은 0이다. 따라서 'C이고 D이다'라는 진술의 정보량과 E의 정보량은 다르다.

문 15. 정답 ⑤ 5급 공채 2022년도 (나)책형 35번

유형 논증분석 내용영역 논리학

ㄱ. 적절하다. 갑은 기댓값이 최대가 아닌 선택을 하는 것은 비합리적이라는 일반 원칙을 받아들이고, 을 역시 그 일반 원칙을 받아들인다고 하고 있으므로 갑과 을 모두 합리적인 사람은 최대의 기댓값을 가지는 선택을 할 것이라는 점에 동의한다.

ㄴ. 적절하다. 갑은 신을 믿는 선택을 하지 않는 것은 비합리적이라고 주장하지만 을은 동전 던지기를 거쳐 신을 믿는 선택을 하지 않는 것이 늘 비합리적인 것은 아니라고 주장한다. 따라서 갑은 신을 믿는 선택을 하지 않는 것이 비합리적이라는 것에 동의하지만 을은 그렇지 않을 것이다.

ㄷ. 적절하다. 을은 무한한 기댓값을 얻을 확률이 0보다 높기만 하면 결과적으로 신의 존재에 대한 믿음을 동전 던지기로 결정하는 선택의 최종 기댓값 역시 무한대가 되므로 이 또한 비합리적이라고 말할 수 없다고 주장한다. 이와 같은 논리로 당첨 확률이 매우 낮지만 0보다는 큰 로또복권에 당첨되면 신을 믿고, 그렇지 않으면 신을 믿지 않기로 하는 것은 확률은 낮을지라도 무한한 기댓값을 얻을 확률이 0보다 크기 때문에 선택의 최종 기댓값 역시 무한대이다. 따라서 이러한 선택은 신을 믿는 선택만큼 합리적이라고 할 수 있다.

문 16. 정답 ② 5급 공채 2022년도 (나)책형 31번

유형 형식논리 내용영역 논리학

지문에 제시된 내용을 기호화하여 정리하면 다음과 같다.

1. 본사 경영진 개입 → A 선정
2. B 선정 → ~본사 경영진 개입
3. A 선정 ∨ B 선정 (배타적)
4. A 선정 → ~(갑 매장 대부분 본사 직영점)
5. B 선정 → (갑 매장 모두 방역 클린 매장) ∨ (갑 매장 모두 친환경 매장)
6. B 매장은 방역 클린 매장 ∧ ~(B 매장은 친환경 매장)

① 반드시 참은 아니다. 본사 경영진 개입이 없었고 A 매장이 선정되지 않았다고 가정하면, 조건 3에 따라 B 매장이 선정되고, 조건 5와 조건 6에 따라 갑의 매장은 모두 방역 클린 매장이다. 이 경우 지문의 조건과 충돌하지 않으므로 선지의 진술이 반드시 참은 아니다.

② 반드시 참이다. 갑의 매장 대부분이 본사 직영점이고 갑의 매장은 모두 방역 클린 매장인 것은 아니라고 가정하면, 조건 4의 대우에 따라 A 매장이 선정되지 않고 조건 3에 따라 B 매장이 선정되어야 한다. 이 경우 조건 5와 조건 6에 따라 갑의 매장은 모두 방역 클린 매장이다. 그런데 앞서 가정에서 갑의 매장은 모두 방역 클린 매장인 것은 아니라고 하였으므로 모순이 발생한다. 따라서 선지 내용은 항상 참이 된다.

③ 반드시 참은 아니다. 갑의 매장 중에는 본사 직영점도 아니고 친환경 매장도 아닌 곳이 없다고 가정하면, 갑의 매장은 모두 '본사 직영점 ∨ 친환경 매장'임이 도출된다. 조건 6에 따르면 B 매장은 친환경 매장이 아니므로 갑의 매장은 모두 '본사 직영점'임이 도출된다. 이 경우 지문의 조건과 충돌하지 않으므로 선지의 진술이 반드시 참은 아니다.

④ 반드시 참은 아니다. 우수매장으로 선정된 곳이 '방역 클린 매장이자 친환경 매장'인 것은 아니라고 가정하면, '우수매장 ∧ (~방역 클린 ∨ ~친환경 매장)'임이 도출된다. 이러한 가정에 따르면 조건 6에 따라 B 매장도 우수매장에 선정될 수 있다. 조건 5와 조건 6에 따라 갑의 매장은 모두 방역 클린 매장이다. 이 경우 지문의 조건과 충돌하지 않으므로 선지의 진술이 반드시 참은 아니다.

⑤ 반드시 참은 아니다. 갑의 매장 중 방역 클린 매장이 아닌 곳은 없다고 가정하면, 갑의 매장은 모두 방역 클린 매장이다. 이 경우 A 매장과 B 매장 중 하나가 확실히 선정된다는 진술을 도출할 수 없으므로, 어떤 매장이든 우수매장에 선정된 경우를 가정할 수 있다. 어떤 경우를 가정해도 지문의 조건과 충돌하지 않으므로 선지의 진술이 반드시 참은 아니다.

문 17. 정답 ⑤ 5급 공채 2022년도 (나)책형 12번

유형 **형식논리** 내용영역 **논리학**

조건 1에 따라 을과 병이 배치된 도시에 갑과 정은 배치될 수 없다.

조건 2에 따라 사무관들은 각각 한 도시에만 배치된다.

조건 5에 따라 을과 병은 같은 시에 배치되고, 조건 7에 따라 D 시에는 한 명만 배치되므로 을과 병은 D 시에 배치되지 않는다.

① 반드시 참은 아니다. 갑이 C 시에 배치될 경우 조건 7에 따라 정은 D 시에 배치된다. 이 경우 을과 병은 A 시뿐만 아니라 B 시에도 배치될 수 있다.

	A 시	B 시	C 시	D 시
갑	×	×	○	×
을			×	×
병			×	×
정	×	×	×	○

② 반드시 참은 아니다. 을이 B 시에 배치되지 않는 경우 을과 병은 A 시 또는 C 시에 배치된다. 을과 병이 A 시 또는 C 시에 배치되면 갑이 D 시에 배치되는 것도, 정이 D 시에 배치되는 것도 가능하다. 따라서 이 경우 정이 반드시 D 시에 배치되는 것은 아니다.

	A 시	B 시	C 시	D 시
갑	×	×		
을	○	×	×	×
병	○	×	×	×
정	×			

	A 시	B 시	C 시	D 시
갑		×	×	
을	×	×	○	×
병	×	×	○	×
정			×	

③ 반드시 참이 아니다. 병이 C 시에 배치되면 조건 5에 따라 을도 C 시에 배치된다. 조건 3의 후건 부정에 따라 갑은 A 시에 배치되지 않는다. 갑은 A~C 시 모두에 배치되지 않으므로 반드시 D 시에 배치된다.

	A 시	B 시	C 시	D 시
갑	×	×	×	○
을	×	×	○	×
병	×	×	○	×
정			×	×

④ 반드시 참은 아니다. 정이 D 시에 배치되면 조건 7에 따라 갑은 D 시에 배치될 수 없다. 이 경우 갑은 A 시 또는 C 시에 배치될 수 있다. 따라서 갑이 반드시 A 시에 배치되는 것은 아니다.

	A 시	B 시	C 시	D 시
갑		×		×
을				×
병				×
정				○

⑤ 반드시 참이다. 정이 D 시에 배치되지 않으면 조건 7에 따라 갑이 반드시 D 시에 배치되고, 조건 6의 후건 부정에 따라 병은 B 시에 배치되지 않는다. 병이 B 시에 배치되지 않으면 조건 5에 따라 을 역시 B 시에 배치될 수 없다.

	A 시	B 시	C 시	D 시
갑	×	×	×	○
을		×		×
병		×		×
정				×

문 18. 정답 ⑤ 5급 공채 2022년도 (나)책형 30번

유형 **형식논리** 내용영역 **논리학**

조건 1에 따르면 갑, 을, 병이 소장할 수 있는 책 권수는 (4권, 3권, 1권) 또는 (5권, 2권, 1권)이다. 조건 4와 6에 따라 동양서 H를 소장하고 있는 갑은 E와 F를 소장하고 있지 않다. 조건 5에 따라 갑이 G를 소장할 경우 조건 1을 만족하지 못하게 되는 모순이 발생하므로 갑은 G를 소장하고 있지 않다. 이를 표로 나타내면 다음과 같다.

	A	B	C	D	E	F	G	H
갑					×	×	×	○
을								×
병								×

갑은 G를 소장할 수 없으므로 G를 소장하는 사람은 을 또는 병이 된다. 그런데 을이 G를 소장하는 경우 조건 5에 따라 A~E를 소장할 수 없기 때문에 조건 1을 만족하지 못하게 되는 모순이 발생한다. 따라서 G를 소장하는 것은 병이다.

갑과 병 모두 E를 소장하지 않으므로 을이 E를 소장하고, 조건 4에 따라 F도 소장한다. 조건 1에 따라 갑이 가장 많은 고서를 소장하고 있어야 하므로 A, B, D는 갑이 소장하고, 조건 3에 따라 C는 을이 소장한다. 이를 표로 나타내면 다음과 같다.

	A	B	C	D	E	F	G	H
갑	○	○	×	○	×	×	×	○
을	×	×	○	×	○	○	×	×
병	×	×	×	×	×	×	○	×

① 반드시 참이다. 갑은 A와 D를 소장하고 있다.

② 반드시 참이다. 을은 C, E, F 세 권의 책을 소장하고 있다.

③ 반드시 참이다. 병은 G를 소장하고 있다.

④ 반드시 참이다. C를 소장한 을은 E도 소장하고 있다.

⑤ 반드시 거짓이다. D는 갑이, F는 을이 소장하고 있다.

문 19. 정답 ② 5급 공채 2020년도 (나)책형 13번

유형 논증분석 내용영역 과학기술

'기술'에 대한 갑, 을, 병의 의견을 정리하면 다음과 같다.

〈기술의 범위〉	갑	을	병
물질로 구현됨	○	○	알 수 없음
지성이 개입해야 함		○	○
현대과학이 개입해야 함		○	×

ㄱ. 적절하지 않다. 갑은 기술이라고 부를 수 있는 것은 모두 물질로 구현된다고 하지만 을은 물질로 구현된 것 중 지성과 과학이 개입해 있어야 한다고 본다. 따라서 기술을 적용하는 범위는 갑이 을보다 넓다. 병은 을의 주장에서 지성이 개입해야 기술인 것은 맞지만 과학의 개입이 꼭 필요한 것은 아니라고 주장하고 있다. 하지만 병은 물질로 구현된 것만이 기술이라고는 말하고 있지 않으므로 기술을 적용하는 범위는 병이 갑보다 넓을 수도 있고 좁을 수도 있다.

이를 다음 그림으로 비교할 수도 있다.

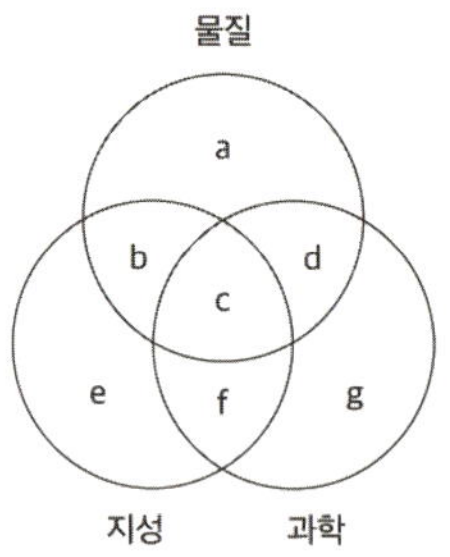

기술의 적용 범위는 갑은 a, b, c, d이고, 을은 c이며, 병은 b, c, e, f이다.

ㄴ. 적절하다. 을에 따르면 기술이란 용어의 적용은 과학이 개입한 것들로 한정하는 것이 합당하다. 이에 따르면 기술에는 과학이 개입해 있다. 반면 병에 따르면 기술을 만들어 내기 위해 과학의 개입이 꼭 필요한 것은 아니다. 그러므로 '모든 기술에는 과학이 개입해 있다'는 주장에 을은 동의하지만, 병은 동의하지 않는다.

ㄷ. 적절하지 않다. 병에 따르면 기술은 과학과 별개로 시행착오를 거쳐 발전해 나가기도 한다. 따라서 시행착오를 거쳐 발전해 온 옷감 제작법에 대해 병은 기술로 인정할 것이다. 한편 옷감 제작법은 옷감이라는 물질로 구현되고, 갑은 기술이 물질로 구현된다고 주장한 점 외에 반드시 기술이 갖추어야 할 조건을 별도로 제시하지는 않았다. 따라서 갑이 옷감 제작법을 기술로 볼 수도 있다.

문 20. 정답 ② 5급 공채 2022년도 (나)책형 34번

유형 논증분석 내용영역 과학기술

ㄱ. 적절하지 않다. A는 개별 분자의 운동을 예측하기 위해서는 방대한 양의 고전역학의 운동방정식을 풀어야 한다고 주장한다. 즉, 그 양이 매우 많긴 하지만 고전역학의 운동방정식을 푼다면 개별 기체 분자의 운동을 예측하는 것이 가능하다고 본 것이다.

ㄴ. 적절하지 않다. B가 동의하는 것은 기체 분자 집단에 대한 분석을 통해 기체 상태 변화에 대한 정보를 알아낼 수 있다는 사실이지, 집단적 운동 탐구가 개별 기체 분자의 운동과 관련된 값을 계산하는 것보다 더 다양한 기체 상태 변화를 예측할 수 있다는 사실에 동의하는 것은 아니다.

ㄷ. 적절하다. A는 분자의 집단적인 운동을 통계적 방법만으로 분석할 수 있다고 본다. 반면 B는 통계적 방법을 적용하기 어려운 상황에서 기체 상태 변화를 정확히 예측할 수 없는 경우가 있다고 본다. 따라서 기체 분자 집단의 운동을 통계적 방법으로 분석하는 것으로는 기체 상태 변화 예측이 불가능한 경우가 있다는 것에 A는 동의하지 않지만, B는 동의할 것이다.

문 21. 정답 ② 5급 공채 2020년도 (나)책형 38번

유형 논증평가 내용영역 사회

ㄱ. 강화하지 않는다. 화재 사고 기록들에 대한 토론이 이루어지지 않았지만 화재 사고를 예방하였다는 좋은 결과가 초래되었다. 그러므로 〈보기〉 ㄱ의 진술은 지문의 논지를 강화하지 않는다.

ㄴ. 강화하지 않는다. 정부가 사람들의 의견 표출을 억누르지 않았다는 것은 토론의 자유가 보장되었음을 의미한다. 하지만 이 경우 사람들이 가짜 뉴스를 더 많이 믿었다는 나쁜 결과가 초래되었다. 그러므로 〈보기〉 ㄴ의 진술은 지문의 논지를 강화하지 않는다.

ㄷ. 강화한다. 지문의 논지는 토론의 자유를 보장하는 것이 좋은 결과를 가져오고, 토론의 자유를 제한하는 것이 나쁜 결과를 가져오므로 민주주의 국가에서 토론의 자유가 보장되어야 한다는 것이다. 갈릴레오의 저서가 금서가 된 것은 토론의 자유가 제한된 것이고, 이에 따라 천문학의 과오를 드러내고 진리를 찾을 기회가 박탈되는 나쁜 결과가 초래되었으므로 〈보기〉 ㄷ의 진술은 지문의 논지를 강화한다.

다|직|다|공 75+

문 22. 정답 ④ 5급 공채 2017년도 (가)책형 37번

유형 논증평가 내용영역 과학기술

지문에 제시된 주장(㉠)을 분석하면 다음과 같다.

㉠: 유전자의 수는 형질 다양성을 설명하기에 부족하며, 유전자와 환경이 상호작용하여 인간의 행동 양식을 결정하므로 인간은 자유의지를 발휘함

ㄱ. 약화하지 않는다. ㉠은 인간의 다양한 행동을 설명하기에는 유전자의 수가 부족하므로 인간의 행동이 유전자에 의해 결정되지 않는다는 주장을 하고 있다. 그런데 인간보다 더 많은 유전자를 가진 동물이 있다면, 그 동물의 행동 양식이 유전자에 의해 결정될 가능성이 높을 수는 있지만 무엇이 인간의 행동을 결정할지는 설명하지 않는다. 그러므로 <보기> ㄱ의 진술은 ㉠을 약화하지 않는다.

ㄴ. 약화한다. ㉠은 유전자와 외부 환경이 상호작용하여 인간의 행동 양식이 결정되므로 인간이 자유의지를 발휘할 수 있는 존재임을 주장한다. 그러나 <보기> ㄴ의 진술대로 유전자와 환경의 상호작용으로 인해 인간의 행동이 결정되는 것이 인간의 자유의지를 부정하는 것이라면 이는 ㉠을 약화한다고 볼 수 있다.

ㄷ. 약화한다. ㉠은 인간의 다양한 행동을 설명하기에는 유전자의 수가 부족하다는 것이다. 만일 인간 행동이 일정 패턴으로 유형화되고, 이렇게 유형화된 행동 패턴들을 설명하기에 유전자의 수가 부족하지 않다면 ㉠은 설득력을 잃는다.

문 23. 정답 ④ 5급 공채 2022년도 (나)책형 28번

유형 정보추론 내용영역 사회

지문에 따라 음식에 대한 갑의 선호 판단 과정을 정리하면 다음과 같다.

한식: 1

일식: 0

	선택의 내용	중식을 좋아하는 정도
A 선택	무조건 중식 먹음	> 0.7
B 선택	한식을 먹을 확률이 0.7, 일식을 먹을 확률이 0.3인 추첨	< 0.7
A와 B 가운데 어떤 선택이라도 상관없을 시	B에서 느끼는 만족의 기댓값과 동일	= 0.7

<사례>에서 음식에 대한 을의 선호 판단 과정을 정리하면 다음과 같다.

양식: 1

중식: 0

	선택의 내용	한식을 좋아하는 정도
C 선택	무조건 한식 먹음	> 0.8
D 선택	양식을 먹을 확률이 0.8, 중식을 먹을 확률이 0.2인 추첨	< 0.8
C와 D 가운데 어떤 선택이라도 상관없을 시	D에서 느끼는 만족의 기댓값과 동일	= 0.8

	선택의 내용	일식을 좋아하는 정도
E 선택	무조건 일식 먹음	> 0.3
F 선택	양식을 먹을 확률이 0.3, 중식을 먹을 확률이 0.7인 추첨	< 0.3
E와 F 가운데 어떤 선택이라도 상관없을 시	F에서 느끼는 만족의 기댓값과 동일	= 0.3

ㄱ. 적절하지 않다. <사례>에서 을이 각 음식을 좋아하는 정도를 정리하면 다음과 같다.

	각 음식을 좋아하는 정도
양식	1
중식	0
한식	D를 선택했으므로 < 0.8
일식	E와 F 중 어떤 선택이라도 상관없으므로 0.3

을이 일식을 좋아하는 정도는 0.3이지만 한식을 좋아하는 정도는 0.8보다 작다. 한식을 좋아하는 정도가 일식을 좋아하는 정도보다 작은 경우를 가정할 수 있으므로, 을이 일식보다 한식을 더 좋아할지는 정확히 알 수 없다.

ㄴ. 적절하다. <보기> ㄱ에서 살펴본 것처럼, 을은 E와 F 중 어떤 선택이라도 상관하지 않으므로 이에 따라 그가 일식을 좋아하는 정도는 0.3이다. 따라서 을이 '무조건 일식을 먹는' E를 선택할 경우 느끼는 만족의 기댓값은 0.3이다.
그런데 양식을 먹을 확률이 0.5, 중식을 먹을 확률이 0.5인 추첨을 할 경우, 을이 양식을 좋아하는 정도가 가장 크므로 그가 느끼는 만족의 기댓값은 0.5가 된다. 따라서 을은 "양식을 먹을 확률이 0.5, 중식을 먹을 확률이 0.5인 추첨을 한다."를 대안으로 선택할 것이다.

ㄷ. 적절하다. 을의 음식 선호도가 중식이 제일 높고 양식이 제일 낮은 것으로 바뀌고 각 대안에 대한 선택 결과는 <사례>와 동일한 경우, 을이 각 음식을 좋아하는 정도를 정리하면 다음과 같다.

	각 음식을 좋아하는 정도
양식	0
중식	1
한식	D를 선택했으므로 < 0.2
일식	E와 F 중 어떤 선택이라도 상관없으므로 0.7

을이 일식을 좋아하는 정도는 0.7이고 한식을 좋아하는 정도는 0.2보다 작다. 따라서 을은 한식보다 일식을 더 좋아할 것이다.

문 24. 정답 ⑤ 5급 공채 2020년도 (나)책형 29번

유형 정보추론 내용영역 사회

지문에 제시된 기준을 바탕으로 갑 ~ 정의 거주국을 판단하면 다음과 같다.

갑: X, Y국 모두에 영구적 주소가 없으므로 셋째 기준이 적용되고, 그에 따라 통상적으로 거주하는 Y국이 거주국이 된다.

을: X국에만 영구적인 주소를 가지므로 첫째 기준이 적용되고, 그에 따라 유일하게 영구적인 주소를 가진 X국이 거주국이 된다.

병: X, Y국 모두에 영구적 주소가 있으므로 둘째 기준이 적용되고, 그에 따라 더 중요한 이해관계를 가지는 X국이 거주국이 된다.

정: X, Y국 중 영구적인 주소가 없으므로 셋째 기준을 우선 적용하나 항목에 명시된 경우에 해당하지 않는다. 따라서 넷째 기준이 적용되고, 그에 따라 정의 국적국인 Y국이 거주국이 된다.

① 추론할 수 없다. 갑의 거주국은 Y국, 병의 거주국은 X국이다.

② 추론할 수 없다. 갑~정 모두 거주국이 결정된다.

③ 추론할 수 없다. 국적이 Z국인 을은 X국의 거주자로 결정된다.

④ 추론할 수 없다. Z국에 영구적인 주소를 가지는 정의 거주국은 Y국이다.

⑤ 추론할 수 있다. X, Y국 거주자로 결정된 사람의 수는 각각 2명이다.

문 25. 정답 ⑤ 5급 공채 2019년도 (가)책형 37번

유형 논증분석 내용영역 과학기술

지문에 제시된 주장을 정리하면 다음과 같다.

지구 공전 가설: 지구가 태양 주위를 1년 주기로 공전하고 있음

A: 지구 공전 가설이 옳다면 멀리 떨어진 두 위치에서 별을 관측한다면 그 위치가 다르게 보일 것이나, 별은 늘 같은 위치에 있는 것으로 관측되므로 지구 공전 가설은 틀렸음

B: 지구 공전 가설이 옳다면 지구의 운동 방향에 따라 별빛이 기울어지는 속도가 변하고 별의 가시적 위치가 달라질 것이지만, 별은 늘 같은 위치에 있는 것으로 관측되므로 지구 공전 가설은 틀렸음

ㄱ. 적절하다. A는 자신이 제기한 평가의 근거로 오른쪽 또는 왼쪽 눈을 감고 세상을 본 경험과 별 관측 결과를 제시하고 있다. B 또한 달리는 마차에서 빗방울을 본 경험과 별 관측 결과를 제시하고 있다. 그러므로 A와 B 모두 일상적 경험으로부터 얻은 경험과 별 관측 결과를 근거로 제시해 지구 공전 가설을 평가했다.

ㄴ. 적절하다. A와 B 모두 별이 늘 같은 위치에 있는 것으로 관측된다고 평가 근거를 제시한다. 이들의 설명은 별의 위치 변화를 고려하지 않은 것이므로 기술의 한계로 인해 별의 위치 변화가 관측되지 않았을 가능성을 고려하지 않았다.

ㄷ. 적절하다. A는 '멀리 떨어진 두 위치'를 언급함으로써 지구 공전 시 별의 위치가 달라지는 원인을 관측 위치가 달라진 것에서 찾고 있다. B는 '지구의 운동 방향이 반대가 될 것임'을 언급함으로써 별의 위치가 달라지는 원인을 지구의 운동 방향이 변하면서 관측자의 운동 방향이 바뀐 것에서 찾고 있다.

메가피셋 잘고른 N제

제 5 회

문 1. 정답 ③

5급 공채 2019년도 (가)책형 3번

유형 정보확인 | 내용영역 인문

① 알 수 없다. 2문단에 따르면 『여지도』에는 한계산과 설악산이라는 두 개의 권역이 구분되어 있다. 하지만 3문단에 따르면 『대동지지』에서는 한계산을 설악산 안의 봉우리로 보고 있기 때문에 두 저서에 나타난 설악산의 범위는 동일하지 않다.

② 알 수 없다. 3문단에 따르면 『조선팔도지도』에 표시된 설악산의 범위는 오늘날과 같다. 한편 『동국여지지』에서는 다른 지역 사람들이 한계산이라 부르는 지역을 설악산 아래에 사는 사람들은 설악산 안의 봉우리로 생각한다고 언급하고 있다. 그러나 이로부터 『동국여지지』에 그려져 있는 설악산의 범위를 알 수는 없으므로 『조선팔도지도』에 표시된 설악산의 범위와 『동국여지지』에 그려진 설악산의 범위를 비교할 수 없다.

③ 알 수 있다. 3문단에 따르면 『조선팔도지도』에는 오늘날과 동일하게 설악산의 범위가 표시되어 있고 그 범위 안에 설악산이라는 명칭이 적혀 있다. 1문단에 따르면 오늘날의 설악산 범위에는 한계령이 있는 봉우리가 포함되므로 이는 『조선팔도지도』에도 동일하게 적용된다.

④ 알 수 없다. 2문단에 따르면 『비변사인 방안지도 양양부 도엽』에서는 설악산, 천후산, 한계산의 범위가 모두 따로 표시되어 천후산과 한계산이 서로 다른 산임을 나타내고 있다. 하지만 3문단에 따르면 『대동지지』에서는 한계산을 설악산에 속한 봉우리로 보고 있어 별도로 한계산을 구분했다고 볼 수 없다.

⑤ 알 수 없다. 2문단에 따르면 『여지도』에는 오늘날의 설악산에 해당하는 범위가 설악산과 한계산이라는 두 개의 권역으로 구분되어 있지만, 천후산의 범위가 별도로 구분되어 있지 않으므로 그 범위를 비교할 수 없다.

문 2. 정답 ⑤

5급 공채 2022년도 (나)책형 22번

유형 정보확인 | 내용영역 인문

지문에 나타난 영조 3년 평안병사 김수 임명 이전과 이후, 6월 2일 이후의 강계 경내 파수보 정책을 정리하면 다음과 같다.

○ 평안병사 김수 임명 이전: 파졸 2명, 파장을 제외한 인원은 부근의 산지에서 산삼을 캐는 것이 가능하였음

○ 평안병사 김수 임명(영조 3년 3월) 이후~좌부승지 신택 요청(영조 3년 6월 2일) 이전: 파수보에 배치된 어떤 사람도 보를 떠나서는 안 됨

○ 좌부승지 신택 요청(영조 3년 6월 2일) 이후: 파수보 정원 9명 중 파장을 제외한 파졸 8명은 절반씩 나누어 한 무리는 파수보를 지키고, 나머지 한 무리는 산삼을 캐되 저녁에는 반드시 파수보로 돌아와 다음날 교대로 근무를 해야 함

① 추론할 수 없다. 영조 4년은 영조가 좌부승지 신택의 의견을 조치하도록 한 시기이므로, 파졸 8명 중 절반은 저녁 전까지는 산삼을 캐는 것이 가능했다. 영조 2년은 평안병사 김수의 임명 이전이므로 이 시기에도 파졸들이 산삼을 캘 수 있었으나, 정확히 얼마의 시간 동안 산삼을 캘 수 있었는지는 지문에 제시되어 있지 않다. 따라서 영조 4년과 영조 2년에 파졸 1인이 파수보에 있는 시간을 비교하기는 어렵다.

② 추론할 수 없다. 1문단에 따르면 강계 경내의 파수는 평안병사가 선발한 것이 아니라, 평안도 지역에 거주하는 백성 중에서 군역을 져야 하는 사람들이 순번을 돌아가며 담당하였다.

③ 추론할 수 없다. 영조 4년은 영조가 좌부승지 신택의 의견을 조치하도록 한 시기이므로, 파졸 8명 중 절반은 산삼을 캘 수 있었다. 2년 전인 영조 2년은 평안병사 김수의 임명 이전이므로 파졸 2명과 파장을 제외한 인원이 산삼을 캘 수 있었다. 즉, 영조 4년 시기보다 더 많은 인원이 산삼을 캘 수 있었던 것은 사실이지만, 정확히 얼마의 시간 동안 산삼을 캘 수 있었는지는 알 수 없으므로 영조 4년과 영조 2년에 채취된 산삼의 수량을 비교하기는 어렵다.

④ 추론할 수 없다. 1문단에 따르면 파수꾼이 복무하는 기간 동안 식량이 제공되지 않고, 호랑이의 습격을 받기도 했다. 하지만 이것이 파졸들의 최대 사망 원인이었는지의 여부는 알 수 없고, 김수의 부임 이전과 이후로 최대 사망 원인이 바뀌었는지 또한 지문을 통해 추론할 수 없다.

⑤ 추론할 수 있다. 영조 3년 5월은 평안병사 김수의 조치가 시행된 시기이므로, 파수보에 배치된 어떤 사람도 보를 떠날 수 없었다. 그 다음 해인 영조 4년 5월은 영조가 좌부승지 신택의 의견을 조치하도록 한 시기이므로, 이 시기에는 파졸 8명 중 절반은 파수보를 지키고, 나머지 절반은 부근의 산지에서 산삼을 캘 수 있었다. 따라서 이 시기에는 이전 해보다 파수보에서 근무하는 1일 인원수가 줄었을 것임을 추론할 수 있다.

문 3. 정답 ⑤

5급 공채 2016년도 (4)책형 19번

유형 정보확인 | 내용영역 논리학

① 추론할 수 없다. 5문단에 따르면 학자가 '초랑'이라는 단어를 고안했을 경우, 초록과 초랑 중 어느 하나만 미래에 투사할 수 있는 규칙성이다. 따라서 고안된 낱말이 포함된 규칙성이라고 하여 반드시 미래에 투사할 수 없는 규칙성인 것은 아니다.

② 추론할 수 없다. 1문단에 따르면 과거 사례에 부여한 규칙성을 미래에 투여한 한 사례인 '에메랄드는 초록임'의 경우, 미래에 투사할 수 있는 규칙성이 될 수도 있다.

③ 추론할 수 없다. 6문단에 따르면 초록이라는 용어를 사용했던 것과 초랑이라는 용어를 사용했던 것의 차이만으로 규칙의 미래 투사가 달라졌다. 이를 통해 규칙성을 미래에 투사할 수 있는지의 여부가 용어의 사용과 관련이 없는 것은 아님을 추론할 수 있다.

④ 추론할 수 없다. 초랑과 초록의 사례를 볼 때, 귀납 추론을 통해 어느 것이 미래에 투사가 가능한 사례인지를 식별하지 못하였다.

이를 통해 미래에 투사할 수 있는 규칙성과 미래에 투사할 수 없는 규칙성이 귀납 추론을 통해 식별된다고 보기는 어렵다.

⑤ 추론할 수 있다. 5문단에 따르면 동일한 관찰 사례와 동일한 귀납 추론을 사용했음에도 불구하고 한 사물의 색깔이 초록이 될 수도 있고, 파랑이 될 수도 있다.

문 4. 정답 ④ 5급 공채 2021년도 (가)책형 9번

유형 정보확인 내용영역 사회

지문에 제시된 침묵의 유형들을 정리하면 다음과 같다.

	실효성	안전성
묵종적 침묵	발언의 영향력↓	-
방어적 침묵	-	발언자 자신을 보호
친사회적 침묵	-	조직 또는 타인을 보호

① 추론할 수 있다. 2문단에 따르면 묵종적 침묵은 발언을 해도 소용이 없을 것이라는, 즉 의사결정에 영향을 미치지 못할 것이라는 조직에 대한 불신으로부터 나오는 행위이다. 따라서 구성원들의 발언이 조직의 의사결정에 반영되는 정도가 커질수록 묵종적 침묵은 감소할 것이라 볼 수 있다.

② 추론할 수 있다. 3문단에 따르면 방어적 침묵은 외부 위협으로부터 자신을 보호하고 보복을 당하지 않기 위해 조직에 대한 부정적인 의견을 억누르는 행위이다. 따라서 자신의 안전이 걱정되어 침묵하는 경우는 방어적 침묵에 해당한다고 볼 수 있다.

③ 추론할 수 있다. 2문단에 따르면 묵종적 침묵은 발언을 해도 소용이 없을 것이라는 조직에 대한 불신으로부터 나오는 행위이다. 따라서 발언의 실효성이 낮을 것으로 판단하여 침묵하는 경우는 묵종적 침묵에 해당한다고 볼 수 있다.

④ 추론할 수 없다. 4문단에 따르면 친사회적 침묵은 이타주의적 침묵으로서, 철저하게 '나'를 배제한 판단하에서 이뤄지는 행위이다. 발언자에 대한 익명성 보장은 발언하는 '나'의 안전성과 관련된 조치이므로, 이러한 조치가 친사회적 침묵에 영향을 줄 수 있는지는 지문에서 알 수 없다. 따라서 발언자에 대한 익명성이 보장된다 하더라도 친사회적 침묵이 감소할 것이라고 보기는 어렵다.

⑤ 추론할 수 있다. 1문단에 따르면 구성원들은 자신이 속한 조직의 문화 아래에서 보복과 관련한 안전도와 변화 가능성에 대한 실효성 등을 고려하여 발언할지 침묵할지를 결정한다. 지문에 제시된 침묵의 유형들은 발언의 안전도 또는 실효성이 낮을 것으로 여겨질 때 선택하는 행위이다. 이때 침묵은 구성원들의 정신건강과 신체에 악영향을 미칠 수 있다. 따라서 발언의 안전도와 실효성이 낮은 조직의 구성원들은 발언보다는 침묵을 선택할 가능성이 높을 것이고, 이렇게 침묵이 증가하면 구성원의 건강이 악화될 수 있다.

문 5. 정답 ④ 5급 공채 2016년도 (4)책형 27번

유형 정보확인 내용영역 과학기술

① 추론할 수 없다. 2문단에 따르면 각 기지국이 서로 다른 주파수를 사용한다면 기존 기지국과의 통화 채널을 미리 단절하고 새로운 기지국에 맞는 주파수를 할당받아야 하므로, 단절 전 형성 방식을 활용할 수 없다.

② 추론할 수 없다. 형성 전 단절 방식과 단절 전 형성 방식 중 어떤 방식의 핸드오버 속도가 더 빠른지는 지문에서 파악할 수 없다.

③ 추론할 수 없다. 1문단에 따르면 이동단말기와 기존 기지국 간의 통화 채널이 단절되고 이동 전화교환국과 기지국 간 연결에 문제가 발생하면 핸드오버가 실패할 수 있다. 교환국과 새로운 기지국 간의 통화 채널이 형성되어야 핸드오버가 성공했다고 볼 수 있다. 또한 2문단에 따르면 형성 전 단절 방식의 경우 이동단말기와 새로운 기지국 간의 통화채널 형성이 있어야 비로소 핸드오버가 성공한다.

④ 추론할 수 있다. 2문단에 따르면 CDMA는 단절 전 형성 방식을, FDMA에서는 형성 전 단절 방식을 사용한다. 단절 전 형성 방식은 기존 기지국과의 통화 채널이 단절되기 전에 새로운 기지국과의 통화 채널이 형성되는 것으로, 기존 기지국과의 통화 채널이 단절되지 않았다면 하나의 이동단말기가 두 기지국과 동시에 통화 채널을 유지하게 된다. 이에 반해 형성 전 단절 방식은 새로운 기지국과의 통화 채널을 형성하기 전에 기존 기지국과의 통화 채널이 단절된다. 그러므로 FDMA에서 두 기지국과 동시에 통화 채널을 갖는 경우는 없다.

⑤ 추론할 수 없다. 1문단에 따르면 각 이동단말기의 신호 세기와 상관없이 신호의 세기가 특정값 이하로 떨어지는 경우에 핸드오버가 명령된다.

문 6. 정답 ⑤ LEET 추리논증 2011학년도 홀수형 22번

유형 형식논리 내용영역 논리학

지문에 제시된 내용을 정리하면 다음과 같다.

1. 1번 → (A ∨ B)
2. A → (흙탕물 ∧ 카메라)
3. B → (정체 ∧ 검문소)
4. 정체 → 카메라
5. 검문소 → 흙탕물

∴ ~1번

1의 대우 : (~A ∧ ~B) → ~1번

여기서 '~1번'을 도출하려면 '~A'와 '~B'가 참이어야 한다.

2의 대우 : (~흙탕물 ∨ ~카메라) → ~A

3의 대우 : (~정체 ∨ ~검문소) → ~B

그러므로 '~1번'을 도출하기 위해 필요한 전제는 '~흙탕물 ∨ ~카메라'와 '~정체 ∨ ~검문소'이다.

4의 대우 : ~카메라 → ~정체

5의 대우 : ~흙탕물 → ~검문소

이때,

i) '~카메라'라는 전제가 추가된다면, 4의 대우에 의해 '~정체'임을 알 수 있다. 그리고 '~카메라'이므로 '~A'임을 알 수 있고, '~정체'이므로 '~B'임을 알 수 있다.

ii) '~흙탕물'이라는 전제가 추가되어도 5의 대우에 의해 '~검문소'임을 알 수 있다. 그리고 '~흙탕물'이므로 '~A'임을 알 수 있고, '~검문소'이므로 '~B'임을 알 수 있다.

그러므로 '~1번'을 도출하기 위해 추가되어야 할 진술은 '~카메라' 또는 '~흙탕물'로, ⑤가 '~카메라'에 해당한다.

문 7. 정답 ① 입법고시 2017년도 (가)책형 16번

유형 형식논리 내용영역 논리학

지문에 제시된 간부들의 진술을 다음과 같이 정리할 수 있다.

A: 서른 명 이상

B: 서른 명 미만

C: 한 명 이상

이때 한 명의 진술만이 참이고 나머지 둘의 진술은 거짓이므로 경우의 수를 나누어 모순이 발생하는지를 검토해야 한다.

i) A가 참인 경우

A: 서른 명 이상

B: 서른 명 이상

C: 한 명 미만

이 경우 A, B의 진술과 C의 진술이 동시에 참이 될 수 없으므로 모순이 발생한다.

ii) B가 참인 경우

A: 서른 명 미만

B: 서른 명 미만

C: 한 명 미만

변절자가 0명이라면 모순이 발생하지 않는다.

iii) C가 참인 경우

A: 서른 명 미만

B: 서른 명 이상

C: 한 명 이상

이 경우 A와 B의 진술이 동시에 참일 수 없으므로 모순이 발생한다.

따라서 변절자는 0명임이 도출된다.

문 8. 정답 ② 입법고시 2016년도 (가)책형 7번

유형 형식논리 내용영역 논리학

지문을 정리하면 다음과 같다.

○ (가)의 경우 도둑은 한 명이며, 두 명은 거짓말을 했다.

	갑 도둑	을 도둑	병 도둑
갑	F	T	T
을	T	T	F
병	F	F	T

따라서 갑이 도둑이고 갑과 병이 거짓말을 했다.

○ (나)의 경우 도둑은 한 명이고, 그 도둑은 거짓말을 했다.

	A 도둑	B 도둑	C 도둑
A	F	T	T
B	F	T	T
C	F	F	T

따라서 B와 C가 도둑인 경우 도둑이 참말을 한 것이 되므로, A가 도둑이며 A, B, C 모두 거짓말을 했다.

① 옳지 않다. (가)에 따르면, 갑은 거짓말을 했다.

② 옳다. (나)에 따르면, B는 거짓말을 했다.

③ 옳지 않다. (나)에 따르면, A는 거짓말을 했다.

④ 옳지 않다. (가)에 따르면, 병은 도둑질을 하지 않았다.

⑤ 옳지 않다. (나)에 따르면 A가 도둑질을 하였으나, (가)에 따르면 을은 도둑질을 하지 않았다.

문 9. 정답 ③ LEET 추리논증 2010학년도 홀수형 11번

유형 형식논리 내용영역 논리학

지문에 제시된 내용을 기호화하여 정리하면 다음과 같다.

1. 최우수 등급 ∨ 우수 등급 ∨ 보통 등급
2. 최우수 등급 → 45세 이상
3. 35세 이상 → 우수 등급 ∨ ~자녀
4. 우수 등급 → ~이직 경력
5. 보통 등급 → 대출
6. ~주택 소유 → ~대출
7. 자녀 ∧ 이직 경력

A에 대한 정보 7에서 바로 A의 연령대나 주택 소유 여부를 추론할 수는 없다. 그렇지만 4를 이용하면 A의 평가 결과를 알 수 있고, 여기에 다시 3을 적용하면 A의 연령대를 추론할 수 있다.

이로부터 다음 내용을 추가로 도출할 수 있다.

8. ~우수 등급 [4, 7로부터 도출]
9. 자녀 ∧ ~우수 등급 → ~35세 이상 [3으로부터 도출]
10. ~35세 이상 [7, 8, 9로부터 도출]
11. ~45세 이상 [35세 이상이 아니면 45세 이상 아님]

12. ~최우수 등급 [2, 11로부터 도출]
13. 보통 등급 [1, 8, 12로부터 도출]
14. 대출 [5, 13으로부터 도출]
15. 주택 소유 [6, 14로부터 도출]

따라서 A는 35세 미만이고 주택을 소유하고 있음을 알 수 있다.

문 10. 정답 ③ 5급 공채 2017년도 (가)책형 30번

유형 **논증분석** 내용영역 **과학기술**

① 적절하다. A에 따르면 태아가 산모의 뱃속으로부터 밖으로 나올 때 인간에 해당하지만, B에 따르면 출산의 진통 때부터 인간에 해당한다. 이에 따르면 A가 인간으로 간주하는 대상의 범위는 B보다 좁다. 따라서 A가 인간으로 간주하는 대상은 B도 인간으로 간주한다고 볼 수 있다.

② 적절하다. C는 태아가 형성된 후 4개월 이후부터 인간으로 간주한다. 하지만 배아는 수정 후 2주경에 형성되므로 C가 인간으로 간주하는 대상의 범위는 E보다 좁다. 따라서 C가 인간으로 간주하는 대상은 E도 인간으로 간주한다고 볼 수 있다.

③ 적절하지 않다. E는 배아 단계부터 인간으로 간주하고, D는 수정체부터 인간으로 간주한다. 배아는 수정 후 2주경에 형성되므로 인간으로 간주하는 대상의 범위는 D가 E보다 넓다. 그러므로 D가 인간으로 간주하는 대상 중에는 E가 인간으로 간주할 수 없는 대상이 포함되어 있다.

④ 적절하다. D는 수정체가 인간으로 태어날 가능성을 가지고 있으므로 수정체부터 인간에 해당한다고 보고, F는 수정될 때 영혼이 생기기 때문에 수정체부터 인간에 해당한다고 본다.

⑤ 적절하다. 접합체는 수정체 이후의 단계이므로 F의 견해를 뒷받침한다.

문 11. 정답 ③ LEET 추리논증 2023학년도 홀수형 22번

유형 **논증평가** 내용영역 **인문**

지문에 제시된 논증을 정리하면 다음과 같다.

㉠: [개념 역할 의미론]

단어의 의미 이해는 그 단어의 사용 규칙을 이해하는 능력에 의존한다.

단어 사용 규칙을 이해하지 못함 → 단어의 의미를 이해하지 못함

㉡: 단어의 의미를 이해하려면 사용 규칙을 이해해야 한다.

규칙 이해가 성립하려면 규칙이 언어적으로 명료하게 표현되어야 한다. (예: ㉢)

규칙을 이해하려면 사용된 단어의 의미를 모두 이해해야 한다.

그 단어의 의미를 이해하기 위해서는 사용 규칙을 이해해야 한다.

⇒ 퇴행이 무한히 거듭되고, 우리는 단어의 의미를 이해하지 못한다.

⇒ ㉠을 받아들이면 단어의 의미를 이해하는 사람은 아무도 없다는 결론을 받아들여야 한다.

① 옳다. 한국어를 구사하는 인공지능이 존재한다는 사실은 단어의 의미와 사용 규칙이 어떤 관계를 갖는지 설명하지 않는다. 따라서 이러한 사실이 제시되더라도 ㉠은 약화되지 않는다.

② 옳다. ㉡은 단어의 사용 규칙이 성립하려면 그 규칙이 언어적으로 명료하게 표현되어야 한다고 본다. 그런데 단어의 사용 규칙이 반드시 언어적으로 표현되어야 한다는 것이 아니라는 사실은 ㉡과는 정반대의 내용이다. 따라서 이러한 사실이 제시된다면 ㉡은 약화된다.

③ 옳지 않다. 지문에 따르면 ㉢은 단어의 사용 규칙을 언어적으로 명료하게 표현한 예이다. ㉢에 들어 있는 모든 단어의 의미를 이해하고 있는 사람을 가정하면 그 사람은 단어의 사용 규칙을 이해할 수는 있을 것이다. 하지만 이 사실로부터 그가 단어의 의미를 이해하고 있다는 사실까지 도출되지는 않는다. 따라서 이러한 사실이 제시되더라도 ㉠이 강화되는 것은 아니다.

④ 옳다. ㉡에 따르면 단어의 의미를 이해하려면 단어의 사용 규칙을 이해해야 하고, 규칙을 이해하려면 규칙에 포함된 단어의 의미를 모두 이해해야 한다. 그런데 진술의 의미를 이해하면서 의미를 이해하지 못하는 단어가 진술에 포함되어 있는 경우는 ㉡과 정반대의 내용이다. 따라서 이러한 사실이 제시된다면 ㉡은 약화된다.

⑤ 옳다. ㉠에 따르면 단어의 사용 규칙을 따른다는 것은 그 규칙대로 단어를 사용하는 것이 아닌, 규칙에 대한 이해를 기반으로 단어를 사용하는 것을 의미한다. 단어를 사용 규칙대로 쓰고 있는 행위자는 ㉠이 제시한 '단어의 사용 규칙을 따르는 경우'에 해당하지 않으므로, 이러한 사실이 제시되더라도 ㉠은 약화되지 않는다.

문 12. 정답 ④ 5급 공채 2015년도 (인)책형 15번

유형 **논증분석** 내용영역 **인문**

ㄱ. 적절하다. (가)의 주장이 참이라고 하면, 약육강식은 자연법칙이 아니다. 따라서 (가)의 주장이 참이면 ⓐ는 거짓이다.

ㄴ. 적절하지 않다. (나)에 의하면 자연법칙이 도덕적인 판단을 이끌어 낼 수 없다. 그렇지만 ⓑ는 자연법칙이 아닌 도덕적인 판단에 해당하고, ⓓ도 마찬가지로 도덕적 판단에 해당한다. 따라서 (나)가 참이라고 하여 ⓑ에서 ⓓ를 도출하는 것이 오류라고 할 수 없다.

ㄷ. 적절하다. (다)의 주장이 참이라면 생태계 피라미드라는 것은 실존하지 않는다. 따라서 인간이 생태계 피라미드에서 가장 높은 위치에 있다는 ⓒ는 거짓이다.

ㄹ. 적절하다. (라)의 주장에 의하면 인간이 생태계에서 가장 높은 위치에 있기 때문에(ⓒ) 다른 존재를 잡아먹을 수 있다면(ⓑ) 생태계에서 인간보다 높은 위치에 있는 존재가 나타날 경우 인간을 잡아먹는 것도 허용된다. 다시 말해 우리가 허용할 수 없는 결론이 도출된다는 것이다.

문 13. 정답 ④

5급 공채 2022년도 (나)책형 38번

유형 논증평가 　 내용영역 과학기술

지문에 제시된 가설 ㉠, ㉡의 내용을 정리하면 다음과 같다.

㉠ 작은 개체를 보호하면 그렇지 않은 경우보다 개체 수의 회복이 빠르다 (작은 개체를 보호하고 큰 개체를 잡는 것이 적절하다)

㉡ 정해진 크기에 해당하는 개체만 잡으면 잡힌 개체의 비율이 줄어들고, 잡히지 않은 개체의 비율은 점차 증가한다 (작은 개체를 보호하고 큰 개체만 잡으면 크기가 작은 개체만 남게 될 것이다)

	처리 1	처리 2	처리 3
내용	크기가 작은 순으로 개체 제거	크기가 큰 순으로 개체 제거	무작위 제거
	큰 개체 보호	작은 개체 보호	

ㄱ. 적절하지 않다. ㉠이 강화되기 위해서는 크기가 작은 순으로 개체를 제거했을 때의 개체 수 회복이 다른 경우보다 더 느려야 한다. 그런데 크기가 작은 순으로 개체를 제거했을 때와 무작위로 제거했을 때 사이에 개체 회복 시간의 유의미한 차이가 없었다면 ㉠은 강화되지 않는다. 그리고 ㉡이 강화되기 위해서는 크기가 작은 순으로 개체를 제거했을 때 다른 경우에 비해 크기가 큰 개체의 비율이 늘어나야 한다. 그런데 크기가 작은 순으로 개체를 제거했을 때와 무작위로 제거했을 때 사이에 개체의 평균 크기에서 유의미한 차이가 없었다면 ㉡ 역시 강화되지 않는다.

ㄴ. 적절하다. 크기가 큰 순으로 개체를 제거했을 경우가 무작위로 개체를 제거한 경우보다 개체의 수가 빠르게 회복되었다는 것은 작은 개체를 보호하면 그렇지 않은 경우보다 개체 수의 회복이 빠르다는 ㉠의 가설과 일치하는 결과이므로 ㉠은 강화된다. 또한 크기가 큰 순으로 개체를 제거했을 때 탱크 속 개체의 평균 크기가 무작위로 개체를 제거했을 때보다 작아졌다면, 이것은 잡히지 않은 개체(작은 개체)의 비율이 늘어난다는 ㉡의 가설과 일치하는 결과이므로 ㉡ 역시 강화된다. 따라서 〈보기〉 ㄴ의 결과는 ㉠과 ㉡ 모두를 강화한다.

ㄷ. 적절하다. 크기가 작은 순으로 개체를 제거했을 때 무작위로 개체를 제거했을 때보다 느리게 회복되었다는 것은 큰 개체를 보호하면 그렇지 않은 경우보다 개체 수의 회복이 느리다는 ㉠의 가설과 일치하는 결과이므로 ㉠은 강화된다. 또한 ㉡이 강화되기 위해서는 크기가 작은 순으로 개체를 제거했을 때(큰 개체 보호) 개체의 평균 크기가 더 커져야 한다. 그런데 크기가 작은 순으로 개체를 제거했을 때보다 무작위로 개체를 제거했을 때의 개체 평균 크기가 더 컸다면 이는 ㉡의 가설과 일치하지 않는 결과이므로 ㉡은 약화된다.

문 14. 정답 ④

입법고시 2019년도 (가)책형 40번

유형 논증평가 　 내용영역 과학기술

〈실험 설계 및 과정〉

1. 4년간 매해 작은 섬 세 개로부터 그곳에 사는 참새를 포획 (90%만 포획하였고, 포획한 일부는 놓침)
2. 매해 인위적인 조작을 가해 참새 개체의 크기를 조절
3. 매해 큰 크기의 참새는 A섬, 작은 크기의 참새는 B섬, 나머지는 본토에 방사
4. 이후, 7년간 실험군인 A섬과 대조군인 B섬 참새의 크기를 관찰

〈실험 결과〉

11년 후, 원래보다 커진 참새와 작아진 참새 모두 원래 크기로 돌아감

⇨ 참새는 참새 크기일 때 생존 조건에 가장 이상적으로 적응함

⇨ 따라서 다른 종 역시 변화된 상황에서 생존에 유리한 상태로 적응한 것

① 옳다. 〈실험 설계 및 과정〉에서 변수를 충분히 통제하지 않은 경우 〈실험 결과〉를 신뢰할 수 없다. 이 실험의 경우, 실험군은 A섬이고 대조군은 B섬이다. 그런데 1에서 놓치거나 미처 포획하지 못한 참새들, 그리고 3에서 본토에 방사한 참새들이 A섬과 B섬까지 이동할 수 있었음이 밝혀진다면, A섬과 B섬은 실험군과 대조군으로서 충분한 통제가 이루어지지 않은 상태가 된다. 이 경우 원래 크기인 참새가 원래보다 커진 참새나 작아진 참새에 섞여 있을 수 있으므로 〈실험 결과〉와 다른 결론이 나올 수 있다. 따라서 실험의 결과에 대한 반박의 논거가 될 수 있다.

② 옳다. A섬에서 포식자가 4년간 줄어들었다는 것은 A섬의 큰 참새가 포식자의 먹잇감이 될 가능성이 줄어들 것이다. 이 경우 〈실험 결과〉에 따르면 A섬의 참새는 생존 조건에 가장 이상적인 큰 몸집을 유지하거나 몸집이 더 커져야 할 것이다. 그러나 실제 실험 결과 A섬의 참새는 다시 원래 크기로 작아졌다. 따라서 A섬의 포식자가 줄어들었고 B섬에서 계속 늘었다는 사실은 큰 몸집과 작은 몸집 모두 생존에 부적합했다는 실험의 결과에 대한 반박의 논거가 될 수 있다.

③ 옳다. 〈실험 결과〉에 따르면 참새의 현재 크기는 참새의 생존에 가장 이상적인 크기이다. 그런데 참새의 포식자가 참새의 크기보다 색깔에 더 예민하게 반응하는 경향을 보였다는 것은 참새의 크기와 참새의 생존에 대한 〈실험 결과〉를 부정하는 근거가 된다. 따라서 이는 실험의 결과에 대한 반박의 논거가 될 수 있다.

④ 옳지 않다. 〈실험 설계 및 과정〉의 2에서 연구팀은 참새의 특정 형질에 인위적인 조작을 가하여 A섬과 B섬 각각에서 몸의 크기를 결정하는 유전적 구성을 변화시켰다. 이때 실제로 상대적으로 큰 개체를 방사한 A섬 참새는 몸의 크기가 자연적인 유전 변화로 초래된 것보다 훨씬 커졌고, B섬에서는 반대로 몸의 크기가 현저히 작아졌다. 이는 참새의 크기가 선택되었을 때 참새의 크기에 상응하는 유전자의 발현 빈도가 높아졌다는 것을 의미한다. 따라서 〈실험 결과〉의 신뢰도는 더 높아질 것이다.

⑤ 옳다. <실험 결과>에 따르면 다른 종 역시 변화된 상황에서 생존에 유리한 상태로 적응한 것이다. 즉, 참새는 참새 크기일 때 생존에 유리하게 적응한 것이다. 따라서 <실험 결과>가 옳다면 참새가 아닌 다른 조류에 대한 실험에서도 변화된 몸으로 유지되는 것이 아니라 원래 크기로 돌아올 것이다. 그러나 다른 조류의 경우 변화된 몸이 그 크기를 유지하였다는 것은 <실험 결과>에 대한 반례로서 <실험 결과>를 부정하는 근거가 된다. 따라서 이는 실험이 결과에 대한 반박의 논거가 될 수 있다.

문 15. 정답 ① 입법고시 2022년도 (가)책형 5번

유형 논증분석 내용영역 인문

ㄱ. 옳다. 2문단에 따르면 사회주의적 인본주의는 모든 인간의 평등을 추구한다. '모든 인간의 자연적 본질이 돈보다 중요하므로 부자가 가난한 자에 비해 특권을 누리는 것이 타당하지 않다'는 주장은 모든 인간을 평등하게 보아야 한다는 입장에 해당하므로 사회주의적 인본주의에 부합한다.

ㄴ. 옳다. 1문단에 따르면 자유주의적 인본주의는 '인간성'이 개별 인간의 속성이며 개인의 자유는 더할 나위 없이 신성하다고 믿는다. 이 사상에 따르면 윤리적·정치적 딜레마와 마주치는 경우 자신의 내면을 돌아보고 내면에서 울리는 목소리(인간성의 목소리)를 들어야 한다. 이러한 점에서 살인을 신성한 본성인 인간성을 침해하는 행위로 여기고, 고문·처형을 통한 질서 회복을 하지 않는다는 진술은 인간성을 신성하다고 보는 자유주의적 인본주의에 부합한다.

ㄷ. 옳지 않다. 사회주의적 인본주의는 모든 인간의 평등을 추구하므로 '하등한' 집단이 멸종하고 '우월한' 집단이 진화하면서 호모사피엔스가 등장했다는 주장과는 거리가 멀다. 이러한 주장은 인류를 진화하거나 퇴화할 수 있는 종으로 본 진화론적 인본주의에 가깝다.

ㄹ. 옳지 않다. 진화론적 인본주의의 한 예인 나치는 인류를 보편적이고 영원한 무엇이 아니라 진화하거나 퇴화할 수 있는, 변하기 쉬운 종으로 본다. 영혼의 존재를 부정하고, 자유의지가 아닌 호르몬, 유전자, 시냅스에 의해 행동이 결정된다는 주장은 인간의 보편적 성질을 부정하고 인간이 변화할 수 있다는 점을 강조하므로 진화론적 인본주의를 지지한다.

문 16. 정답 ③ LEET 추리논증 2012학년도 홀수형 23번

유형 논증평가 내용영역 과학기술

지문에 제시된 입장을 정리하면 다음과 같다.

○ 같은 증거라도 그 증거가 사전에 성공적으로 예측된 경우가 사후에 설명되는 경우보다 가설을 지지하는 힘이 더 크다.

① 적절하다. 만약 가설A가 D_1을 증거로 하였음에도 D_2가 아닌 다른 결과를 예측하였다면 실패한 가설이 되었을 것이다. 이때 예측의 주체는 가설이 아니라 과학자이기 때문에 예측의 성공 유무를 기준으로 증거가 가설을 지지하는 힘이 큰지 작은지를 판단할 수 없다. 즉, 예측의 주체는 가설을 세우고 검증하는 과학자이기 때문에, 예측에 성공했다는 것만으로 어떤 가설이 다른 가설보다 더 좋은 가설이라고 할 수 없는 것이다.

② 적절하다. 지문은 멘델레예프의 주기율표가 특정 증거를 사전에 성공적으로 예측했고, 그 결과 좋은 가설로 인정받은 뒷받침 사례를 들고 있다. 그런데 멘델레예프의 예측이 순전히 우연이고 다른 가설에 의해서 그 증거가 더 잘 설명될 수 있다면, 멘델레예프가 사전에 그 증거를 예측했다는 사실만으로 그의 가설이 가설보다 더 좋은 가설이라고 판단하기는 어려울 것이므로 적절한 비판이 될 수 있다.

③ 적절하지 않다. 예측에 성공한 가설이 사후 설명적 가설에 비해 더 신뢰할 만한 좋은 가설이라는 것이므로 지문의 입장에 대한 근거가 된다. 즉, 지문의 입장을 비판하는 논거가 아니라 오히려 지지할 수 있는 논거이다.

④ 적절하다. 가설을 지지하는 힘이 가설과 증거 사이의 논리적 관계에 따라 평가되어야 한다면, 가설이 증거를 사전에 예측하는지 아니면 사후에 설명하는지에 따라 평가가 달라져서는 안 될 것이다.

⑤ 적절하다. 과학 현장에서 방대하고 다양한 증거들을 적절히 설명하는 가설을 찾는 일 자체가 어려운 일이라면, 사후적 설명을 제공한다는 이유로 가설이 지니는 가치를 낮게 보기 어려울 것이다. 그리고 예측에 성공했다는 사실이 가설이 옳다는 결정적 증거가 될 수 없다면, 예측력을 가진 가설이 지니는 가치는 상대적으로 낮아질 것이다. 따라서 제시된 입장을 비판하는 논거가 될 수 있다.

문 17. 정답 ⑤ 5급 공채 2012년도 (인)책형 39번

유형 정보추론 내용영역 논리학

① 옳다. 계산법 C는 $\frac{1+n}{2+N}$에서 n의 값에 따라 이후 n과 같은 색깔의 공이 나올 확률이 정해진다. 즉, 직전에 나온 공의 색깔이 n과 같은 색인 경우 그렇지 않은 경우보다 분자가 1만큼 작아진다. 그러므로 직전의 공 색깔이 이후에 꺼낼 공이 바로 그 색을 지닐 확률을 변화시킨다.

② 옳다. 논리요소만 고려한 계산법 A에 따른 확률은 변하지 않고, 경험요소만 고려한 계산법 B에 따른 확률만 변화한다. 즉, 계산법 C의 $\frac{1+n}{2+N}$에서 n과 N의 값이 변화함에 따라 검은 공이 나올 확률은 증감을 반복할 수 있다.

③ 옳다. $\frac{1+n}{2+N}$에서 N이 유한하다면, n은 항상 N보다 작다. 따라서 계산법 C를 활용하여 계산한 확률은 항상 0보다 크고 1보다 작다.

④ 옳다. 계산법 B에 따르면 공을 꺼낸 횟수가 증가할수록 $\frac{n}{N}$은 항아리에 있는 전체 공 중 검은 공이 차지하는 비율로 수렴한다. 따라서 공을 꺼낸 횟수가 매우 클 경우, 계산법 B와 C 모두에서 $\frac{n}{N}$은 전체 공 중 검은 공이 차지하는 비율과 유사해진다. 이때 계산법 C의

$\frac{1+n}{2+N}$에서 분모 중 1과 분자 중 2는 N과 n에 비해 매우 작은 수가 되므로 계산법 B에 따른 값과 비슷해진다.

⑤ 옳지 않다. $\frac{1+n}{2+N}$에서 검은 공과 하얀 공이 나온 횟수가 같다면, 짝수 번의 경험을 하여 그 절반이 검은 공이므로, 항상 $\frac{n}{N}=\frac{1}{2}$이다. 따라서 새로 꺼낼 공이 검정일 확률은 항상 $\frac{1+n}{2+N}=\frac{1+1}{2+2}=\frac{2}{4}=\frac{1}{2}$이다.

문 18. 정답 ① 5급 공채 2016년도 (4)책형 38번

유형 정보추론 | 내용영역 과학기술

㉠: 지문의 마지막 문장에 따르면 동성애 남성은 Y염색체를 아버지에게 물려받고, 동성애 유전자인 X염색체를 어머니에게 물려받았을 것이므로, 어머니의 친족인 '이모'가 ㉠에 들어가는 것이 자연스럽다.

㉡: 동성애 남성의 '이모'의 비교 대상으로 이성애 남성의 고모가 아니라 이모인 것이 자연스러운 이유는 지문의 논지가 '다른 조건이 일정한 가운데' 동성애 유전적의 존재 여부만으로 번식 정도가 달라진다는 것이기 때문이다. 만약 이성애 남성의 고모를 ㉡으로 둔다면 애초에 같은 이모끼리 비교하는 것이 아니므로, 다른 조건이 일정하다는 전제를 충족하지 못해 자식의 수에 대한 비교도 불가하게 된다. 따라서 ㉠에 '이모'가 들어갔다면 ㉡에도 '이모'가 들어가는 것이 타당하다.

㉢: 지문에 따르면 동성애 유전자가 X염색체에 위치하고, 다른 조건이 일정한 가운데 동성애 유전자가 남성에게 있으면 번식이 감소하고 여성에게 있으면 번식이 늘어난다. 따라서 동성애 남성의 이모 한 명이 낳은 자식의 수가 이성애 남성의 이모 한 명이 낳은 자식의 수보다 많고, ㉢에는 '많다'가 들어간다.

문 19. 정답 ③ LEET 추리논증 2022학년도 홀수형 38번

유형 논증평가 | 내용영역 과학기술

지문에서는 아이에게 생기는 자폐증의 주요한 원인 중 하나로 임신 중 엄마의 비정상적인 면역 활성화를 제시하고 있다. 지문에 제시된 면역 활성화 과정과 관련 가설을 정리하면 다음과 같다.

〈임신 중 엄마의 비정상적인 면역 활성화 과정〉

임신 중 엄마의 체내에 바이러스가 감염
⇒ 엄마의 장에 존재하는 수지상 세포(DC) 활성화
⇒ DC가 엄마의 장에 존재하는 T_H17 면역 세포 활성화
⇒ T_H17에서 분비되는 IL-17 단백질이 태아에 전달
⇒ 태아의 뇌 발달을 저해함 (아이의 자폐증 발생)

〈가설 ㉠〉

○ 엄마의 장에 공생하는 특정 장내 세균의 존재 유무는 비정상적 면역 활성화에 중요한 역할을 한다.

실험의 조건을 표로 정리하면 다음과 같다.

임신한 생쥐 군	장내 특정 공생 세균	바이러스 감염 여부	DC 활성화 여부	T_H17 활성화 여부
X1	○	○	○	○
X2	○	×	×	×
Y1	×	○	○	○
Y2	×	×	×	×

ㄱ. 적절하다. 〈보기〉 ㄱ에 제시된 경우를 정리하면 다음과 같다.

X1의 DC+X2의 T_H17 (세균 ○)⇒ IL-17이 생산 ○
X1의 DC+Y2의 T_H17 (세균 ×)⇒ IL-17이 생산 ×

여기서 다른 조건은 동일하지만 X2에는 장내 특정 공생 세균이 존재하고, Y2에는 장내 특정 공생 세균이 존재하지 않는다. X1의 DC를 장내 특정 공생 세균이 있는 X2의 T_H17과 배양했을 때 IL-17이 생산되고, 장내 특정 공생 세균이 없는 Y2의 T_H17과 배양했을 때 IL-17이 생산되지 않는다면, 엄마의 장에 공생하는 특정 장내 세균의 존재 유무에 따라 비정상적 면역 활성화의 결과인 IL-17의 생산 여부가 결정된다고 볼 수 있다. 따라서 〈보기〉 ㄱ의 경우는 ㉠을 강화한다.

ㄴ. 적절하다. 〈보기〉 ㄴ에 제시된 경우를 정리하면 다음과 같다.

X1의 DC (세균 ○)+Y2의 T_H17 ⇒ IL-17이 생산 ○
Y1의 DC (세균 ×)+Y2의 T_H17 ⇒ IL-17이 생산 ×

여기서 다른 조건은 동일하지만 X1에는 장내 특정 공생 세균이 존재하고, Y1에는 장내 특정 공생 세균이 존재하지 않는다. 장내 특정 공생 세균이 있는 X1의 DC를 Y2의 T_H17과 배양했을 때 IL-17이 생산되고, 장내 특정 공생 세균이 없는 Y1의 DC를 Y2의 T_H17과 배양했을 때 IL-17이 생산되지 않는다면, 엄마의 장에 공생하는 특정 장내 세균의 존재 유무에 따라 비정상적 면역 활성화의 결과인 IL-17의 생산 여부가 결정된다고 볼 수 있다. 따라서 〈보기〉 ㄴ의 경우는 ㉠을 강화한다.

ㄷ. 적절하지 않다. 표에 따르면 X1과 Y2에 속한 생쥐들의 특징을 다음과 같이 비교할 수 있다.

X1에 속한 생쥐: 장내 특정 공생 세균이 있고, 바이러스에 감염되었다.
Y2에 속한 생쥐: 장내 특정 공생 세균이 없고, 바이러스에 감염되지 않았다.

이러한 조건에서 X1에서 태어난 새끼들은 자폐 성향을 보이고 Y2에서 태어난 새끼들은 자폐 성향을 보이지 않은 경우, 장내 특정 공생 세균이 있는지 여부와 바이러스 감염 여부 중 어떤 것이 새끼들의 자폐 성향에 영향을 주었는지 확정할 수 없다. 이 경우 엄마의 장에 공생하는 특정 장내 세균의 존재 유무가 비정상적 면역 활성화에 중요한 역할을 하는지 알 수 없다. 따라서 〈보기〉 ㄷ의 경우는 ㉠을 강화하지 않는다.

문 20. 정답 ② LEET 추리논증 2023학년도 홀수형 37번

유형 논증평가 내용영역 과학기술

지문에 제시된 논증을 정리하면 다음과 같다.

○ M은 상어에게 잡아먹히는 대구의 수와 상어 개체군 사이의 관계를 해석할 수 있다.

○ M은 겨우살이와 참나무의 관계에도 동일하게 적용할 수 있다.

○ M의 적용에 따라 상어 사례에서 겨우살이 사례로 '잡아먹다'의 의미가 확장될 수 있으므로, '잡아먹다'의 사용 범위를 입과 소화기관을 가진 대상뿐만 아니라 입도, 소화기관도 없는 대상으로 확대할 수 있다.

ㄱ. 옳지 않다. 지문의 논증은 '잡아먹다'의 사용 범위를 입도, 소화기관도 없는 대상으로 확대할 수 있다고 주장한다. 그런데 입 없이 먹이를 몸 안으로 흡수하는 생물에 대해 '잡아먹다'라는 표현이 쓰이지 않는지는 지문의 논증에서 설명하지 않는다. 따라서 이러한 사실이 제시되어도 지문의 논증을 약화하지는 않는다.

ㄴ. 옳지 않다. 지문의 논증에서는 입과 소화기관을 가진 대상에 '잡아먹다'를 사용한다는 점을 인정한다. 입, 소화기관과 유사한 구조를 가진 식충식물에 '잡아먹다'라는 표현이 쓰인다는 사실은 지문의 논증과 일치하는 내용이다. 따라서 이러한 사실이 제시되어도 지문의 논증을 약화하지는 않는다.

ㄷ. 옳다. 지문의 논증은 M을 적용하여 참나무와 겨우살이를 대상으로 '잡아먹다'라는 표현을 사용할 수 있다고 주장한다. 이에 따르면 M을 적용하여 '박테리아가 사람을 잡아먹는다'는 표현이 일반적으로 사용되는 경우는 지문에서 주장하는 내용을 뒷받침하는 사례가 된다. 따라서 이러한 사실이 제시되면 지문의 논증을 강화한다.

문 21. 정답 ④ 5급 공채 2022년도 (나)책형 39번

유형 정보추론 내용영역 과학기술

(가), (나): 1문단에 따르면 S1이 S2로 환원된다는 것은 S1의 법칙이 S2로부터 연역적으로 도출될 수 있어야 함을 의미한다. 2문단에 따르면 상부 과학은 하부 과학으로 환원되므로, 상부 과학이 S1, 하부 과학이 S2에 해당한다. 또한 (나)의 법칙이 (가)로부터 연역적으로 도출되므로, (가)에는 S2에 해당하는 '하부'가, (나)에는 S1에 해당하는 '상부'가 들어가는 것이 적절하다.

(다), (라): 1문단에 따르면 S1이 S2로 환원된다는 것은 S1의 법칙이 S2로부터 연역적으로 도출될 수 있어야 함을 의미한다. 2문단에 따르면 연역적 도출이라는 관계를 부분과 전체의 관계로 이해하면, 전체에서 부분이 도출되어야 하므로 '부분'은 S1, '전체'는 S2에 해당한다. 2문단에 따르면 S1은 상부 과학, S2는 하부 과학에 해당하며, (다)는 부분에 해당하므로 S1인 '상부'가, (라)는 전체에 해당하므로 S2인 '하부'가 들어가는 것이 적절하다.

(마), (바): 3문단에 따르면 S1은 환원되는 이론, S2는 환원하는 이론에 해당한다. 고전역학을 양자역학으로 환원할 경우 고전역학은 환원되는 이론인 S1에, 양자역학은 환원하는 이론인 S2에 해당하게 된다. 빈칸에는 '(마)에서는 사용하지 않지만 (바)에서는 사용하는 용어'에 해당하는 내용이 들어가야 한다. 3문단에서는 '양자역학에서 사용하지 않지만 고전역학에서 사용하는 용어'를 양자역학에서 사용하는 용어로 바꾸는 과정을 설명하므로, (마)에는 양자역학이, (바)에는 고전역학을 의미하는 이론이 들어가야 한다. 따라서 (마)에는 양자역학을 의미하는 'S2'가, (바)에는 고전역학을 의미하는 'S1'이 들어가는 것이 적절하다.

문 22. 정답 ③ 5급 공채 2022년도 (나)책형 40번

유형 논증평가 내용영역 과학기술

지문에 제시된 입장 ㉠, ㉡의 내용을 정리하면 다음과 같다.

	㉠	㉡
S1과 S2의 관계	S2의 법칙들로부터 S1의 법칙들이 연역적으로 도출될 수 있고, 이는 S2의 법칙들로 S1의 법칙들을 설명할 수 있음을 의미한다	S2의 법칙들로부터 연역적으로 도출된 결과는 S1의 법칙들과는 같을 수 없다
교량 원리에 관한 견해	S2에서는 사용하지 않지만 S1에서는 사용하는 용어를 S2에서 사용하는 용어로 바꾸기 위해 '교량 원리'를 도입할 수 있다	두 이론이 공유하는 용어들이라도 저마다 의미가 다를 수 있다 ⇒ '교량 원리'로는 온전한 설명이 불가능하다

ㄱ. 적절하다. ㉠은 S1이 S2로 환원될 때 S2의 법칙들로부터 S1을 구성하는 법칙들이 연역적으로 도출될 수 있다고 주장한다. 그런데 ㉡은 S2의 법칙들로부터 연역적으로 도출된 결과는 S1을 구성하는 법칙들과는 같을 수 없다고 주장한다. 또한, ㉡에 따르면 두 이론이 공유하는 용어들의 의미가 동일하지 않을 수도 있다. 이때 <보기> ㄱ과 같은 주장이 받아들여지면, 두 이론 사이에 연역적 도출을 통한 환원 관계가 성립한다면 그 두 이론이 공유하는 용어들의 내용이 같다는 것을 의미한다. 이러한 내용이 적용되면 ㉠은 강화되고 ㉡은 약화된다.

ㄴ. 적절하다. 2문단에 따르면 ㉠은 시차를 두고 등장한 선행 이론과 후행 이론 사이에 환원 관계가 성립하여 선행 이론이 후행 이론에 포함된다면 이를 과학의 진보라 부를 수 있다고 본다. 그리고 3문단에 따르면 서로 공유되지 않는 이론적 어휘가 있는 경우는 용어를 연결할 수 있는 '교량 원리'를 도입하여 환원 개념을 적용할 수 있다. 하지만 ㉡에 따르면 교량 원리를 통해 용어를 연결하는 것은 불가능하다. 이때 <보기> ㄴ과 같은 주장이 받아들여지면, 선행 이론과 후행 이론 간 공유되지 않는 용어를 연결할 수 있는 '교량 원리'가 존재하지 않아도 후행 이론인 뉴턴 역학을 선행 이론인 중세 운동 이론의 과학적 진보로 평가할 수 있다. 이러한 내용이 적용되면 ㉠은 약화되고 ㉡은 강화된다.

ㄷ. 적절하지 않다. ㉠과 ㉡은 모두 한 이론이 다른 이론으로부터 연역적으로 도출될 수 있고, 교량 원리가 있다는 점에는 동의하고 있다. 이러한 사실에 따라 한 이론을 다른 이론의 진보로 설명할 수 있는지, 그렇지 않은지가 ㉠과 ㉡의 차이점이다. 그런데 <보기> ㄷ과 같은 주장이 받아들여지더라도, '교량 원리를 이용한 제3의 이론'으로부터 다른 이론들이 연역적으로 도출된다는 내용은 ㉠, ㉡ 모두 인정하는 내용이다. 따라서 이러한 주장은 ㉠을 강화하지도 않고, ㉡을 약화하지도 않는다.

문 23. 정답 ② 5급 공채 2013년도 (인)책형 15번

유형 논증평가 내용영역 인문

ㄱ. 적절하지 않다. 2문단에 따르면 더 풍부한 표현을 가진 언어를 사용함에도 불구하고 인지 능력이 뛰어나지 못한 경우들도 존재한다. 따라서 지문의 논증은 다른 언어에 비해 풍부한 표현을 가진 언어가 있다는 것을 부정하지 않는다.

ㄴ. 적절하다. 지문의 논증은 우리의 생각과 판단이 언어와 경험 중 어느 것에 의해 결정되는지를 다루고 있다. 2문단에서는 언어결정론자들의 주장에 대해 반박한 뒤, 이로부터 우리의 생각과 판단은 언어가 아닌 경험에 의해 결정된다는 결론을 이끌어낸다. 이는 생각과 판단을 결정하는 요소로 언어와 경험만을 고려하고 또 다른 요인에 대해서는 고려하지 않는 것을 전제로 해야 이끌어낼 수 있는 결론이다.

ㄷ. 적절하지 않다. 지문의 논증은 언어가 생각과 판단을 결정하는 언어결정론에 대한 반례를 제시함으로써 경험결정론이 옳다는 자신의 주장을 정당화하고 있다. 그러나 경험결정론에 대한 논거로 경험에 의해 인지능력이 결정되는 방식을 제시하지는 않았다.

문 24. 정답 ① 5급 공채 2017년도 (가)책형 35번

유형 논증평가 내용영역 인문

지문에 제시된 사례들을 분석하면 다음과 같다.

사례 1: 많은 수익을 내기 위해 환경에 해를 입혔다.

사례 2: 환경에 도움이 되는지는 관심 없이 많은 수익을 내기 위해 사업을 시작하였는데, 결과적으로 환경에 도움이 되었다.

ㄱ. 적절하다. 사례 1과 사례 2의 공통점은 환경에 관련된 의도를 전혀 가지지 않았다는 점이다. 하지만 사례 1은 환경에 해를 끼쳤고 사례 2는 환경에 도움을 주었다. 환경에 대한 두 사례의 영향이 달랐기 때문에 설문 결과가 다른 것인데, 만일 조사에 응한 사람들의 대부분이 환경에 대한 영향과 도덕성은 무관하다고 생각한다면 지문의 논증은 약화된다.

ㄴ. 적절하지 않다. 사례 1과 사례 2 모두 회사는 환경에 어떠한 영향을 미칠 것이라는 보고에 신경 쓰지 않고 사업을 시작하여 환경에 특정한 영향을 미쳤다. 이처럼 보고에 '신경 쓰지 않은 것', 즉 환경에 어떠한 영향을 주려고 '의도하지 않은 것' 자체가 부도덕한지 여부는 알 수 없다. 다만 설문 조사 결과 일정 비율의 응답자들이 각 사례를 '의도적으로 환경에 영향을 주었다.'고 해석하여 도덕성을 판단하였을 뿐이다. 따라서 설문조사의 대상인 사례 1, 사례 2의 행위자들의 행위는 의도하지 않은 행위일 뿐이므로, 행위자들이 부도덕한 의도를 가졌는지 여부는 알 수 없다.

ㄷ. 적절하지 않다. 지문의 설문조사는 사람들이 행위 결과의 도덕성 여부에 대한 판단을 우선적으로 내린 후 행위자가 특정 행위 결과를 의도했는가에 대한 판단을 내린다고 결론짓는다. 부도덕한 결과를 의도하여 그 달성 여부가 도덕적 책임에 영향을 준다는 사실은 지문의 결론과 관련이 없으므로 지문의 논증을 강화하지 않는다.

문 25. 정답 ⑤ 입법고시 2022년도 (가)책형 15번

유형 논증분석 내용영역 인문

ㄱ. 적절하지 않다. 2문단에 따르면 의무론은 거짓말이 의심의 여지 없이 나쁘고, 항상 진실만을 말해야 한다고 가르친다. 그러므로 의무론을 따른다면 친구의 애인이 바람을 피우고 있다는 사실을 친구에게 이야기해 주어야 할 것이다. 한편 6문단에 따르면 덕 윤리주의자는 어떤 행동이 도덕적으로 옳고 그른지를 따지기보다는 왜 그런 결정을 내리게 되었는지 그 이유에 집중하여, 어떤 행동을 해야 할지 고민했다는 사실 그 자체가 도덕성을 보여주는 것이라 본다. 처한 상황에서 스스로 옳다고 믿는 행동을 한다면, 그 선택이 거짓말일지라도 또 그것이 끔찍한 결과를 가져온다 할지라도 그 행동은 도덕적임을 알 수 있다. 따라서 덕 윤리주의자는 친구의 애인이 바람을 피우고 있다는 사실을 친구에게 이야기해 주더라도 그런 결정을 내린 이유를 고민하였다면 그 행위를 바람직하다고 볼 것이다.

ㄴ. 적절하지 않다. 4문단에 따르면 결과주의란 르네상스 이후 등장한 대부분의 윤리 철학의 기반으로, 이 관점은 특히 옳고 그름에 관한 종교적 율법과 극명한 대조를 이룬다.

ㄷ. 적절하지 않다. 4문단에 따르면 제러미 벤담은 그것이 가져올 행복과 고통을 합산해 '공리'를 측정함으로써 특정 행동의 옳고 그름을 판단해야 한다고 주장했다. 그리고 6문단에 따르면 덕 윤리주의자는 어떤 행동을 해야 할지 고민했다는 사실 그 자체가 도덕성을 보여주는 것이라 본다. '공리'를 측정하는 행위가 어떤 행동을 해야 할지 고민하는 행위에 해당한다면 공리와 덕 윤리는 양립가능하다.

mega PSAT

FOLLOW
YOUR
dreams
미래를 바꾸는 가치있는 도전,
메가가 여러분의 꿈을 응원합니다!
mega MD
의·치전원 | 상위권 이과편입 입시전문
www.megamd.co.kr
메가로스쿨
법학전문대학원 입시전문
www.megals.co.kr
mega Lawyers
one and only 법조인양성전문 브랜드
www.megalawyers.co.kr
mega PSAT
공무원시험 1차부터 확실하게, PSAT은 메가피셋
www.megapsat.co.kr
메가원격평생교육원
사회복지사 | 보육교사 | 평생교육사
경영학사 | 한국어교원 자격증 전문 교육원
www.caedu.co.kr
보건복지사이버평생교육원
사회복지사 | 한국어교원 자격증 전문 교육원
www.bbedu.co.kr
메가랜드
누구나 쉽게 공인중개사 되는 땅
www.megaland.co.kr
메가쌤
스마트한 임용생활의 시작, 중등교원임용 전문 브랜드
www.megassam.co.kr
메가변리사
변리사 | 더 나은 합격 기술
www.megaexpert.co.kr

2023년도 대비

7급 공채 | 민간경력자채용

메가피셋

잘고른 N제

언어논리 | 정답 및 해설

PSAT 유사 기출문항 풀이로
유형별 문항 적응력을 높이는 잘고른 N제

★ 7급 PSAT 유사 적성시험 선별 수록 ★
(민경채·5급 PSAT·입법고시·LEET)

7급 PSAT과 유형 및 풀이 방식이 비슷한 유사 기출문제를 선별 수록하여, 풀이 훈련과 동시에 PSAT 문항 적응력 향상 가능

★ 유형별 본고사 출제 비중을 반영한 회차별 구성 ★

본고사 문항 수만 맞춘 것이 아닌, 유형별 예상 출제 비중을 고려한 5회분 구성으로 PSAT 실전 감각 향상 가능

★ '다직다공' 학습이 반영된 난도별 문항 구성 ★
(60+, 75+)

문항 난이도를 기준으로 구분된 회차 구성으로 목표 점수에 맞는 전략적인 문항 풀이 훈련 가능

무료혜택

유형별 진단고사 제공

40427

megaPSAT

고객센터 1661-7596
www.megapsat.co.kr

14350
ISBN 978-89-6634-646-2
ISBN 978-89-6634-645-5(세트)

정가 15,000원 (본책 + 정답 및 해설)
978-89-6634-646-2(14350)

mega PSAT